プログレッシブ トライリンガル

仏日英
仏日英
辞典

大賀正喜 監修

Shogakukan
Dictionnaire
français-japonais-anglais
japonais-français-anglais

JN299516

SHOGAKUKAN

まえがき

　本辞典は、初学者を対象とした、仏日辞典と和仏辞典にそれぞれ英語をつけた、仏日英・日仏英の3か国語辞典です。見やすい3段組みのレイアウトを工夫し、フランス語にはカナ発音をつけました。仏日英辞典では仏検に対応できるよう、フランス語の見出し語をランク別に分けました。また、日仏英辞典ではフランス語を使いこなすために必要な基本的表現を盛り込みました。

　フランス語を学習する上で、英語の知識はとても役に立ちます。英語はフランス語から多くの語彙を取り入れたので、フランス語と英語の間にはよく似た単語がたくさんあります。英語の既習者にとって、英語と共通点の多いフランス語はとても入りやすい言語です。ただし、フランス語は英語と違ったところもあります。ではどう学習すればいいのでしょうか。

　まず、フランス語の発音をマスターしてください。フランス語の発音は英語と異なります。綴りの読み方の解説が本辞典にあります。それを読み、音声をダウンロードして(無料)聞いてみてください。本辞典のフランス語にはカナ発音がふってあるので、それも参考になります。

　次に、基本文法と語彙を学びます。勉強すればするほど似ている点を発見して驚かれるでしょう。でも油断は禁物。特に危険なのが、一見よく似ていて実は違うというやっかいな単語です。例えば英語のactualとフランス語のactuelがそうです。前者は「実際の」ですが、後者は「現在の」です。

　フランス語の語彙力をつけると、フランス語起源の英語の語彙も容易に覚えられるようになります。フランス語起源の英語の語彙は書き言葉的な難しい言葉と位置づけられていることが多いので、フランス語を勉強すれば高級な英語がわかるようになります。

　本辞典が、一人でも多くの方のフランス語力と英語力をつけることに貢献できればこれに勝る喜びはありません。

　　2010年1月

　　　　　　　　　　　　　　　　　　　　　　　　　　大賀 正喜

この辞典の使い方

仏日英辞典

1. **見出し語**
   ◆フランス語の重要語約4000語（変化形を含む）を収録しました。

2. **見出し語のレベル**
   ◆仏検（実用フランス語技能検定試験）4・5級レベルの800語を赤字と星印2つで示しました。星印が2つついた語の発音を小学館外国語辞典のウェブサイト「小学館ランゲージワールド」(www.l-world.shogakukan.co.jp)でダウンロードすることができます（無料）。
   ◆仏検3級レベルの900語を赤字と星印1つで示しました。

3. **名詞の数**
   ◆不規則な複数形を示しました。

4. **形容詞の性**
   ◆形容詞の女性形を示しました。形容詞が性数変化しないときは《不変》と表示しました。

	フランス語	日本語	英語
仏検4・5級レベル	☆☆aimer 動 エメ	愛する、好む	love, like
例文	Je t'aime.	愛している	I love you.
仏検3級レベル	☆amoureux 形 アムルー	恋している	in love
女性形	— amoureuse アムルーズ	《女性形》	
	☆☆cheval 男 シュヴァル	馬	horse
複数形	— chevaux シュヴォー	《複数形》	
	☆☆temps 男 タン	1. 時間	time
成句表現	*tout le temps*	いつも	all the time

略語一覧

名	名詞	代	代名詞	前	前置詞
男	男性名詞	代《疑問》	疑問代名詞	接	接続詞
女	女性名詞	代《関係》	関係代名詞	数	数詞
男複	男性名詞複数形	副	副詞	冠	冠詞
女複	女性名詞複数形	副《疑問》	疑問副詞	間投	間投詞
形	形容詞	副《関係》	関係副詞	固有	固有名詞
形《所有》	所有形容詞	動	動詞	《非人称》	非人称動詞
形男	形容詞男性単数形	代動	代名動詞		

記号類

（ ）省略可能なことや注記を表す	［ ］直前の語と置き換え可能
《 》用法、女性形・複数形の指示	

日仏英辞典

1. 見出し語
◆基本的な日本語約4000語を五十音順に配列しました。
◆「-」は直前の母音に置き換えて配列しました。
例:オーケストラ→おおけすとら
◆同じかなの場合,清音,濁音,半濁音の順番に並べました。
◆促音の「っ」と拗音の「ゃ、ゅ、ょ」は直音の前に並べました。
◆外国人の日本語学習者にも使っていただけるよう、日本語にローマ字をつけました。ローマ字表記に当たっては原則としてヘボン式を採用しました。ただし「ん」は常にnで表記しました。また、カタカナ語を表記するため、ヘボン式にはない綴りを用いました。本辞典で採用した、ヘボン式にない綴りは以下の通りです。

ウィ	ウェ	ウォ	シェ	ジェ	チェ	ティ	ディ	ファ	フィ	フェ	フォ
wi	we	wo	she	je	che	ti	di	fa	fi	fe	fo

◆長母音は、母音字を重ねて表記しました。ただし、「おう」「えい」が「おー」「えー」と発音される場合はそれぞれoo、eeとしました。

ああ、アー	いい、イー	うう、ウー	ええ、エー えい、エイ	おお、オー おう、オウ
aa	ii	uu	ee	oo

例:学校gakkoo、経済keezai
◆上の表記法に従った結果同じ母音が3つ以上続く場合は、「'」で区切りました。
例:経営kee'ee

2. フランス語
◆日本語に対応する基本的なフランス語をあげました。文脈によっては別のフランス語が用いられる場合があります。
◆フランス語にはカナ発音をつけました。
◆名詞の性を表示しました。
◆紙面の都合で名詞は単数形と男性形のみを、形容詞は男性単数形のみを載せました。

3. 英語
◆日本語に対応する基本的英語を載せました。

綴りの読み方

「綴りの読み方」のフランス語音声を無料でダウンロードできます。詳しくは小学館外国語辞典のウェブサイト「小学館ランゲージワールド」(www.l-world.shogakukan.co.jp)をご覧ください。

フランス語の綴りと発音の対応をまとめました。

母音

i, î, y	日本語の「イ」。 midi 正午　île 島　stylo ペン
e, é, è, ê, ai, ei	日本語の「エ」。 nez 鼻　été 夏　père 父　pêche 桃　mai 5月　neige 雪
a, à, â	日本語の「ア」。 ami 友達　papa パパ　classe クラス
o, ô, au, eau	日本語の「オ」。 mot 語　tôt 早く　haut 高い　beau 美しい
ou, où, oû	唇を丸くとがらせて「ウ」。 cou 首　goût 味
u, û	「イ」と発音しながら唇をとがらせます。 musique 音楽　lune 月　flûte フルート
eu, œu, e	「ウ」と「オ」の中間の音。唇を丸めます。 deux 2　œuf 卵　sommelier ソムリエ

鼻母音

「鼻母音」とは鼻にかかった母音です。

an, am, en, em	「アン」。「案を」から「を」を取ったときの音です。 tante おば　jambe 脚　dent 歯
in, im, ain, aim, ein, aim	「アン」。「亜鉛を」と言いながら「あ」と「を」を省きます。 vin ワイン　pain パン　faim 空腹
un, m	「アン」。上の音で代用できます。 un 1　parfum 香水
on, om	「オン」。「恩を」と言いながら「を」を省きます。 pont 橋　ombre 影

子音、半母(子)音

p	パ行の p。 poupée 人形　parler 話す

b	バ行のb。 bateau 船　bouche 口
t	「タテト」のt。 tête 頭　petit 小さい
d	「ダデド」のd。 début 初め　cadeau プレゼント
c, qu	カ行のk。 Canada カナダ　qui 誰が
g, gu	ガ行のg。 gâteau お菓子　guide ガイド
f, ph	英語のfと同じ。 fête 祭　photo 写真
v	英語のvと同じ。 vacances 休暇　ville 都市
s, ci, ce, ç	「サスセソ」のs。 salle 部屋　concert コンサート
s, z	「ザズゼゾ」のz。 zéro ゼロ　saison 季節
ch	「シャ、シ、シュ、シェ、ショ」の子音。 cheval 馬　chou キャベツ
j, gi, gy, ge	「ジャ、ジ、ジュ、ジェ、ジョ」の子音。 Japon 日本　gens 人々
m	「マミムメモ」のm。 mouton 羊　samedi 土曜日
n	「ナヌネノ」のn。 nature 自然　nid 巣
gn	「ニャ、ニ、ニュ、ニェ、ニョ」の子音。 signe 記号　agneau 子羊
l	英語のlittleの初めのlで代用できます。 lit ベッド　sel 塩
r	口の奥の方で舌の表面と柔らかい口蓋が接近して摩擦してできた音。 Paris パリ　fleur 花　rouge 赤い
il, ille	「イユ」 famille 家族　soleil 太陽　juillet 7月
oi	「ワ」 poisson 魚

リエゾン

発音されない語末子音と、後続の語頭母音が連結されて発音されることをリエゾンといいます。　例：des（デ）+ amis（アミ）= des amis（デザミ）

1. 次の場合には必ずリエゾンします。

①冠詞［形容詞］+名詞。
les enfants 子供たち
un grand homme 偉人
②代名詞+動詞。
nous avons 私たちは持っている
③動詞+主語代名詞。
Quelle heure est-il? 何時ですか
④前置詞の後で。
dans un hôtel ホテルで
⑤副詞+形容詞。
très agréable とても快適な
⑥接続詞 quand の後で（d は t の音でリエゾン）。
quand il fait beau 晴れたときに
⑦関係代名詞 dont の後で。
le dictionnaire dont on a besoin 必要としている辞書
⑧命令文中の動詞+代名詞。
Pensez-y. そのことを考えなさい
⑨成句で。
de plus en plus 次第に

2. 次の場合はリエゾンをしません。

①et の後で。
Il a vingt ans et / elle a dix-neuf ans.　彼は20歳で彼女は19歳だ
②主語が名詞のとき。
Les enfants / aiment les animaux. 子供たちは動物が好きだ
③単数名詞の後に形容詞がある場合。
un moment / agréable 楽しいひととき
④有音の h（後述）の前で。
les / héros 英雄たち
⑤-es で終わる動詞語尾と後続語。
Tu chantes / admirablement. 君の歌はすばらしい

3. 次の場合はリエゾンしてもしなくてもかまいません。

①être の活用形の後。
Elle est heureuse. 彼女は幸せだ
②助動詞+過去分詞。
Ils ont été arrêtés. 彼らは逮捕された
③動詞+不定詞。
On peut entrer? 入っていいですか

④否定のpasの後。
　　Pas encore. まだです

アンシェヌマン

　発音される語末子音と後続する母音が連続して発音されることを、アンシェヌマンといいます。　例：sac à main（サッカマン）ハンドバッグ

エリジョン

　母音e、a、iで終わる定冠詞などのいくつかの語は、後続語頭母音との母音連続を避けるためにe、a、iが「'」（アポストロフ）で省略されます。このことをエリジョンと言います。エリジョンは次の場合行われます。
①le、la（定冠詞）
　　la + étoile → l'étoile 星
②je、me、te、se、le、la
　　Je t'aime. 愛してる
③ce
　　C'est un cadeau. これはプレゼントです
④de、ne、que
　　je n'ai pas 私は持っていない　Qu'est-ce que c'est? それは何ですか
⑤si + il[ils]
　　s'il vient もし彼が来るなら

hについて

　フランス語のhは発音しません。ただしフランス語では2種類のhがあって、区別する必要があります。一方のhで始まる語ではリエゾンやエリジョンが行われます。このようなhを無音のhと言います。
　　un homme 1人の男　des hommes 男たち　l'homme その男
　もう1つのhで始まる語ではリエゾンやエリジョンは行われません。このようなhを有音のhといいます。
　　un héros 1人の英雄　des héros 英雄たち　le héros その英雄
　無音、有音の区別は単語ごとに覚えなければなりません。本辞典では、有音のhの場合に「hは有音」と表示しています。表示がない場合は無音のhです。

アクセント

　通常アクセントは語末の音節に置かれます。
　　ici ここに　été 夏

（協力：小島慶一）

フランス語の数字

色で表示された数字の発音を無料でダウンロードすることができます。詳しくは小学館外国語辞典のウェブサイト「小学館ランゲージワールド」(www.l-world.shogakukan.co.jp)をご覧ください。

基数詞

0 zéro	20 vingt	61 soixante et un(e)
1 un(e)	21 vingt et un(e)	62 soixante-deux
2 deux	22 vingt-deux	70 soixante-dix
3 trois	23 vingt-trois	71 soixante et onze
4 quatre	24 vingt-quatre	72 soixante-douze
5 cinq	25 vingt-cinq	80 quatre-vingts
6 six	26 vingt-six	81 quatre-vingt-un(e)
7 sept	27 vingt-sept	82 quatre-vingt-deux
8 huit	28 vingt-huit	83 quatre-vingt-trois
9 neuf	29 vingt-neuf	90 quatre-vingt-dix
10 dix	30 trente	91 quatre-vingt-onze
11 onze	31 trente et un(e)	92 quatre-vingt-douze
12 douze	32 trente-deux	93 quatre-vingt-treize
13 treize	40 quarante	94 quatre-vingt-quatorze
14 quatorze	41 quarante et un(e)	95 quatre-vingt-quinze
15 quinze	42 quarante-deux	96 quatre-vingt-seize
16 seize	50 cinquante	97 quatre-vingt-dix-sept
17 dix-sept	51 cinquante et un(e)	98 quatre-vingt-dix-huit
18 dix-huit	52 cinquante-deux	99 quatre-vingt-dix-neuf
19 dix-neuf	60 soixante	100 cent

序数詞

1er, 1ère premier, première	11e onzième	21e vingt et unième
2e deuxième	12e douzième	22e vingt-deuxième
3e troisième	13e treizième	30e trentième
4e quatrième	14e quatorzième	40e quarantième
5e cinquième	15e quinzième	50e cinquantième
6e sixième	16e seizième	60e soixantième
7e septième	17e dix-septième	70e soixante-dixième
8e huitième	18e dix-huitième	80e quatre-vingtième
9e neuvième	19e dix-neuvième	90e quatre-vingt-dixième
10e dixième	20e vingtième	100e centième

仏	日	英

A, a

★à [ア] 前	《定冠詞と縮約する》	
— au [オ]	=à+le	
— aux [オ]	=à+les	
	1.（場所）…に，で	in, at
habiter à Paris	パリに住んでいる	live in Paris
	2.（方向）…へ	to
aller à Paris	パリに行く	go to Paris
aller au Japon	日本に行く	go to Japan
	3.（対象）…に	to
parler à un ami	友人に話す	talk to a friend
	4.（時間）…に	at, in
à dix heures	10時に	at 10 o'clock
au printemps	春に	in spring
	5.（手段）…で	on, with
à pied	歩いて	on foot
	6.（所属）…の	
C'est à moi.	これは私のです	It's mine.

abandonner–absurde

仏	日	英
	7.《特徴》…のある	with
un stylo à bille	ボールペン	a ballpoint pen
le café au lait	カフェオレ	coffee with milk
	8.《à +不定詞》	
du travail à faire	するべき仕事	work to do
commencer à parler	話し始める	begin to talk
un livre facile à lire	読みやすい本	a book easy to read
アバンドネ ★**abandonner** 動	放棄する, 断念する	abandon, give up
アベイユ **abeille** 女	ミツバチ	bee
アボルデ **aborder** 動	近づいて話しかける	approach
アプサーンス ★**absence** 女	不在, 欠席	absence
pendant mon absence	私の留守中に	while I was away
アプサン ★**absent** 形	不在の, 欠席の	absent
アプサーント — **absente**	《女性形》	
アプソリュ **absolu** 形	絶対的な	absolute
アプソリュ — **absolue**	《女性形》	
アプソリュマン ★**absolument** 副	1. 絶対に, ぜひ	absolutely
	2.(返事)もちろん	absolutely
アプスュルド **absurde** 形	不条理な, ばかげた	absurd

accent–accueillir

仏	日	英
アクサン ★**accent** 男	1. アクセント；なまり	accent
parler sans accent	言葉になまりがない	speak without an accent
	2. アクセント記号	accent
アクセプテ ★**accepter** 動	受け入れる	accept
アクセ **accès** 男	アクセス，入り口	access
accès interdit	立ち入り禁止	no entry
アクスィダン ★**accident** 男	事故	accident
avoir un accident	事故に遭う	have an accident
un accident de voiture	自動車事故	a car accident
アコンパニェ ★**accompagner** 動	同行する	accompany
Je t'accompagne.	一緒に行くよ	I'll go [come] with you.
アコンプリール **accomplir** 動	実行する，成し遂げる	carry out
アコール **accord** 男	合意，同意	agreement
ダコール *d'accord*	はい，オーケー	OK, all right
être d'accord	同意見である	agree
Je suis d'accord avec toi.	君と同感だ	I agree with you.
アクロシェ **accrocher** 動	掛ける	hang
アクイユ **accueil** 男	歓迎，迎えること	welcome
アクイール **accueillir** 動	迎える，受け入れる	welcome, meet

3

accuser–adapter

仏	日	英
アキュゼ **accuser** 動	非難する	blame
アシャ ★**achat** 男	買うこと, 買ったもの	purchase
faire des achats	買い物する	do some shopping
アシュテ ★**acheter** 動	買う	buy
Je vais acheter du pain.	パンを買ってくる	I'm going to buy some bread.
アシュヴェ **achever** 動	終える	finish
アスィッド **acide** 形	酸っぱい	acid
アクト ★**acte** 男	行為;(戯曲の)幕	act
アクトゥール ★**acteur** 男	俳優, 役者	actor
アクティフ **actif** 形	活動的な	active
アクティーヴ — **active**	《女性形》	
アクスィヨン ★**action** 女	行動	action
アクティヴィテ **activité** 女	活動	activity
アクトリス **actrice** 女	女優	actress
アクテュアリテ **actualités** 女複	ニュース	the news
アクテュエル ★**actuel** 形	現在の	present, current
アクテュエル — **actuelle**	《女性形》	
アクテュエルマン **actuellement** 副	現在, 今	at present
アダプテ **adapter** 動	適合させる;脚色する	adapt

仏	日	英
アディスィヨン ★**addition** 女	1. 足し算	addition
	2. (飲食店の)勘定	check
L'addition, s'il vous plaît.	勘定をお願いします	May I have the check, please?
アデュー **adieu** 間投	(長い別れ)さようなら	goodbye
アドメトル **admettre** 動	1. 認める	admit
	2. 入ることを許す	admit
アドミレ ★**admirer** 動	感嘆する	admire
アドレサン **adolescent** 名	青少年, 未成年	adolescent, teenager
アドレサーント — **adolescente**	《女性形》	
アドプテ **adopter** 動	採用する	adopt
アドラーブル **adorable** 形	とてもかわいい	sweet, lovely
アドレ ★**adorer** 動	…が大好きだ	love
J'adore le chocolat.	チョコレートが大好きだ	I love chocolate.
アドレス ★**adresse** 女	住所, アドレス	address
Quelle est votre adresse ?	住所はどこですか	What's your address?
アドロワ **adroit** 形	器用な	skillful
アドロワット — **adroite**	《女性形》	
アデュルト ★**adulte** 名	大人, 成人	adult
アドヴェルセール **adversaire** 名	競争相手, 敵	opponent

aéroport–âge

仏	日	英
★**aéroport** [アエロポール] 男	空港	airport
★**affaire** [アフェール] 女	事, 問題	matter, business
Ce n'est pas ton affaire.	それは君に関係ない	It's none of your business.
★**affaires** [アフェール] 女複	1. 商売, ビジネス	business
faire des affaires	商売をする	do business
un homme d'affaires	実業家	a businessman
	2. 持ち物	belongings, things
Range tes affaires !	持ち物をかたづけなさい	Put your things away!
affiche [アフィシュ] 女	ポスター	poster
affreux [アフルー] 形	恐ろしい, ぞっとする	awful
— **affreuse** [アフルーズ]	(女性形)	
afin de [アファン ドゥ] 不定詞	…するために	in order to
afin de réussir	成功するために	in order to succeed
africain [アフリカン] 形	アフリカの	African
— **africaine** [アフリケヌ]	(女性形)	
Africain [アフリカン] 名	アフリカ人	African
— **Africaine** [アフリケヌ]	(女性形)	
★**Afrique** [アフリク] 女	アフリカ	Africa
★**âge** [アージュ] 男	年齢;時代	age

6

âgé–agir

仏	日	英
Quel âge avez-vous ?	あなたは何歳ですか	How old are you?
à l'âge de vingt ans	二十歳のとき	at the age of twenty
avoir le même âge	同じ年齢である	be the same age
J'ai votre âge.	私はあなたと同じ年だ	I'm your age.
l'âge du fer	鉄器時代	the Iron Age
★**âgé** [アジェ] 形	年を取った	old
— **âgée** [アジェ]	《女性形》	
les personnes âgées	高齢者	the elderly
agence [アジャーンス] 女	代理店；公的機関	agency
une agence de voyages	旅行代理店	a travel agency
agenda [アジャンダ] 男	手帳	datebook
★**agent** [アジャン] 男	警官；代理人	police officer; agent
Pardon, monsieur l'agent.	すみません，お巡りさん	Excuse me, officer.
un agent de police	警官	a police officer
★**agir** [アジール] 動	行動する，振る舞う	act, behave
Maintenant il faut agir.	今こそ行動を	Now we've got to act.
agir comme un enfant	子供のように振る舞う	act like a child
— ★**s'agir** 代動	《il s'agit de》	
	…が問題である	It is about...

7

仏	日	英
Il s'agit de votre fils.	息子さんの件です	It's about your son.
De quoi s'agit-il ?	何のことですか	What's it about?
le livre dont il s'agit	問題の本	the book in question
アジテ **agiter** 動	揺する, 振る	shake, wave
agiter un drapeau	旗を振る	wave a flag
アニョー **agneau** 男	子羊, 子羊肉	lamb
アニョー — **agneaux**	《複数形》	
アグレアーブル ★**agréable** 形	快い, 快適な	pleasant
アグリキュルテュール ★**agriculture** 女	農業	agriculture
ア ★**ah** 間投	ああ	ah, oh
Ah bon ?	ああそうですか	Is that so?
エド ★**aide** 女	助け, 援助	help, aid
エデ ★**aider** 動	助ける, 役に立つ	help
Tu m'aides ?	手伝ってよ	Can you help me?
Je l'ai aidé à traverser la rue.	彼が道を横断するのを助けた	I helped him to cross the street.
エギュ **aigu** 形	とがった; 鋭い	sharp; acute
エギュ — **aiguë**	《女性形》	
エギュイーユ **aiguille** 女	針	needle
アイユ **ail** 男	ニンニク	garlic

aile – air

仏	日	英
aile (エル) 女	翼	wing
★**ailleurs** (アイユール) 副	よそに	somewhere else
aller ailleurs	よそに行く	go somewhere else
d'ailleurs	それに, その上; もっとも	besides
★**aimable** (エマーブル) 形	親切な	kind, nice
C'est très aimable à vous.	どうもご親切に	It's very kind of you.
★**aimer** (エメ) 動	愛する, 好む	love, like
Je t'aime.	愛している	I love you.
J'aime la musique.	音楽が好きだ	I like music.
J'aime les chats.	猫が好きだ	I like cats.
Je n'aime pas les chiens.	犬が好きではない	I don't like dogs.
J'aime lire.	読書が好きだ	I like reading.
aimer mieux	…のほうを好む	prefer
aîné (エネ) 形	(兄弟のうちで)(最)年長の	older, elder; oldest, eldest
— **aînée** (エネ)	《女性形》	
★**ainsi** (アンスィ) 副	この[その]ように	in this way
Ne me regarde pas ainsi.	そんなふうに見るな	Don't look at me like that.
Elle est ainsi.	彼女はそういう人だ	That's how she is.
★**air**¹ (エール) 男	空気, 空	air

仏	日	英
エール ★**air**² 男	様子	air, look
avoir l'air 形	…のように見える	look
Il a l'air content.	彼はうれしそうだ	He looks pleased.
Elle a l'air contente.	彼女はうれしそうだ	She looks pleased.
エーズ **aise** 女	(次の成句で)	
à l'aise	くつろいで	at ease
Mettez-vous à l'aise.	どうぞお楽に	Make yourself at home.
アジュテ ★**ajouter** 動	付け加える	add
アラルム **alarme** 女	警報	alarm
アルコル **alcool** 男	アルコール	alcohol
アリマン **aliment** 男	食料, 食品	food
アリマンタスィヨン **alimentation** 女	(集合的に)食料	food
アレ **allée** 女	散歩道, 並木道	path, avenue
アルマーニュ ★**Allemagne** 女	ドイツ	Germany
アルマン ★**allemand** 男	ドイツ語	German
アルマン ★**allemand** 形	ドイツの	German
アルマーンド — **allemande**	(女性形)	
アルマン ★**Allemand** 名	ドイツ人	German
アルマーンド — **Allemande**	(女性形)	

仏	日	英
☆aller¹ (アレ) 動	《助動詞はêtre》	
	1. 行く	go
aller en France	フランスに行く	go to France
aller à l'école	学校に行く	go to school
	2. 健康である	
Comment allez-vous ?	お元気ですか	How are you?
Je vais bien.	元気です	I'm well.
	3. (活動などが)進む	
Comment vont les affaires ?	商売はどうですか	How's business?
	4. 似合う	suit
Le rouge te va bien.	君は赤がよく似合う	Red suits you.
	5. …しに行く	
aller se promener	散歩に行く	go for a walk
	6.《近い未来》	be going to do
Je vais partir.	すぐ出かけます	I'm going to leave.
Allez-y.	(すすめて)どうぞ	Go ahead.
Allons-y !	行こう	Let's go!
On y va ?	行こうか；始めようか	Shall we go [start]?
— ☆s'en aller 代動	立ち去る	leave

仏	日	英
Je m'en vais !	じゃあ行くよ	I'm off!
Va-t'en !	あっちに行け	Go away!
aller² (アレ) 男	行き；行きの切符	outward journey; one-way ticket
un aller (simple) pour Paris	パリ行きの片道切符	a one-way ticket to Paris
★**allô** (アロ) 間投	(電話で)もしもし	hello
allonger (アロンジェ) 動	長くする, 伸ばす	extend, lengthen
★**allumer** (アリュメ) 動	1. 火をつける	light
	2. スイッチを入れる	turn on
allumette (アリュメット) 女	マッチ	match
★**alors** (アロール) 副	1. その時	then
J'étais alors étudiant.	私は当時学生だった	I was a student then.
	2. それでは	then
Et alors ?	それがどうした	So what?
★**alphabet** (アルファベ) 男	アルファベット	alphabet
alphabétique (アルファベティック) 形	アルファベットの	alphabetical
amande (アマーンド) 女	アーモンド	almond
amateur (アマトゥール) 男	愛好家, アマチュア	amateur
★**ambassade** (アンバサド) 女	大使館	embassy
★**ambassadeur** (アンバサドゥール) 男	大使	ambassador

ambition – ami

仏	日	英
アンビスィヨン **ambition** 女	野心, 大志	ambition
アンビュラーンス **ambulance** 女	救急車	ambulance
アーム ★**âme** 女	魂	soul
アメリオレ **améliorer** 動	改良する	improve
アムネ ★**amener** 動	連れてくる	bring
Amene tes amis.	友だちを連れておいで	Bring your friends.
アメール ★**amer** 形	苦い	bitter
アメール — **amère**	《女性形》	
アメリカン ★**américain** 形	アメリカの	American
アメリケヌ — **américaine**	《女性形》	
アメリカン ★★**Américain** 名	アメリカ人	American
アメリケヌ — **Américaine**	《女性形》	
アメリック ★**Amérique** 女	アメリカ	America
l'Amérique du Nord	北アメリカ	North America
アミ ★**ami** 名	友達	friend
アミ — **amie**	《女性形》	
un ami à moi	私の友達	a friend of mine
un petit ami	ボーイフレンド	a boyfriend
une petite amie	ガールフレンド	a girlfriend

amical – an

仏	日	英
アミカル **amical** 形	友好的な	friendly
— **amicale**	《女性形》	
— **amicaux**	《男性複数形》	
アミティエ ★**amitié** 女	友情	friendship
アムール ☆**amour** 男	愛, 恋愛	love
アムールー ★**amoureux** 形	恋している	in love
— **amoureuse**	《女性形》	
être amoureux de	…に恋している	be in love with
アンプル **ampoule** 女	電球；アンプル	bulb; ampoule
アミュザン ★**amusant** 形	楽しい, 面白い	amusing
— **amusante**	《女性形》	
アミュゼ ★**amuser** 動	楽しませる	amuse, entertain
— ★**s'amuser** 代動	遊ぶ, 楽しむ	play, have fun
Nous nous sommes bien amusés.	私たちはとても楽しんだ	We had great fun.
アン ☆**an** 男	1. 年	year
J'ai passé deux ans en France.	私はフランスで2年過ごした	I spent two years in France.
deux fois par an	1年に2回	twice a year
tous les ans	毎年	every year
l'an prochain	来年	next year

analyse – angle

仏	日	英
l'an dernier	去年	last year
	3. …歳	
J'ai vingt ans.	私は20歳です	I'm twenty years old.
une fille de dix ans	10歳の女の子	a ten-year-old girl
アナリーズ **analyse** 女	分析	analysis
アナリゼ **analyser** 動	分析する	analyze
アンセートル **ancêtre** 名	祖先	ancestor
アンスィヤン ★**ancien** 形	古い；旧…, 元…	old; former
アンスィエヌ — **ancienne**	《女性形》	
une maison ancienne	古い家	an old house
l'ancien président	元[前]大統領	the former president
アーヌ **âne** 男	ロバ	donkey
アーンジュ **ange** 男	天使	angel
アングレ ★**anglais** 男	英語	English
アングレ ★**anglais** 形	イギリスの；英語の	English
アングレーズ — **anglaise**	《女性形》	
アングレ ★**Anglais** 名	イギリス人	Englishman
アングレーズ — **Anglaise**	《女性形》	Englishwoman
アーングル **angle** 男	角, 隅	corner

15

仏	日	英
★**Angleterre** 女 アングルテール	イングランド, イギリス	England
★**animal** 男 アニマル	動物	animal
— **animaux** アニモー	《複数形》	
animé 形 アニメ	にぎやかな	busy, lively
— **animée** アニメ	《女性形》	
★**année** 女 アネ	年, 1年	year
cette année	今年	this year
chaque année	毎年	every year
l'année dernière	去年	last year
l'année prochaine	来年	next year
toute l'année	1年中	all year round
Bonne année !	新年おめでとう	Happy New Year!
★**anniversaire** 男 アニヴェルセール	1. 誕生日	birthday
Joyeux [Bon] anniversaire !	誕生日おめでとう	Happy birthday!
	2. 記念日	anniversary
annonce 女 アノーンス	知らせ, 発表；広告	announcement; advertisement
les petites annonces	三行広告	classified ads
★**annoncer** 動 アノンセ	知らせる, 発表する	announce
annuel 形 アニュエル	1年間の, 年1回の	annual, yearly

仏	日	英
アニュエル — annuelle	《女性形》	
アニュレ annuler 動	取り消す	cancel
アンテヌ antenne 女	アンテナ	antenna
アンテリユール antérieur 形	(時間的に)前の	previous, earlier
アンテリユール — antérieure	《女性形》	
ウ(ット) ★août 男	8月	August
アペルスヴォワール ★apercevoir 動	見える, 見かける	see, catch sight of
— s'apercevoir 代動	《次の構文で》	
s'apercevoir de	…に気がつく	notice
s'apercevoir que 直説法	…ことに気がつく	notice that
アペリティフ apéritif 男	食前酒	aperitif
アパレートル ★apparaître 動	《助動詞はêtre》現れる	appear
アパレイユ ★appareil 男	器具；カメラ；電話	device; camera; telephone
un appareil photo	カメラ	a camera
Qui est à l'appareil ?	(電話で)どちら様ですか	Who's speaking?
アパラーンス apparence 女	外見, 外観	appearance
アパルトマン ★appartement 男	アパルトマン, マンション	apartment
アパルトゥニール appartenir 動	(à)…のものである	belong to
Ce stylo m'appartient.	このペンは私のだ	This pen belongs to me.

appel – apprendre

仏	日	英
アペル **appel** 男	呼ぶこと，電話の通話	call
Il y a un appel pour toi.	電話だよ	There is a call for you.
アプレ ★**appeler** 動	呼ぶ；電話する	call
Je t'appelle demain.	明日電話する	I'll call you tomorrow.
― ★**s'appeler** 代動	名前は…である	be called
Comment vous appelez-vous ?	お名前は何ですか	What's your name?
Je m'appelle Marie.	私の名前はマリです	My name is Marie.
Comment cela s'appelle ?	それは何という名前ですか	What is it called?
アペティ ★**appétit** 男	食欲	appetite
Bon appétit !	召し上がれ	Enjoy your meal!
アプロディール **applaudir** 動	拍手する	applaud
アプリカスィヨン **application** 女	適用，応用	application
アプリケ **appliquer** 動	1. 押し当てる	apply
	2. 適用[応用]する	apply
アポルテ ★**apporter** 動	持ってくる	bring
Apporte-moi la chaise.	椅子を持ってきて	Bring me the chair.
アプレスィエ **apprécier** 動	高く評価する	appreciate
アプラーンドル ★**apprendre** 動	1. 学ぶ，習う	learn
apprendre le français	フランス語を学ぶ	learn French

18

仏	日	英
apprendre à lire	読み方を習う	learn to read
	?. 教える	teach
Mon père m'a appris à nager.	父が泳ぎを教えてくれた	My father taught me how to swim.
アプロシェ ★**approcher** 動	近づける	put nearer
approcher A de B	AをBに近づける	move A close to B
— ★**s'approcher** 代動	近づく	get closer
s'approcher du micro	マイクに近寄る	come up to the microphone
アプルヴェ **approuver** 動	同意[賛成]する	approve of
アピュイ **appui** 男	支え；支持，支援	support
アピュイエ ★**appuyer** 動	もたせかける；支える	lean; support
appuyer sur	…を押す	press
アプレ ★**après**¹ 前	(時間)後で	after
après l'école	放課後に	after school
Après vous.	お先にどうぞ	After you.
après avoir mangé	食べた後に	after eating
après que 直説法	…が…した後で	after
après tout	結局のところ	after all
d'après	…によれば	according to
d'après elle	彼女によれば	according to her

après – arracher

仏	日	英
アプレ **après**[2] 副	後で	afterward, later
une heure après	1時間後に	an hour later
アプレドゥマン ★**après-demain** 副	あさって	the day after tomorrow
アプレミディ ★**après-midi** 男	午後	afternoon
cet après-midi	今日の午後	this afternoon
demain après-midi	明日の午後	tomorrow afternoon
アラブ **arabe** 男	アラビア語	Arabic
アラブ **arabe** 形	アラブの	Arab
アラブ **Arabe** 名	アラブ人	Arab
アルビトル **arbitre** 男	審判, レフェリー	umpire, referee
アルブル ★**arbre** 男	木	tree
アルク **arc** 男	弓	bow
アルカンスィエル **arc-en-ciel** 男	虹	rainbow
アルシテクテュール **architecture** 女	建築	architecture
アルジャン ★**argent** 男	お金；銀	money; silver
Il a de l'argent.	彼は金がある	He's got money.
アルム ★**arme** 女	武器	weapon
アルメ ★**armée** 女	軍	army
アラシェ **arracher** 動	引き抜く	pull up

arranger–arriver

仏	日	英
アランジェ ★**arranger** 動	1. 整理する	sort out
	2. 手はずを整える	arrange
アレ ★**arrêt** 男	停車, 停止, 停留所	stop
un arrêt de bus	バスの停留所	a bus stop
アレテ ★**arrêter** 動	1. 止める, やめる	stop
arrêter la voiture	車を止める	stop the car
Arrête !	やめてよ	Stop it!
	2. 逮捕する	arrest
— ★**s'arrêter** 代動	止まる	stop
La voiture s'est arrêtée brusquement.	車が急に止まった	The car stopped suddenly.
アリエール ★**arrière** 男	後部	back, rear
en arrière	後に	behind, backward
アリヴェ ★**arrivée** 女	到着	arrival
アリヴェ ★**arriver** 動	《助動詞は être》	
	1. 到着する	arrive
arriver à Paris	パリに着く	arrive in Paris
J'arrive !	今行きます	I'm coming!
	2. (出来事が)起こる	happen
Un accident est arrivé.	事故が起きた	An accident has happened.

仏	日	英
Il est arrivé un accident.	《非人称》事故が起きた	There has been an accident.
アロンディスマン **arrondissement** 男	（パリなどの）区	arrondissement
アロゼ **arroser** 動	水をかける	water
アール ★**art** 男	芸術	art
アルティクル ★**article** 男	記事；冠詞；品物	article; item
アルティフィスィエル **artificiel** 形	人工の，人工的な	artificial
アルティフィスィエル — **artificielle**	《女性形》	
アルティザン **artisan** 男	職人	craftsperson
アルティスト ★**artiste** 名	芸術家	artist
アサンスール ★**ascenseur** 男	エレベーター	elevator
アズィアティック ★**asiatique** 形	アジアの	Asian
アズィアティック ★**Asiatique** 名	アジア人	Asian
アズィ ★**Asie** 女	アジア	Asia
アスペ **aspect** 男	局面；外観	aspect; appearance
アスピラトゥール **aspirateur** 男	掃除機	vacuum cleaner
アサンブレ ★**assemblée** 女	会議；議会	meeting; assembly
サソワール ★**s'asseoir** 代動	座る	sit down
s'asseoir sur une chaise	椅子に座る	sit down on a chair
Asseyez-vous.	お掛けください	Do sit down.

仏	日	英
アセ ★**assez** 副	1. 十分に	enough
Avez-vous assez mangé ?	十分食べましたか	Have you had enough to eat?
	2. かなり	quite
assez souvent	かなり頻繁に	quite often
assez de	十分な	enough
Je n'ai pas assez d'argent.	十分なお金がない	I don't have enough money.
J'ai assez d'argent pour acheter cette voiture.	この車を買うお金がある	I have enough money to buy this car.
J'en ai assez.	うんざりだ	I'm fed up.
アスィエット ★**assiette** 女	皿, 取り皿	plate
アスィ ★**assis** 形	座っている	sitting
アスィーズ — **assise**	《女性形》	
Elle est assise.	彼女は座っている	She is sitting.
アスィステ ★**assister** 動	(à)…に出席する	attend
アソスィアスィヨン **association** 女	団体, 協会	association
アスュラーンス **assurance** 女	自信；保険	confidence; insurance
アスュレ **assurer** 動	断言する	assure
Je t'assure !	本当だよ	Really.
アトゥリエ **atelier** 男	仕事部屋, アトリエ	workshop, studio
アトモスフェール **atmosphère** 女	雰囲気；大気	atmosphere

atome – attraper

仏	日	英
アトム **atome** 男	原子	atom
アトミック **atomique** 形	原子の	atomic
アタシェ ★**attacher** 動	縛る, つなぐ	tie, fasten
アタック **attaque** 女	攻撃	attack
アタケ **attaquer** 動	攻撃する	attack
アターンドル **atteindre** 動	到着する, 達する	reach
アターンドル ★**attendre** 動	待つ	wait, wait for
Attendez un instant.	少し待ってください	Wait a moment.
アターント **attente** 女	待つこと	wait
une salle d'attente	待合室	a waiting room
アタンティフ **attentif** 形	注意深い	attentive
アタンティーヴ — **attentive**	《女性形》	
アタンスィヨン ★**attention** 女	注意	attention
Attention !	危ない	Watch out!
faire attention	気をつける	be careful, pay attention
アテリール **atterrir** 動	着陸する	land
アティレ **attirer** 動	引き寄せる	attract
アティテュード **attitude** 女	態度	attitude
アトラペ ★**attraper** 動	1. 捕まえる, つかむ	catch

24

仏	日	英
	2.（乗り物に）間に合う	catch
	3.（病気に）かかる	catch
オ ☆au	=à+le	
オカン ☆aucun	（男性形）	
オキュヌ — aucune	（女性形）	
形	どんな…も…ない	no, not any
Il n'y a aucun problème.	問題は全くない	There is no problem.
Aucune idée !	わからない	No idea!
代	誰も［どれも］…ない	none
Je n'ai lu aucun de ces livres.	この本のどれも読んでない	I haven't read any of these books.
オドゥスー ★au-dessous　副	その下に	below
オドゥスュ ★au-dessus　副	その上に	above
オディトゥール auditeur　名	聴衆, 聴取者	listener
オディトリス — auditrice	（女性形）	
オグマンタスィヨン augmentation　女	増加；値上がり	increase
オグマンテ ★augmenter　動	増やす, 増加する	raise, rise
オジュルデュイ ☆aujourd'hui　副	今日	today
Aujourd'hui, c'est dimanche.	今日は日曜だ	It's Sunday today.
オプレ ドゥ auprès de　前句	1. …のそばに	beside, next to

au revoir – automne

仏	日	英
	2. …と比べると	compared with
オルヴォワール ★**au revoir**	さようなら	goodbye
オスィ ★**aussi** 副	1. 同じくらい	as
Je suis aussi grand que toi.	僕は君と背が同じくらいだ	I'm as tall as you.
Je ne suis pas aussi grand que toi.	僕は君ほど背が高くない	I'm not as tall as you.
	2. …もまた	too, also
Moi aussi.	私もです	Me too.
オスィト **aussitôt** 副	すぐに	immediately
オタン ★**autant** 副	1. 同じだけ	as much, as many
Il a neigé autant que l'hiver dernier.	去年の冬と同じくらい雪が降った	It snowed as much as last winter.
	2. 同じくらいの	as much as, as many as
J'ai autant de problèmes que toi.	私は君と同じくらい問題がある	I have as many problems as you do.
オトゥール ★**auteur** 男	作家, 作者	author
オト **auto** 女	自動車	car
オトビュス **autobus** 男	(市内の)バス	bus
オトカール **autocar** 男	(長距離)バス; 観光バス	bus
オトマティック ★**automatique** 形	自動の	automatic
オトヌ ★**automne** 男	秋	fall
en automne	秋に	in fall

automobile – autrefois

仏		日	英
オトモビル **automobile**	女	自動車	automobile
オトリゼ **autoriser**	動	許可する	authorize
オトリテ **autorité**	女	権力, 権威	authority
オトルト **autoroute**	女	高速道路	highway
オトゥール ★**autour**	副	周りに[を]	around
autour de		…の周りに[を]	around
autour de la table		テーブルの周りに	around the table
オートル ★**autre**[1]	形	別の	other
l'autre couteau		もう一方のナイフ	the other knife
un autre couteau		ほかのナイフ(単数)	another knife
les autres couteaux		ほかのすべてのナイフ	the other knives
d'autres couteaux		ほかのナイフ(複数)	other knives
オートル ★**autre**[2]	代	他の人, 他の物	
l'autre		もう一方の人[物]	the other
un autre		ほかの人[物]	another one
les autres		ほかのすべての人[物]	the others
d'autres		ほかの人[物]	others
オートルショーズ ★**autre chose**	代	別のこと[物]	something else
オートルフォワ ★**autrefois**	副	昔, 以前は	in the past

autrement – avec

仏	日	英
オートルマン ★**autrement** 副	別な方法で	differently
On ne peut pas faire autrement.	ほかにやりようがない	There's no other way.
オ ★**aux**	=à+les	
アヴァレ **avaler** 動	飲み込む	swallow
アヴァーンス **avance** 女	前進；先行	advance; lead
en avance	（予定より）早く	early
アヴァンセ ★**avancer** 動	前に進む	advance
アヴァン ★**avant**[1] 前	（時間）…以前に	before
avant dix heures	10時前に	before ten o'clock
avant de 不定詞	…する前に	before
avant de partir	出かける前に	before leaving
avant que 接続法	…する前に	before
avant qu'il (ne) pleuve	雨が降る前に	before it rains
アヴァン **avant**[2] 副	以前に，前に	before
アヴァンタージュ **avantage** 男	優位；利点	advantage
アヴァンティエール ★**avant-hier** 副	おととい	the day before yesterday
アヴァール **avare** 形	けちな	miserly
アヴェック ★**avec** 前	1. …と一緒に	with
avec moi	私と一緒に	with me

仏	日	英
	2. …を使って	with
avec un couteau	ナイフで	with a knife
	3. …のついた	with
une chambre avec salle de bain(s)	風呂付きの部屋	a room with a bathroom
Et avec ça ?	他に注文はありますか	Anything else?
アヴニール ★**avenir** 男	将来，未来	future
アヴァンテュール ★**aventure** 女	意外な出来事；冒険	adventure
アヴニュ ★**avenue** 女	大通り	avenue
アヴェルス **averse** 女	にわか雨	shower
アヴェルティール **avertir** 動	知らせる，警告する	inform, warn
アヴーグル **aveugle** 形	目の不自由な	blind
アヴィヨン ★**avion** 男	飛行機	plane
en avion	飛行機で	by plane
par avion	航空便で	by airmail
アヴィ ★**avis** 男	意見	opinion
à mon avis	私の意見では	in my opinion
アヴォカ ★**avocat** 男	弁護士	lawyer
アヴォワール ★**avoir** 動	1. 持つ，ある	have
J'ai un frère.	兄[弟]がいる	I have a brother.

仏	日	英
J'ai un chien.	犬を飼っている	I have a dog.
Qu'est-ce que vous avez ?	どうしましたか	What's the matter with you?
	2.《avoir+無冠詞名詞》	
avoir faim	空腹である	be hungry
avoir soif	のどが渇いている	be thirsty
	3.《複合時制を作る》	
J'ai joué au tennis hier.	私は昨日テニスをした	I played tennis yesterday.
avoir à 不定詞	…しなければならない	have to
J'ai à travailler.	仕事をしなければならない	I have some work to do.
Vous n'avez pas à payer.	支払う必要はありません	You don't have to pay.
アヴリル ★**avril** 男	4月	April

B, b

バガージュ ★**bagage** 男	荷物	baggage
バグ **bague** 女	指輪	ring
バゲット **baguette** 女	1. 細い棒；バゲット	stick; baguette
	2.《複数で》箸	chopsticks
ス ベニェ ★**se baigner** 代動	水遊びをする, 泳ぐ	go swimming
ベニョワール **baignoire** 女	浴槽	bathtub

仏	日	英
バン ★bain 男	入浴, 風呂	bath
prendre un bain	風呂に入る	take a bath
ベセ ★baisser 動	下げる；下がる	lower; go down
バレ balai 男	ほうき	broom
バランス balance 女	はかり	scale
バレイエ balayer 動	掃く, 掃除する	sweep
バレヌ baleine 女	クジラ	whale
バル ★balle 女	(小さな)ボール	ball
バレ ballet 男	バレエ	ballet
バロン ballon 男	(大型の)ボール	ball
un ballon de football	サッカーボール	a soccer ball
バナル banal 形	平凡な, 月並みな	banal
バナル — banale	《女性形》	
バナル — banals	《男性複数形》	
バナヌ ★banane 女	バナナ	banana
バン ★banc 男	ベンチ	bench
バーンド bande¹ 女	帯, テープ	strip, tape
une bande dessinée	漫画	a comic strip, a comic book
バーンド bande² 女	集団, グループ	band, group

仏		日	英
バンリュー **banlieue**	女	郊外	suburbs
habiter en banlieue		郊外に住む	live in the suburbs
バーンク ★**banque**	女	銀行	bank
バルブ **barbe**	女	(あごの)ひげ	beard
バール **barre**	女	棒, バー	bar
バ ★**bas**[1]	形	低い	low
バス — **basse**		(女性形)	
バ **bas**[2]	副	1. 低く, 下に	low
		2. 小声で, 低い声で	in a low voice
バーズ **base**	女	土台; 基礎; 基地	base; basis
une base de données		データベース	a database
バターイユ **bataille**	女	戦闘; 戦い	battle; fight
バトー ★**bateau**	男	船	boat
バトー — **bateaux**		(複数形)	
aller en bateau		船で行く	go by boat
バティマン ★**bâtiment**	男	建物	building
バティール **bâtir**	動	建てる	build
バトン **bâton**	男	棒, 杖	stick
バトル ★**battre**	動	1. 殴る	beat

仏	日	英
	2. 打ち負かす, 破る	beat
battre un record	記録を破る	break a record
― ★se battre 代動	戦う	fight
バヴァール ★bavard 形	おしゃべりな	talkative
バヴァルド ― bavarde	《女性形》	
バヴァルデ bavarder 動	おしゃべりする	chat
ボー ★beau 形	《男性単数形》	
ベル ― bel	《母音・無声のhで始まる男性名詞の前》	
ベル ― belle	《女性単数形》	
ボー ― beaux	《男性複数形》	
ベル ― belles	《女性複数形》	
	美しい	beautiful
une belle maison	美しい家	a beautiful house
un bel homme	ハンサムな男性	a handsome man
Il fait beau.	天気がよい	It's a nice day.
ボクー ★beaucoup 副	たくさん	a lot, (very) much
Il mange beaucoup.	彼はよく食べる	He eats a lot.
Il a beaucoup mangé.	彼はよく食べた	He ate a lot.
J'aime beaucoup le tennis.	テニスが大好きだ	I like tennis very much.

仏	日	英
Je n'aime pas beaucoup les légumes.	野菜は余り好きでない	I don't like vegetables very much.
beaucoup de	たくさんの	a lot of
beaucoup de gens	たくさんの人	a lot of people
beaucoup d'argent	たくさんのお金	a lot of money
★**beauté** (ボテ) 女	美, 美しさ	beauty
★**bébé** (ベベ) 男	赤ん坊	baby
belge (ベルジュ) 形	ベルギーの	Belgian
Belge (ベルジュ) 名	ベルギー人	Belgian
★**Belgique** (ベルジック) 女	ベルギー	Belgium
★**besoin** (ブゾワン) 男	必要	need
avoir besoin de	…を必要とする	need
J'ai besoin d'un couteau.	ナイフが必要だ	I need a knife.
Tu as besoin de te reposer.	君は休む必要がある	You need to take a rest.
Tu n'as pas besoin de venir.	君は来なくていい	You don't have to come.
★**bête**[1] (ベット) 女	動物, 虫	animal, insect
★**bête**[2] (ベット) 形	愚かな, ばかな	stupid
bêtise (ベティーズ) 女	愚かさ	stupidity
★**beurre** (ブール) 男	バター	butter
bible (ビブル) 女	(la Bible) 聖書	bible

仏	日	英
ビブリヨテック ★**bibliothèque** 女	図書館	library
ビスィクレット ★**bicyclette** 女	自転車	bicycle
aller à [en] bicyclette	自転車で行く	go by bicycle
faire de la bicyclette	自転車に乗る、サイクリングする	go cycling, cycle
ビヤン ★**bien**¹ 副	1. よく、上手に	well
Elle chante bien.	彼女は歌が上手だ	She sings well.
	2. とても；たくさん	very; very much
Je suis bien content.	とても満足している	I'm very happy.
J'ai bien ri.	私は大笑いした	I had a good laugh.
bien des	多くの…	a good many
bien des gens	多くの人	many people
bien du [de la]	多くの…	a great deal of
Elle a bien de la chance.	彼女はとても運がいい	She is very lucky.
bien que 接続法	…にもかかわらず	although, though
bien qu'il pleuve	雨にもかかわらず	although it is raining
ビヤン ★**bien**² 間投	1. (同意)よろしい、結構	good, fine
	2. (話題転換)それでは	OK, all right
ビヤン ★**bien**³ 形	《不変》	
	1. よい	good

35

仏	日	英
Il est bien comme prof.	彼はいい教師だ	He's a good teacher.
Très bien.	とてもよろしい	Very good.
	2. 具合がいい	well
Je ne me sens pas bien.	体調がよくない	I don't feel well.
★**bientôt** ビヤント 副	やがて，まもなく	soon
A bientôt !	ではまた	See you soon.
bienvenu ビヤンヴニュ 名	歓迎される人	
— **bienvenue** ビヤンヴニュ	《女性形》	
Soyez le bienvenu !	ようこそ	Welcome!
bienvenue ビヤンヴニュ 女	歓迎，歓待	welcome
Bienvenue en France !	フランスにようこそ	Welcome to France!
★**bière** ビエール 女	ビール	beer
boire de la bière	ビールを飲む	drink beer
bifteck ビフテック 男	ステーキ	steak
★**bijou** ビジュー 男	宝石	jewel
— **bijoux** ビジュー	《複数形》	
★**billet** ビエ 男	切符，券；紙幣	ticket; bill
un billet de train	列車の切符	a train ticket
un billet de 20 euros	20ユーロ紙幣	a 20-euro bill

仏	日	英
ビヨロジ **biologie** 女	生物学	biology
ビヨロジック **biologique** 形	生物学の；有機の	biological; organic
ビスキュイ **biscuit** 男	ビスケット	biscuit
ビザール ★**bizarre** 形	奇妙な	strange
ブラグ **blague** 女	冗談	joke
ブラメ **blâmer** 動	非難する	blame
ブラン ★**blanc**[1] 形	白い；白紙の	white; blank
ブラーンシュ — **blanche**	《女性形》	
blanc[2] 男	白, 白色	white
ブレ ★**blé** 男	小麦	wheat
ブレセ ★**blessé** 形	けがをした	injured
ブレセ — **blessée**	《女性形》	
ブレセ ★**blesser** 動	けがをさせる	hurt, injure
Il a été blessé dans un accident.	彼は事故で負傷した	He was injured in an accident.
— ★**se blesser**	けがをする	hurt oneself
Elle s'est blessée au bras.	彼女は腕をけがした	She hurt her arm.
ブレスュール **blessure** 女	傷, けが	injury
ブルー ★**bleu**[1] 形	青い	blue
ブルー — **bleue**	《女性形》	

bleu – bon

仏	日	英
ブルー **bleu²** 男	青	blue
ブロン ★**blond** 形	ブロンドの	fair, blond
ブロンド — **blonde**	《女性形》	
ブフ ★**bœuf** 男	牛, 牛肉	ox, bull, beef
ボワール ★**boire** 動	飲む	drink
Vous voulez boire quelque chose ?	何か飲みますか	Would you like to drink something?
ボワ ★**bois** 男	森, 林；木材	wood
ボワソン ★**boisson** 女	飲み物	drink
Qu'est-ce que vous prenez comme boisson ?	飲み物は何にしますか	What would you like to drink?
ボワット ★**boîte** 女	箱, 缶	box, can
une boîte à [aux] lettres	ポスト, 郵便受け	mailbox
ボル **bol** 男	椀, 大きめのカップ	bowl
ボーンブ **bombe** 女	爆弾	bomb
ボン ★**bon¹** 形	よい, おいしい	good
ボヌ — **bonne**	《女性形》	
un bon film	いい映画	a good movie
un bon repas	おいしい食事	a good meal
Elle est bonne en mathématiques.	彼女は数学が得意だ	She is good at math.
Il fait bon.	気持ちのいい天気だ	It's nice.

仏	日	英
★**bon**² (ボン) 〔間投〕	よし, それでは	good, all right, OK
Bon ! Je m'en vais.	じゃあ帰るね	Right! I'm leaving.
★**bonheur** (ボヌール) 〔男〕	幸福, 幸運	happiness, luck
★**bonjour** (ボンジュール) 〔男〕	おはよう, こんにちは	hello, good morning, good afternoon
★**bon marché** (ボンマルシェ) 〔形〕	《不変》安い	cheap
des voitures bon marché	安い車	cheap cars
★**bonne nuit** (ボンニュイ)	おやすみなさい	good night
★**bonsoir** (ボンソワール) 〔男〕	こんばんは	good evening
★**bord** (ボール) 〔男〕	岸；縁, へり	bank; side, edge
au bord de la mer	海辺で	at the seaside
botte (ボット) 〔女〕	ブーツ	boot
★**bouche** (ブーシュ) 〔女〕	口	mouth
boucher (ブシェ) 〔名〕	精肉店店主	butcher
— **bouchère** (ブシェール)	《女性形》	
★**boucherie** (ブシュリ) 〔女〕	精肉店	butcher's shop
bouchon (ブション) 〔男〕	栓, コルク栓	top, cap, cork
boucle (ブクル) 〔女〕	バックル	buckle
une boucle d'oreille	イヤリング	an earring
★**bouger** (ブジェ) 〔動〕	動く, 動かす	move

bougie – boutique

仏	日	英
Ne bougez pas !	動かないで	Don't move!
bougie ブジ 女	ロウソク	candle
bouillir ブイール 動	沸騰する	boil
L'eau bout.	湯が沸いている	The water is boiling.
faire bouillir de l'eau	湯を沸かす	boil water
★**boulanger** ブランジェ 名	パン屋(の店主)	baker
— **boulangère** ブランジェール	(女性形)	
★**boulangerie** ブランジュリ 女	パン屋(の店)	bakery
★**boulevard** ブルヴァール 男	大通り	boulevard
bouquet ブケ 男	花束	bunch, bouquet
bourse ブルス 女	財布；奨学金	purse; grant, scholarship
★**bout** ブー 男	1. 端, 末端	end, tip
au bout de la rue	道の突き当たりに	at the end of the street
	2. …の断片	piece
un bout de papier	一片の紙切れ	a scrap of paper
★**bouteille** ブテイユ 女	瓶	bottle
une bouteille de vin	ワインの瓶, ワイン一瓶	a wine bottle, a bottle of wine
★**boutique** ブティック 女	店	store, shop
une boutique de souvenirs	みやげ物店	a souvenir shop

仏		日	英
ブトン ★**bouton**	男	ボタン	button
ブラスレ **bracelet**	男	腕輪	bracelet
ブラーンシュ ★**branche**	女	枝	branch
ブラ ★**bras**	男	腕	arm
ブレフ ★**bref**¹	形	(時間的に)短い	short
ブレーヴ — **brève**		《女性形》	
ブレフ **bref**²	副	要するに	in short
ブリヤン **brillant**	形	輝く；輝かしい	shiny; brilliant
ブリヤーント — **brillante**		《女性形》	
ブリエ ★**briller**	動	輝く	shine
ブリック **brique**	女	レンガ	brick
ブリゼ **briser**	動	壊す, 砕く	break
ブリタニック **britannique**	形	英国の	British
ブリタニック **Britannique**	名	英国人	British person
ブロス **brosse**	女	ブラシ	brush
une brosse à cheveux		ヘアブラシ	a hairbrush
une brosse à dents		歯ブラシ	a toothbrush
ブロセ ★**brosser**	動	ブラシをかける	brush
— ★**se brosser**	代動	(自分の…に)ブラシをかける	brush

仏	日	英
se brosser les cheveux	髪にブラシをかける	brush one's hair
ブルイヤール **brouillard** 男	霧	fog
ブリュイ ★**bruit** 男	物音, 雑音	noise
J'ai entendu un bruit.	音が聞こえた	I heard a noise.
faire du bruit	音を立てる	make noise
Ne fais pas de bruit.	音を出さないで	Don't make noise.
ブリュレ ★**brûler** 動	燃やす, 燃える	burn
— **se brûler** 代動	…をやけどする	burn oneself
Je me suis brûlé la langue.	舌をやけどした	I burnt my tongue.
ブラン ★**brun**[1] 形	褐色の, 茶色の	brown
ブリュヌ — **brune**	《女性形》	
ブラン **brun**[2] 男	褐色, 茶色	brown
ブリュスク **brusque** 形	突然の	sudden
ブリュスクマン **brusquement** 副	突然に	suddenly
ブリュイヤン **bruyant** 形	騒がしい, 騒々しい	noisy
ブリュイヤーント — **bruyante**	《女性形》	
ビュッジェ **budget** 男	予算	budget
ビューロー ★**bureau** 男	オフィス, 会社 ; 机	office; desk
ビューロー — **bureaux**	《複数形》	

仏	日	英
aller au bureau	会社に行く	go to the office
★**bus** ビュス 男	バス	bus
en bus	バスで	by bus
★**but** ビュット 男	1. 目的, 目標 ; 的	purpose, aim; target
	2. ゴール, 得点	goal
marquer un but	得点を入れる	score a goal

C, c

仏	日	英
★**ça** サ 代	1. それ, あれ, これ	that, this
Donne-moi ça.	それをちょうだい	Give me that.
Qu'est-ce que c'est que ça ?	それは何ですか	What is that?
C'est ça.	そのとおりだ	That's right.
	2. 《状況を漠然と指す》	
Ça va ?	元気ですか	How are you?
Ça va, merci.	元気です, ありがとう	I'm fine, thank you.
comme ça	この[その]ような[に]	like this [that]
Qui ça ?	それは誰ですか	Who do you mean?
★**cacher** カシェ 動	隠す	hide
— ★**se cacher** 代動	隠れる	hide

cadeau – camarade

仏	日	英
se cacher derrière le mur	壁の裏に隠れる	hide behind the wall
★**cadeau** カドー 男	贈り物	present
— **cadeaux** カドー	《複数形》	
un cadeau d'anniversaire	誕生日の贈り物	a birthday present
cadre カードル 男	額縁, 枠；環境	frame; surroundings
çà et là サ エ ラ 副句	あちらこちらに	here and there
★**café** カフェ 男	コーヒー；喫茶店	coffee; café
boire du café	コーヒーを飲む	drink coffee
Un café, s'il vous plaît.	コーヒーをください	A coffee, please.
cage カージュ 女	檻, 鳥かご	cage
★**cahier** カイエ 男	ノート	notebook
★**caisse** ケス 女	（代金を払う）レジ	cash register, checkout
calcul カルキュル 男	計算	calculation
★**calculer** カルキュレ 動	計算する	calculate, work out
★**calendrier** カランドリエ 男	カレンダー	calendar
★**calme** カルム 形	静かな；落ち着いた	quiet; calm
Reste calme !	落ち着いて	Keep calm!
calmer カルメ 動	静める	calm down
★**camarade** カマラド 名	仲間	friend

44

caméra – capable

仏	日	英
un camarade de classe	同級生	a classmate
カメラ ★caméra 〔女〕	(動画の)カメラ	movie camera
カミヨン camion 〔男〕	(自動車の)トラック	truck
カン camp 〔男〕	キャンプ(場)	camp
カンパーニュ ★★campagne 〔女〕	田舎；キャンペーン	country; campaign
habiter à la campagne	田舎に住む	live in the country
カナダ ★Canada 〔男〕	カナダ	Canada
aller au Canada	カナダに行く	go to Canada
カナディヤン ★canadien 〔形〕	カナダの	Canadian
カナディエヌ — canadienne	《女性形》	
カナディヤン Canadien 〔名〕	カナダ人	Canadian
カナディエヌ — Canadienne	《女性形》	
カナール canard 〔男〕	アヒル	duck
カンセール cancer 〔男〕	がん	cancer
カンディダ candidat 〔名〕	候補者, 受験者	candidate, applicant
カンディダット — candidate	《女性形》	
カウチュー caoutchouc 〔男〕	ゴム	rubber
カパーブル ★capable 〔形〕	《de》…できる	capable
Je suis capable de faire mieux.	私の方がうまくやれる	I can do better.

capacité – carré

仏		日	英
カパスィテ **capacité**	女	能力；容積	ability; capacity
カピテヌ **capitaine**	男	大尉；キャプテン	captain
カピタル **capital**	形	主要な	major
カピタル — **capitale**		(女性形)	
カピトー — **capitaux**		(男性複数形)	
カピタル ★**capitale**	女	首都	capital
カール ★**car**[1]	接	…というのは	because, for
Il ne viendra pas, car il est malade.		彼は来ない、病気だから	He's not coming, for he is sick.
カール **car**[2]	男	長距離バス，観光バス	bus
カラクテール ★**caractère**	男	性格；文字	character
カラクテリスティック **caractéristique**	形	特徴的な	characteristic
カラフ **carafe**	女	カラフ	carafe, jug
カレセ **caresser**	動	なでる，愛撫する	stroke, caress
カルネ ★**carnet**	男	手帳；1綴り	notebook; book
un carnet d'adresses		住所録	an address book
un carnet de tickets		回数券	a book of tickets
カロット ★**carotte**	女	ニンジン	carrot
カレ ★**carré**[1]	形	正方形の	square
カレ — **carrée**		(女性形)	

46

carré – casser

仏	日	英
カレ **carré**[2] 男	正方形	square
カルフール ★**carrefour** 男	交差点	crossroads
カルト ★**carte** 女	1. カード；トランプ	card
une carte d'anniversaire	バースデーカード	a birthday card
jouer aux cartes	トランプをする	play cards
	2. 地図	map
une carte de France	フランス地図	a map of France
	3. メニュー	menu
La carte, s'il vous plaît.	メニューをお願いします	The menu, please.
カ ★**cas** 男	場合	case
dans ce cas-là	その場合には	in that case
en tout cas	いずれにせよ	in any case
カスク **casque** 男	1. ヘルメット	helmet
	2. ヘッドフォン	headphones
カスケット **casquette** 女	(庇のある)帽子	cap
カセ ★**casser** 動	割る, 壊す, 折る	break
casser un verre	コップを割る	break a glass
— ★**se casser** 代動	1. 壊れる, 割れる	break
Le verre s'est cassé.	コップが割れた	The glass broke.

47

casserole – ce

仏	日	英
	2. 自分の…を折る	
se casser la jambe	脚を折る	break one's leg
カズロル **casserole** 女	片手鍋	saucepan
カタログ ★**catalogue** 男	カタログ	catalogue
カテゴリ **catégorie** 女	カテゴリー, 種類	category
カテドラル **cathédrale** 女	大聖堂	cathedral
カトリック **catholique** 形	カトリックの	Catholic
コーズ ★**cause** 女	原因	cause
la cause de l'accident	事故の原因	the cause of the accident
à cause de	…のせいで	because of
à cause d'un accident	事故のために	because of an accident
コゼ **causer** 動	…の原因になる	cause
カーヴ **cave** 女	地下室, ワインセラー	cellar
ス ★**ce**¹ 形	《男性単数形》	
— セット **cet**	《母音・無声のhで始まる男性名詞の前》	
— セット **cette**	《女性単数形》	
— セ **ces**	《男女複数形》	
	1. この, その, あの	this
ce chapeau	この帽子	this hat

48

仏	日	英
cette chaise	この椅子	this chair
cet étudiant	この学生	this student
cet homme	この男	this man
ces garçons	これらの少年	these boys
ce livre-ci	この本	this book
	2. その, あの	that
cette assiette	その皿	that plate
ces chaises	それらの椅子	those chair
cette chaise-là	その椅子	that chair
★ce² [ス]	代 これ, それ, あれ	this, that, it
— c'	《母音の前》	
C'est un cadeau.	プレゼントです	It's a present.
Qui est-ce ?	どなたですか	Who is it?
C'est moi.	私です	It's me.
C'est un médecin.	彼は医者です	He is a doctor.
C'est... qui	《主語を強調》	
C'est moi qui décide.	決めるのは私だ	It's me who decides.
C'est... que	《主語以外を強調》	
C'est de cela que je veux parler.	私が話したいのはこれだ	That's what I want to talk about.

ceci–celui

仏	日	英
★**ceci** ススィ 代	これ	this
Ceci est à moi.	これは私のだ	This is mine.
★**ceinture** サンテュール 女	ベルト, 帯	belt
une ceinture de sécurité	安全ベルト	a seat belt
★**cela** スラ 代	それ, あれ	it, that
Cela n'est pas facile.	それは簡単ではない	It's not easy.
C'est cela.	そのとおりです	That's right.
★**célèbre** セレーブル 形	有名な	famous
célébrer セレブレ 動	祝う	celebrate
célibataire セリバテール 形	独身の	single
★**celui** スリュイ 代	(男性単数形)	
― **celle** セル	(女性単数形)	
― **ceux** スー	(男性複数形)	
― **celles** セル	(女性複数形)	
	…のそれ	
ma bicyclette et celle de Pierre	私の自転車とピエールの自転車	my bicycle and Pierre's
― **celui-ci** スリュイスィ	これ	this one
― **celle-ci** セルスィ	(女性形)	
un chapeau comme celui-ci	これみたいな帽子	a hat like this one

50

cendre – centre

仏	日	英
— celui-là スリュイラ	あれ	that one
— celle-là セルラ	《女性形》	
— ceux-ci スィ	これら	these (ones)
— celles-ci セルスィ	《女性形》	
— ceux-là スラ	あれら	those (ones)
— celles-là セルラ	《女性形》	
cendre サーンドル 女	灰	ash
cendrier サンドリエ 男	灰皿	ashtray
★cent サン 数	100(の)	a hundred
cent euros	100ユーロ	one hundred euros
deux cents euros	200ユーロ	two hundred euros
centaine サンテヌ 女	約100	about a hundred
une centaine de personnes	100人ほどの人	a hundred or so people
★centimètre サンティメートル 男	センチメートル	centimeter
central サントラル 形	中心の, 中央の	central
— centrale サントラル	《女性形》	
— centraux サントロー	《男性複数形》	
★centre サーントル 男	中心, センター	center
un centre commercial	ショッピンセンター	a shopping mall

centre-ville – chacun

仏	日	英
サントルヴィル **centre-ville** 男	中心街	city center
スパンダン ★**cependant** 副	しかしながら	however
セルクル ★**cercle** 男	円；サークル	circle
セレモニ **cérémonie** 女	儀式	ceremony
スリーズ **cerise** 女	サクランボ	cherry
セルタン ★**certain** 形	確かな，確実な	certain, sure
セルテヌ — **certaine**	《女性形》	
C'est certain.	それは確かだ	There's no doubt about it.
セルテヌマン ★**certainement** 副	1. 確かに，きっと	most probably
Il va certainement pleuvoir.	きっと雨が降る	It's most probably going to rain.
	2. もちろん	certainly
セルヴォー ★**cerveau** 男	脳，頭脳	brain
セルヴォー — **cerveaux**	《複数形》	
セセ ★**cesser** 動	止める，中止する	stop
cesser le combat	戦闘を中止する	stop fighting
セタディール ★**c'est-à-dire** 接句	すなわち，つまり	that is (to say)
シャカン ★**chacun** 代	《男性形》	
シャキュヌ — **chacune**	《女性形》	
	1. それぞれ，めいめい	each

52

chaîne – chance

仏	日	英
Nous avons chacun un billet.	各自が切符を持っている	We each have a ticket.
chacun de nous	私たちのそれぞれ	each of us
	2. 誰もが, 皆が	everyone, everybody
Chacun a ses défauts.	誰にでも欠点はある	Everyone has their faults.
★**chaîne** シェヌ 女	鎖；チャンネル	chain; channel
sur la première chaîne	1チャンネルで	on channel 1
chair シェール 女	肉；肉体	flesh
★**chaise** シェーズ 女	椅子	chair
s'asseoir sur une chaise	椅子の上に座る	sit on a chair
★**chaleur** シャルール 女	暑さ, 熱	heat
Quelle chaleur !	なんて暑さだ	It's hot!
★**chambre** シャーンブル 女	部屋, 寝室	room, bedroom
une chambre à coucher	寝室	a bedroom
★**champ** シャン 男	畑；野原	field
champagne シャンパーニュ 男	シャンパン	champagne
champignon シャンピニョン 男	キノコ	mushroom
champion シャンピヨン 名	チャンピオン	champion
— **championne** シャンピヨヌ	《女性形》	
★**chance** シャーンス 女	運, 幸運	luck

chandail–chapeau

仏	日	英
avoir de la chance	ついている	be lucky
ne pas avoir de chance	ついていない	be unlucky
Bonne chance !	幸運を祈ります	Good luck!
chandail 男 [シャンダイユ]	セーター	sweater
change 男 [シャーンジュ]	両替	exchange
changement 男 [シャンジュマン]	変化, 変更；乗り換え	change
★changer 動 [シャンジェ]	変える, 変わる	change
Elle a changé.	彼女は変わった	She has changed.
changer de	…を変える	change
changer d'avis	考えを変える	change one's mind
changer de train	電車を乗り換える	change trains
★chanson 女 [シャンソン]	歌	song
chant 男 [シャン]	歌, 歌曲；歌うこと	song; singing
★chanter 動 [シャンテ]	歌う	sing
Elle chante bien.	彼女は歌がうまい	She sings well.
★chanteur 名 [シャントゥール]	歌い手, 歌手	singer
— chanteuse [シャントゥーズ]	《女性形》	
★chapeau 男 [シャポー]	帽子	hat
— chapeaux [シャポー]	《複数形》	

54

chapitre–château

仏	日	英
シャピトル **chapitre** 男	章	chapter
シャク ★**chaque** 形	1. それぞれの	each, every
chaque étudiant	それぞれの学生	each student
	2. 毎…	every
chaque jour	毎日	every day
シャルボン **charbon** 男	石炭	coal
シャルキュトリ **charcuterie** 女	1. 豚肉店	pork butcher's shop
	2. 豚肉加工品	cooked pork meats
シャルジェ **charger** 動	荷を積む；充電する	load; charge
シャルマン ★**charmant** 形	すてきな, 魅力的な	charming
— **charmante**	(女性形)	
シャルム **charme** 男	魅力	charm
シャス ★**chasse** 女	狩り	hunting
シャセ ★**chasser** 動	1. 狩る	hunt
	2. 追う, 追い払う	drive away
シャスール **chasseur** 男	狩人	hunter
シャ ★**chat** 男	猫	cat
シャトー ★**château** 男	城	castle
— **châteaux**	(複数形)	

chaud – chef-d'œuvre

仏	日	英
★**chaud** ショー 形	熱[暑]い；暖[温]かい	hot; warm
— **chaude** ショード	《女性形》	
de l'eau chaude	お湯	hot water
des vêtements chauds	暖かい服装	warm clothes
avoir chaud	暑い, 暑く感じる	be hot
J'ai chaud.	暑い	I'm hot.
Il fait chaud.	(天気が)暑い	It's hot.
chauffage ショファージュ 男	暖房	heating
chauffer ショフェ 動	暖める, 熱する	heat, warm
chauffeur ショフール 男	(プロの)運転手	driver
un chauffeur de taxi	タクシー運転手	a taxi driver
★**chaussette** ショセット 女	靴下	sock
★**chaussure** ショスュール 女	靴	shoe
une paire de chaussures	靴一足	a pair of shoes
chauve ショーヴ 形	はげた	bald
★**chef** シェフ 男	1. リーダー, 長	leader, boss
un chef d'Etat	国家元首	a head of state
	2. シェフ	chef
chef-d'œuvre シェドゥーヴル 男	傑作	masterpiece

chemin – chercher

仏	日	英
★**chemin** 男 *シュマン*	道；道筋	path; way
demander son chemin	道を尋ねる	ask one's way
en chemin	途中で	on the way
★**chemin de fer** 男 *シュマン ド フェール*	鉄道	railroad
cheminée 女 *シュミネ*	暖炉	chimney
★**chemise** 女 *シュミーズ*	ワイシャツ	shirt
chemisier 男 *シュミズィエ*	ブラウス	blouse
chèque 男 *シェック*	小切手	check
★**cher¹** 形 *シェール*	(値段が)高い；親愛な	expensive; dear
— **chère** *シェール*	《女性形》	
C'est trop cher.	高すぎます	It's too expensive.
pas cher	安い	cheap, inexpensive
Cher Paul	(手紙で)親愛なるポール	Dear Paul
cher² 副 *シェール*	高値で	
Ça coûte cher.	値段が高い	It's expensive.
★**chercher** 動 *シェルシェ*	探す	look for
Je cherche quelqu'un.	人を探しています	I'm looking for someone.
aller chercher	迎えに[取りに]行く	pick up; go and get
chercher à 不定詞	…しようと努める	try to do

57

仏	日	英
chercher à comprendre	理解しようと努める	try to understand
★**cheval** 〔シュヴァル〕 男	馬	horse
— **chevaux** 〔シュヴォー〕	（複数形）	
★**cheveu** 〔シュヴー〕 男	髪の毛	hair
— **cheveux** 〔シュヴー〕	（複数形）	
Il a les cheveux noirs.	彼は髪が黒い	He has black hair.
chèvre 〔シェーヴル〕 女	ヤギ	goat
★**chez** 〔シェ〕 前	…の家で, に	at, to
Je rentre chez moi.	家に帰ります	I'm going home.
Je vais chez le dentiste.	歯医者に行きます	I'm going to the dentist's
Je suis bien chez M. Martin ?	（電話で）マルタンさんのお宅ですか	Is that the Martins' residence?
★**chien** 〔シヤン〕 男	犬	dog
★**chiffre** 〔シフル〕 男	数字	figure
chimie 〔シミ〕 女	化学	chemistry
chimique 〔シミック〕 形	化学の	chemical
★**Chine** 〔シヌ〕 女	中国	China
★**chinois** 〔シノワ〕 男	中国語	Chinese
★**chinois** 〔シノワ〕 形	中国の	Chinese
— **chinoise** 〔シノワーズ〕	（女性形）	

Chinois – chou

仏		日	英
★**Chinois** (シノワ)	名	中国人	Chinese
— **Chinoise** (シノワーズ)		（女性形）	
chirurgie (シリュルジ)	女	外科	surgery
chirurgien (シリュルジヤン)	男	外科医	surgeon
choc (ショック)	男	衝撃, ショック, 衝突	shock, crash
★**chocolat** (ショコラ)	男	チョコレート	chocolate
un gâteau au chocolat		チョコレートケーキ	a chocolate cake
un chocolat chaud		ココア	a hot chocolate
chœur (クール)	男	合唱団, 合唱	choir, chorus
★**choisir** (ショワズィール)	動	選ぶ	choose
★**choix** (ショワ)	男	選択	choice
chômage (ショマージュ)	男	失業	unemployment
être au chômage		失業している	be unemployed
chômeur (ショムール)	名	失業者	unemployed person
— **chômeuse** (ショムーズ)		（女性形）	
★**chose** (ショーズ)	女	物, こと	thing
J'ai des choses à faire.		することがある	I have things to do.
★**chou** (シュー)	男	キャベツ	cabbage
— **choux** (シュー)		（複数形）	

仏	日	英
un chou à la crème	シュークリーム	a cream puff
chrétien[1] 形	キリスト教の	Christian
— chrétienne	《女性形》	
chrétien[2] 名	キリスト教徒	Christian
— chrétienne	《女性形》	
chute 女	転倒；落下；低下	fall
★ci 副	(ce ...-ci) この	
ce livre-ci	この本	this book
ce mois-ci	今月	this month
celui-ci	これ	this one
cible 女	的, 目標	target
★ciel 男	空, 天	sky
— cieux	《複数形》	
cigarette 女	紙巻きたばこ	cigarette
cil 男	まつげ	eyelash
★cinéma 男	映画, 映画館	cinema
le cinéma français	フランス映画	French cinema
aller au cinéma	映画に行く	go to the movies
★cinq 数	5 (の)	five

仏	日	英
cinq jours (サンジュール)	5日	five days
cinq ans (サンカン)	5年	five years
cinquantaine 女 (サンカンテヌ)	約50	about fifty
★**cinquante** 数 (サンカーント)	50(の)	fifty
★**cinquième** 形 (サンキエム)	5番目の	fifth
circonstance 女 (スィルコンスターンス)	(複数で)状況, 事情	circumstance
circulation 女 (スィルキュラスィヨン)	交通;循環	traffic; circulation
circuler 動 (スィルキュレ)	通行する;循環する	run; circulate
cirque 男 (スィルク)	サーカス	circus
★**ciseaux** 男・複 (スィゾー)	はさみ	scissors
une paire de ciseaux	はさみ1丁	a pair of scissors
cité 女 (スィテ)	集合住宅地区	housing project
★**citoyen** 名 (スィトワイヤン)	市民	citizen
— **citoyenne** (スィトワイエヌ)	(女性形)	
★**citron** 男 (スィトロン)	レモン	lemon
★**civilisation** 女 (スィヴィリザスィヨン)	文明	civilization
★**clair** 形 (クレール)	明るい;明快な	light; clear
— **claire** (クレール)	(女性形)	clear
Il fait clair.	明るい	It's light.

clairement−clou

仏	日	英
clairement クレルマン 副	はっきりと	clearly
clarté クラルテ 女	明かり；明瞭さ	light; clarity
★**classe** クラース 女	1. 学級；教室	class; classroom
	2. 授業	lesson
	3. 等級, 階級	class
classer クラセ 動	分類する	classify
★**classique** クラスィック 形	古典の	classical, classic
clavier クラヴィエ 男	鍵盤, キーボード	keyboard
★**clé** クレ 女	鍵	key
fermer à clé	鍵を掛ける	lock
★**clef** クレ 女	cléの別綴り	
clic クリック 男	クリック	click
★**client** クリヤン 名	(店の)客	customer
— **cliente** クリヤーント	(女性形)	
climat クリマ 男	気候	climate
climatisation クリマティザスィヨン 女	空気調節, 冷房	air conditioning
cliquer クリケ 動	クリックする	click
cloche クロシュ 女	鐘	bell
clou クルー 男	釘	nail

62

仏	日	英
クルエ **clouer** 動	釘を打つ	nail down
コション **cochon** 男	豚	pig
コード ★**code** 男	符号, 暗号 ; 法律	code
un code postal	郵便番号	a zip code
クール ★**cœur** 男	心臓, 心 ; 胸	heart
apprendre par cœur	暗記する	learn by heart
avoir mal au cœur	吐き気がする	feel sick
コフル **coffre** 男	金庫 ; (車の)トランク	safe; trunk
コワフェ **coiffer** 動	髪を結う	do someone's hair
コワフール **coiffeur** 名	理髪[美容]師	hairdresser
コワフーズ ― **coiffeuse**	(女性形)	
コワフュール **coiffure** 女	髪型	hairstyle
コワン ★**coin** 男	1. 隅, 角	corner
au coin de la rue	通りの角に	on the corner of the street
	2. 街角, 場所	spot
un coin tranquille	静かなところ	a quiet spot
コル **col** 男	襟	collar
コレール ★**colère** 女	怒り	anger
être en colère	怒っている	be angry

仏	日	英
se mettre en colère	怒る	get angry
コリ **colis** 男	小包	parcel
コラン **collant** 男	パンスト, タイツ	pantyhose, tights
コル **colle** 女	糊, 接着剤	glue
コレクスィヨン **collection** 女	収集品, コレクション	collection
コレージュ ★**collège** 男	中学校	secondary school
コレジヤン **collégien** 名	中学生	secondary school pupil
コレジエヌ — **collégienne**	(女性形)	
コレグ ★**collègue** 名	同僚	colleague
コレ **coller** 動	貼りつける	stick
コリエ **collier** 男	首飾り	necklace
コリヌ ★**colline** 女	丘	hill
コロヌ **colonne** 女	円柱；段；縦列	column
コンバ **combat** 男	戦闘, 闘争	battle, fight
コンバトル **combattre** 動	…と戦う	fight
コンビヤン ★**combien** 副	1. (量が)どれだけ	how much
C'est combien ?	(値段が)いくらですか	How much is it?
Ça coûte combien ?	いくらかかりますか	How much does it cost?
Ça fait combien ?	(全部で)いくらになりますか	How much does that come to?

combiner–comme

仏	日	英
Je vous dois combien ?	いくらになりますか	How much is it?
	2. (数が)どれだけ	how many
Vous êtes combien ?	何名様ですか	How many of you are there?
combien de	1. いくつの(数)	how many
combien de personnes	何人の人	how many people
	2. どれだけの(量)	how much
combien de temps	どれくらいの時間	how long
le combien	(日付の)何日	
On est le combien ?	今日は何日ですか	What's the date today?
コンビネ **combiner** 動	組み合わせる	combine
コメディ ★**comédie** 女	喜劇	comedy
コメディヤン **comédien** 名	俳優	actor
コメディエヌ — **comédienne**	《女性形》	
コミック ★**comique** 形	滑稽な	funny
コマーンド **commande** 女	注文	order
コマンデ ★**commander** 動	注文する；命令する	order
コム ★**comme**¹ 接	1. …のように[な]	like, as
Je pense comme vous.	私はあなたと同じ考えだ	I think as you do.
Fais comme tu veux !	好きなようにしろ	Do as you like!

comme – comment

仏	日	英
Je voudrais un manteau comme le tien.	君と同じようなコートが欲しい	I'd like a coat like yours.
	2. …として	as
Que veux-tu comme cadeau ?	プレゼントは何がいい	What would you like as a present?
Qu'est-ce que vous avez comme couleurs ?	何色がありますか	What colors do you have?
	3. …ので	as
Comme il pleuvait, j'ai pris la voiture.	雨が降っていたので車で行った	As it was raining, I took the car.
comme ça	この[あの]ような[に]	like this [that]
une robe comme ça	このようなドレス	a dress like this
comme si comme ça	まあまあだ	so-so
★**comme²** 副	なんと	how
Comme c'est grand !	なんと大きいんだ	It's so big!
コマンスマン ★**commencement** 男	始め, 始まり	beginning, start
du commencement à la fin	最初から終りまで	from beginning to end
コマンセ ★**commencer** 動	始める, 始まる	begin, start
L'école commence à neuf heures.	学校は9時に始まる	School begins at nine o'clock.
Je commence à comprendre.	わかってきた	I'm beginning to understand.
コマン ★**comment** 副	1. どのように	how
Comment vas-tu à l'école ?	どうやって学校に行くの	How do you go to school?
Comment faire ?	どうすればいいだろう	How shall we do it?

仏	日	英
	2. どんなふうな	
Comment est votre maison ?	あなたの家はどんなですか	What's your house like?
Elle est comment ?	彼女はどんな人ですか	What's she like?
コメルサン **commerçant** 名	商人	merchant
コメルサーント — **commerçante**	《女性形》	
コメルス ★**commerce** 男	商業, 貿易	business, trade
コメルスィヤル **commercial** 形	商業の, 貿易の	commercial
コメルスィヤル — **commerciale**	《女性形》	
コメルスィヨー — **commerciaux**	《男性複数形》	
コメトル **commettre** 動	(過ちを)犯す	commit
コミサリヤ **commissariat** 男	警察署	police station
コミスィヨン **commission** 女	1. 手数料	commission
	2.(複数で)買い物	shopping
faire les commissions	買い物をする	do the shopping
コモド ★**commode** 形	便利な	convenient
コマン ★**commun** 形	共通の	common
コミュヌ — **commune**	《女性形》	
コミュノテ **communauté** 女	共同, 共同体	community
コミュニカスィヨン **communication** 女	意思疎通；通信, 通話	communication

communiquer–compliqué

仏	日	英
コミュニケ **communiquer** 動	知らせる, 伝える	communicate
コンパニ ★**compagnie** 女	一緒にいること ; 会社	company
une compagnie aérienne	航空会社	an airline
コンパニョン **compagnon** 男	連れ, 仲間	companion
コンパレゾン **comparaison** 女	比較	comparison
コンパレ ★**comparer** 動	比較する	compare
コンパンセ **compenser** 動	償う, 補う	compensate
コンペティスィヨン **compétition** 女	競争 ; 競技, 試合	competition
コンプレ ★**complet**¹ 形	完全な ; 満員の	complete; full
— **complète**	《女性形》	
œuvres complètes	全集	complete works
L'hôtel est complet.	ホテルは満員だ	The hotel is full.
コンプレ **complet**² 男	スーツ	suit
コンプレトマン ★**complètement** 副	完全に	completely
コンプレテ **compléter** 動	仕上げる	complete
compléter une phrase	文章を完成させる	complete a sentence
コンプリマン **compliment** 男	ほめ言葉	compliment
Mes compliments !	おめでとう	Congratulations!
コンプリケ ★**compliqué** 形	複雑な	complicated

仏	日	英
コンプリケ — **compliquée**	《女性形》	
コンポルトマン **comportement** 男	行動, 振る舞い	behavior
コンポルテ **comporter** 動	含む	consist of
Ce roman comporte deux parties.	この小説は2部構成だ	This novel is in two parts.
— **se comporter** 代動	振る舞う	behave
コンポゼ **composer** 動	1. 構成する	make up
	2. 作曲する	compose
	3.(電話番号に)かける	dial
コンポジトゥール **compositeur** 男	作曲家	composer
コンポズィスィヨン **composition** 女	構成；作曲；創作	composition
コンプラーンドル ☆**comprendre** 動	1. 理解する	understand
Je comprends.	わかります	I understand.
	2. 含む	include
コンプリ **compris** 形	含まれた	included
コンプリーズ — **comprise**	《女性形》	
service compris	サービス料込み	service included
コーント ★**compte** 男	口座；計算	account; count, counting
un compte bancaire	銀行口座	a bank account
コンテ ★**compter** 動	1. 数える	count

comptoir – concret

仏	日	英
	2. 重要である	count
C'est le résultat qui compte.	重要なのは結果だ	It's the result that counts.
	3. …するつもりだ	intend to do
Je compte aller en Espagne cet été.	今年の夏はスペインに行くつもりだ	I plan to go to Spain this summer.
compter sur	…を頼りにする	count on
Vous pouvez compter sur moi.	任せてください	You can count on me.
コントワール **comptoir** 男	(バーなどの)カウンター	counter
コンセルネ **concerner** 動	…に関わる	concern
en ce qui me concerne	私としては	as far as I'm concerned
コンセール ★**concert** 男	コンサート	concert
コンスィエルジュ ★**concierge** 名	(集合住宅の)管理人	caretaker
コンクリュール **conclure** 動	1. (契約を)結ぶ	conclude
	2. 結論を下す	conclude
コンクリュズィヨン **conclusion** 女	結論	conclusion
コンクール ★**concours** 男	1. 競争試験	competitive examination
un concours d'entrée	入学試験	an entrance examination
	2. コンテスト	competition, contest
コンクレ **concret** 形	具体的な	concrete
コンクレット — **concrète**	(女性形)	

condition – confiture

仏	日	英
コンディスィヨン ★**condition** 女	1. 状況, 状態, 環境	condition
en bonne condition	いい状態で	in good condition
	2. 条件	condition
コンデュクトゥール **conducteur** 名	運転手	driver
— **conductrice** コンデュクトリス	《女性形》	
コンデュイール ★**conduire** 動	1. 運転する	drive
conduire une voiture	車を運転する	drive a car
	2. 連れて行く	take
— **se conduire** 代動	振る舞う, 行動する	behave
コンデュイット **conduite** 女	振る舞い, 行動 ; 運転	behavior; driving
コンフェラーンス **conférence** 女	会議, 会見 ; 講演	conference; lecture
コンフェスィヨン **confession** 女	白状, 告白	confession
コンフィヤーンス ★**confiance** 女	信頼, 信用	confidence
avoir confiance en	…を信用している	have confidence in
faire confiance à	…を信用する	trust
コンフィエ **confier** 動	1. 託す	entrust
	2. 打ち明ける	confide
コンフィルメ **confirmer** 動	確認する	confirm
コンフィテュール ★**confiture** 女	ジャム	jam

conflit – conscience

仏	日	英
コンフリ **conflit** 男	紛争, 衝突；葛藤	conflict
コンフォーンドル **confondre** 動	混同する	confuse
コンフォルターブル ★**confortable** 形	快適な	comfortable
コンフューズィヨン **confusion** 女	混同；混乱	confusion
コンジェ ★**congé** 男	休暇	leave; vacation
les congés payés	有給休暇	paid leave
être en congé	休暇中である	be on vacation
un jour de congé	休日	a day off
コネサーンス ★**connaissance** 女	1. 知識	knowledge
	2. 知り合い	acquaintance
Je suis heureux de faire votre connaissance.	お会いできて光栄です	I am pleased to meet you.
コネートル ★**connaître** 動	知る, 知っている	know
Je connais bien Paris.	私はパリをよく知っている	I know Paris well.
— ★**se connaître** 代動	知り合いである；知り合う	know each other; meet (each other)
コニュ **connu** 形	知られた, 有名な	well-known
— **connue**	《女性形》	
コンケリール **conquérir** 動	征服する, 獲得する	conquer
コンケット **conquête** 女	征服	conquest
コンスィヤーンス **conscience** 女	意識；良心	consciousness; conscience

仏	日	英
perdre conscience	意識を失う	lose consciousness
コンセイユ ★**conseil** 男	助言, アドバイス	advice
donner un conseil	アドバイスをする	give advice
コンセイエ ★**conseiller**¹ 動	助言する；勧める	advise; recommend
コンセイエ **conseiller**² 名	カウンセラー, 顧問	counselor, adviser
コンセイエール — **conseillère**	(女性形)	
コンサントマン **consentement** 男	同意	consent
コンサンティール **consentir** 動	(à)…に同意する	consent to
コンセカーンス **conséquence** 女	結果	consequence
コンセルヴァトゥール **conservateur** 形	保守的な	conservative
コンセルヴァトリス — **conservatrice**	(女性形)	
コンセルヴァスィヨン **conservation** 女	保存, 保管	preservation
コンセルヴ **conserve** 女	缶詰(食品)	canned food
une boîte de conserve	缶詰	a can
コンセルヴェ **conserver** 動	保存する	keep
コンスィデラーブル **considérable** 形	かなりの, 相当な	considerable
コンスィデレ **considérer** 動	考える, 考察する	consider, think about
considérer... comme	…を…と見なす	regard as, consider
コンソレ ★**consoler** 動	慰める	console

consommateur–contemporain

仏	日	英
コンソマトゥール **consommateur** 名	消費者	consumer
コンソマトリス — **consommatrice**	（女性形）	
コンソマスィヨン **consommation** 女	消費	consumption
コンソメ **consommer** 動	消費する；食べる，飲む	consume; drink, eat
コンスタマン **constamment** 副	絶えず，いつも	constantly
コンスタン **constant** 形	不変の，恒常的な	constant
コンスターント — **constante**	（女性形）	
コンスタテ **constater** 動	確認する，認める	see, note
コンスティテュエ **constituer** 動	構成する	make up, constitute
コンスティテュスィヨン **constitution** 女	設立；憲法	setting up; constitution
コンストリュクスィヨン **construction** 女	建設	construction
コンストリュイール ★**construire** 動	建てる，建設する	build
コンスュルテ ★**consulter** 動	1. (専門家に)相談する	consult
	2. 診察を受ける	consult
	3. (本を)調べる，引く	consult
コンタクト ★**contact** 男	接触；連絡	contact
コーント **conte** 男	短い物語，短編小説	tale, story
un conte de fées	おとぎ話	a fairy tale
コンタンポラン **contemporain** 形	同時代の；現代の	contemporary

contenir–contraste

仏	日	英
— **contemporaine** コンタンポレヌ	(女性形)	
contenir 動 コントゥニール	含む	contain
☆**content** 形 コンタン	うれしい，満足した	pleased, happy
— **contente** コンタ―ント	(女性形)	
Je suis content de te voir.	会えてうれしい	I'm pleased to see you.
Je suis content du résultat.	私は結果に満足している	I'm satisfied with the result.
contenter 動 コンタンテ	満足させる	satisfy
contenu 男 コントュニュ	中身；内容	content
contexte 男 コンテクスト	文脈	context
continent 男 コンティナン	大陸	continent
continental 形 コンティナンタル	大陸の	continental
— **continentale** コンティナンタル	(女性形)	
— **continentaux** コンティナントー	(男性複数形)	
☆**continuer** 動 コンティニュエ	続ける；続く	continue
continuer à marcher	歩き続ける	continue walking
contradiction 女 コントラディクスィヨン	矛盾	contradiction
★**contraire** 男 コントレール	反対，逆；反意語	opposite
au contraire	反対に，それどころか	on the contrary
contraste 男 コントラスト	対照，対比	contrast

contrat – conversation

仏	日	英
コントラ **contrat** 男	契約, 契約書	contract
コントル ★**contre** 前	1. …に対して, 反して	against
nager contre le courant	流れに逆らって泳ぐ	swim against the current
le Japon contre la France	日本対フランス	Japan versus France
	2. …のそばに, 接して	against
s'appuyer contre un arbre	木にもたれかかる	lean against a tree
	3. 反対して	against
Je suis contre la violence.	私は暴力に反対だ	I'm against violence.
コントリビュエ **contribuer** 動	(à)…に貢献する	contribute to
コントリビュスィヨン **contribution** 女	貢献	contribution
コントロール **contrôle** 男	1. 検査	check, inspection
le contrôle des passeports	パスポート検査	passport control
	2. 制御, コントロール	control
コントロレ **contrôler** 動	検査する；制御する	inspect, check; control
コンヴァーンクル **convaincre** 動	説得する, 納得させる	persuade, convince
コンヴナーブル **convenable** 形	適切な	suitable
コンヴニール ★**convenir** 動	(à)…に都合がよい, 適した	suit, be suitable for
Cette méthode me convient.	この方法は私に合っている	This method suits me.
コンヴェルサスィヨン ★**conversation** 女	会話	conversation

76

coopération – Coréen

仏	日	英
コオペラスィヨン **coopération** 女	協力	cooperation
コパン ★**copain** 男	1. 仲間, 友達	friend, buddy
	2. ボーイフレンド	boyfriend
un petit copain	ボーイフレンド	a boyfriend
コピ ★**copie** 女	コピー, 写し	copy
コピエ **copier** 動	コピーする	copy
コピヌ ★**copine** 女	1. 女友達	friend
	2. ガールフレンド	girlfriend
une petite copine	ガールフレンド	a girlfriend
コック ★**coq** 男	雄鶏	rooster
コキーユ **coquille** 女	貝殻	shell
コルド **corde** 女	綱, 縄, ロープ	rope
コレ **Corée** 女	朝鮮, 韓国	Korea
la Corée du Sud	韓国	South Korea
la Corée du Nord	北朝鮮	North Korea
コレアン **coréen** 男	朝鮮語, 韓国語	Korean
コレアン **coréen** 形	朝鮮の, 韓国の	Korean
コレエヌ — **coréenne**	《女性形》	
コレアン **Coréen** 名	朝鮮人, 韓国人	Korean

corne – côté

仏	日	英
— **Coréenne** ［コレエヌ］	（女性形）	
corne ［コルヌ］ 女	角(つの)	horn
★**corps** ［コール］ 男	体, 身体	body
correct ［コレクト］ 形	正しい	correct
— **correcte** ［コレクト］	（女性形）	
correctement ［コレクトマン］ 副	正しく	correctly, properly
correction ［コレクスィヨン］ 女	訂正, 修正	correction
correspondance ［コレスポンダーンス］ 女	1. 合致, 一致	correspondence
	2. 乗り換え, 接続	connection
correspondre ［コレスポンドル］ 動	(à)…に一致[対応]する	correspond to
corriger ［コリジェ］ 動	直す, 訂正する	correct
★**costume** ［コステュム］ 男	1. 衣装, 服装	costume
	2. スーツ, 背広	suit
★**côte** ［コト］ 女	1. 海岸	coast
la côte Ouest	(アメリカ)西海岸	the West Coast
	2. 坂；(丘の)斜面	slope; hill
	3. 肋骨	rib
★**côté** ［コテ］ 男	側, 側面；方向	side
de l'autre côté de la rue	通りの反対側に	on the other side of the street

coton – couleur

仏	日	英
C'est de quel côté ?	どっちの方向ですか	Which way is it?
d'un autre côté	他方では	on the other hand
à côté	隣に，そばに	nearby
à côté de	…の隣に，そばに	next to
Elle s'est assise à côté de moi.	彼女は私の隣に座った	She sat next to me.
コトン **coton** 男	木綿，綿	cotton
クー ☆**cou** 男	首	neck
クシェ ★**coucher** 動	1. 寝かせる	put to bed
	2. 泊まる，寝る	sleep
― ☆**se coucher** 代動	1. 床につく，寝る	go to bed
Je me couche à onze heures.	私は11時に寝る	I go to bed at eleven o'clock.
	2.（太陽などが）沈む	set
クード **coude** 男	ひじ	elbow
クードル **coudre** 動	縫う	sew
クレ ★**couler** 動	1. 流れる	flow
	2.（船などが）沈む	sink
	3.（鼻水が）出る	run
avoir le nez qui coule	鼻水が出る	have a runny nose
クルール ☆**couleur** 女	色	color

couloir–courage

仏	日	英
De quelle couleur est votre voiture ?	あなたの車は何色ですか	What color is your car?
★couloir (クロワール) 男	廊下, 通路	corridor
★coup (クー) 男	一撃, 一発	knock, blow
donner un coup de pied à	…を蹴る	kick
donner un coup de poing à	…を殴る	punch
jeter un coup d'œil à	…をちらりと見る	have a quick look at
coupable (クパーブル) 形	有罪の	guilty
coupe (クープ) 女	カップ	cup
la Coupe du Monde	ワールドカップ	the World Cup
★couper (クペ) 動	切る	cut
couper le pain	パンを切る	cut bread
se faire couper les cheveux	髪を刈ってもらう	have one's hair cut
― ★se couper 代動	自分の…を切る	cut oneself
se couper le doigt	指を切る	cut one's finger
★couple (クープル) 男	夫婦, カップル	couple
★cour (クール) 女	校庭；法廷	school playground; law court
★courage (クラージュ) 男	勇気	courage
avoir du courage	勇気がある	have courage
Bon courage !	がんばって	Good luck!

80

仏	日	英
courageux 形 (クラジュー)	勇敢な	brave
— courageuse (クラジューズ)	《女性形》	
couramment 副 (クラマン)	すらすらと	fluently
Elle parle couramment l'anglais.	彼女は英語を流暢に話す	She speaks English fluently.
courant 形 (クラン)	普通の, 一般的な	common
— courante (クラーント)	《女性形》	
courbe 女 (クルブ)	曲線, カーブ	curve
coureur 名 (クルール)	走者	runner
— coureuse (クルーズ)	《女性形》	
★courir 動 (クリール)	走る, 駆ける	run
couronne 女 (クロヌ)	冠, 王冠	crown
courrier 男 (クリエ)	郵便物	mail
le courrier électronique	電子メール	e-mail
★cours 男 (クール)	1. 講義, 授業; 講座	class, lesson; course
J'ai un cours de français.	フランス語の授業がある	I have a French class.
	2. (水・時の)流れ	course, flow
au cours de	…の間に, 中に	in the course of
au cours des dix dernières années	過去10年間に	in the last ten years
★course 女 (クルス)	1. 競走, レース	race

仏	日	英
	2. 走ること	running
	3.（複数で）買い物	shopping
faire des courses	買い物をする	do some shopping
★**court** クール 形	短い	short
― **courte** クルト	（女性形）	
Elle a les cheveux courts.	彼女は髪が短い	She has short hair.
★**cousin** クザン 名	いとこ	cousin
― **cousine** クズィヌ	（女性形）	
coussin クサン 男	クッション	cushion
coût クー 男	費用, コスト	cost
★**couteau** クトー 男	ナイフ	knife
― **couteaux** クトー	（複数形）	
★**coûter** クテ 動	値段が…する	cost
Ça coûte combien ?	いくらですか	How much is it?
coutume クテュム 女	習慣, 風習	custom
couture クテュール 女	裁縫, 縫い物	sewing, dressmaking
couvercle クヴェルクル 男	ふた	lid
★**couvert**[1] クヴェール 形	覆われた；曇った	covered; cloudy
― **couverte** クヴェルト	（女性形）	

couvert–crème

仏	日	英
Le sol est couvert de neige.	地面は雪で覆われている	The ground is covered with snow.
un ciel couvert	曇り空	a cloudy sky
クヴェール ★**couvert²** 男	食器一式	place setting
mettre le couvert	食卓の準備をする	set the table
クヴェルテュール ★**couverture** 女	毛布；本の表紙	blanket; cover
クヴリール ★**couvrir** 動	覆う	cover
クラーンドル ★**craindre** 動	恐れる，心配する	fear, be afraid
Ne craignez rien.	何も心配しないで	Don't be afraid.
craindre que 接続法	…ということを恐れる	be afraid that
Je crains qu'il ne pleuve.	雨が降るのではと心配だ	I'm afraid it will rain.
クラーント **crainte** 女	恐れ	fear
クラヴァット ☆**cravate** 女	ネクタイ	tie
クレイヨン ★**crayon** 男	鉛筆	pencil
クレアスィヨン **création** 女	創造，創作	creation
クレアテュール **créature** 女	被造物	creature
クレディ **crédit** 男	信用，クレジット	credit
une carte de crédit	クレジットカード	a credit card
クレエ ★**créer** 動	創造[創作]する	create
クレーム ★**crème** 女	クリーム	cream

仏	日	英
クルゼ ★**creuser** 動	掘る	dig
クルー ★**creux** 形	空洞の，くぼんだ	hollow
クルーズ — **creuse**	《女性形》	
クルヴェ **crever** 動	1. 破裂[パンク]する	burst, puncture
	2. 破裂させる	burst
クリ ★**cri** 男	叫び	cry, shout
クリエ ★**crier** 動	叫ぶ	shout
クリム ★**crime** 男	(重大な)犯罪	crime
クリミネル **criminel** 形	犯罪的な	criminal
クリミネル — **criminelle**	《女性形》	
クリーズ **crise** 女	危機；発作	crisis; attack
クリスタル **cristal** 男	水晶	crystal
クリスト— — **cristaux**	《複数形》	
クリティック **critique**[1] 形	危機的な	critical
クリティック **critique**[2] 女	批判；批評	criticism
クリティケ **critiquer** 動	批判する	criticize
クロワール ★**croire** 動	1. 信じる	believe
Je vous crois.	あなたの言うことを信じる	I believe you.
croire en Dieu	神を信じる	believe in God

仏	日	英
	2. 思う	think
J'ai cru mourir.	死ぬかと思った	I thought I was dying.
Je crois qu'elle viendra.	彼女は来ると思う	I think she will come.
Je crois que oui.	そう思います	I think so.
Je crois que non.	そうではないと思います	I don't think so.
クロワゼ **croiser** 動	交差させる	cross
クロワサーンス **croissance** 女	成長	growth
クロワサン **croissant** 男	クロワッサン	croissant
クロワ **croix** 女	十字架	cross
クリュ **cru** 形	生の	raw
クリュ — **crue**	(女性形)	
クリュエル **cruel** 形	残酷な, むごい	cruel
クリュエル — **cruelle**	(女性形)	
キュブ **cube** 男	立方体	cube
クイール ★**cueillir** 動	摘む, 採る	pick
キュイエール ★**cuiller** 女	スプーン	spoon
キュイエール ★**cuillère** 女	cuiller の別綴り	spoon
キュイール ★**cuir** 男	革	leather
キュイール ★**cuire** 動	焼ける, 煮える	cook

cuisine – curiosité

仏	日	英
faire cuire	焼く, 煮る	cook
faire cuire du riz	ご飯を炊く	cook rice
キュイズィーヌ ★cuisine 囡	1. 台所	kitchen
Il est dans la cuisine.	彼は台所にいる	He is in the kitchen.
	2. 料理	cooking
faire la cuisine	料理をする	do the cooking
la cuisine française	フランス料理	French cooking, French food
キュイズィニエ cuisinier 名	料理人, コック	cook
キュイズィニエール — cuisinière	(女性形)	
キュイス cuisse 囡	腿	thigh
キュイ ★cuit 形	煮た, 焼いた	cooked
キュイット — cuite	(女性形)	
bien cuit	(肉が)よく焼いた	well done
キュロット culotte 囡	半ズボン	shorts
キュルティヴェ ★cultiver 動	耕す, 栽培する	cultivate
キュルテュール ★culture 囡	文化；教養；栽培	culture; farming, growing
キュリユー ★curieux 形	好奇心の強い；奇妙な	curious; strange
キュリユーズ — curieuse	(女性形)	
キュリオズィテ curiosité 囡	好奇心	curiosity

86

仏	日	英

D, d

ダボール ★d'abord 副句	最初に，最初は	first, at first
Nous avons d'abord visité Paris.	私たちは最初にパリを訪れた	First, we visited Paris.
ダム ★dame 女	女性	lady
une vieille dame	年配の女性	an old lady
ダンジェ ★danger 男	危険	danger
ダンジュルー ★dangereux 形	危険な	dangerous
ダンジュルーズ — dangereuse	《女性形》	
ダン ★dans 前	1. …の中に，で，へ	in, into
Il est dans sa chambre.	彼は自分の部屋にいる	He is in his room.
entrer dans un café	喫茶店に入る	go into a café
	2. (時間)…の間に	in
dans ma jeunesse	私の若かった頃	in my youth
	3. (今から)…後に	in
Je reviendrai dans une heure.	1時間後に戻ります	I'll return in an hour.
ダーンス ★danse 女	踊り，ダンス	dance
ダンセ ★danser 動	踊る	dance
ダット ★date 女	日付	date

87

仏	日	英
Quelle est la date d'aujourd'hui ?	今日は何日ですか	What's the date today?
davantage ダヴァンタージュ 副	もっと, それ以上に	more
travailler davantage	もっと働く	work more
★**de**¹ ドゥ 前	(定冠詞と縮約する)	
— **d'**	(母音・無音のhの前)	
— **du** デュ	=de+le	
— **des** デ	=de+les	
	1. (所有・所属)…の	
la voiture de Paul	ポールの車	Paul's car
le pied de la table	そのテーブルの脚	the leg of the table
	2. (場所・時間)…から	from
Je viens de France.	私はフランス出身です	I'm from France.
Je viens du Japon.	私は日本出身です	I'm from Japan.
Je viens des Etats-Unis.	私はアメリカ出身です	I'm from the United States.
	3. …によって	by
Elle est aimée de tout le monde.	彼女は皆に愛されている	She is loved by everybody.
	4. …について	about
De quoi parlez-vous ?	何の話しをしていますか	What are you talking about?
	5. (de+不定詞)	

de–debout

仏	日	英
finir de manger	食べ終わる	finish eating
Je suis content de te voir.	会えてうれしい	I'm pleased to see you.
de... à	…から…まで	from... to [until]
de Paris à Londres	パリからロンドンまで	from Paris to London
★**de²** ドゥ 冠		
— d'	（母音・無音のhの前）	
	1.(de+形容詞+複数名詞)	
Elle a de beaux yeux.	彼女は目が美しい	She has beautiful eyes.
	2.（否定表現で）	
Je n'ai pas de voiture.	私は車を持っていない	I don't have a car.
Je ne bois pas d'alcool.	私は酒を飲まない	I don't drink alcohol.
débarrasser デバラセ 動	片付ける	clear
débarrasser la table	テーブルを片付ける	clear the table
débat デバ 男	討論	debate
déborder デボルデ 動	あふれる	overflow
★**debout** ドゥブー 副	1. 立って, 立った	standing
rester debout	立っている	remain standing
se mettre debout	立ち上がる	stand up
	2. 起きた	up

début – décorer

仏	日	英
Debout !	起きなさい	Get up!
★**début** 男 (デビュ)	初め, 始まり	beginning, start
au début de l'année	年の初めに	at the beginning of the year
au début	初めは	at first
débutant 名 (デビュタン)	初心者	beginner
— **débutante** (デビュターント)	《女性形》	
débuter 動 (デビュテ)	始まる	begin, start
★**décembre** 男 (デサーンブル)	12月	December
déception 女 (デセプスィヨン)	失望	disappointment
décevoir 動 (デスヴォワール)	失望させる	disappoint
décharger 動 (デシャルジェ)	荷を降ろす	unload
déchirer 動 (デシレ)	引き裂く, 破る	tear
★**décider** 動 (デスィデ)	決める	decide
— **se décider** 代動	決心する	make up one's mind
★**décision** 女 (デスィズィヨン)	決定；決心	decision
déclaration 女 (デクララスィヨン)	声明, 宣言；申告	declaration
★**déclarer** 動 (デクラレ)	表明[宣言]する；申告する	declare
décoller 動 (デコレ)	離陸する	take off
décorer 動 (デコレ)	飾る	decorate

décourager–dégoût

仏		日	英
デクラジェ **décourager**	動	落胆させる	discourage
デクヴェルト **découverte**	女	発見	discovery
デクヴリール ★**découvrir**	動	発見する	discover
デクリール **décrire**	動	描写する	describe
デスュ **déçu**	形	失望した	disappointed
— デスュ **déçue**		《女性形》	
ドゥダン ★**dedans**	副	中に	inside
Il n'y a rien dedans.		中には何もない	There's nothing inside.
デフェール **défaire**	動	解く, ほどく	undo, unpack
デフォー **défaut**	男	欠点	flaw, defect
デファーンドル ★**défendre**	動	守る；禁じる	defend; forbid
デファーンス ★**défense**	女	防御, 防衛；禁止	defense; prohibition
« Défense de fumer »		「禁煙」	"No smoking"
デフィ **défi**	男	挑戦	challenge
デフィレ **défilé**	男	行進, パレード	parade
un défilé de mode		ファッションショー	a fashion show
デフィニール **définir**	動	定義する	define
デフィニスィヨン **définition**	名	定義	definition
デグー **dégoût**	男	嫌悪, 不快感	disgust

91

dégoûter – délicieux

仏	日	英
dégoûter 動 (デグテ)	嫌悪感を抱かせる	disgust
★**degré** 男 (ドゥグレ)	度, 程度, 段階	degree
★**dehors** 副 (ドゥオール)	外に, 外で	outside
★**déjà** 副 (デジャ)	1. もう, すでに	already
Il est déjà dix heures.	もう10時だ	It's already ten o'clock.
	2. 以前に	before
Je suis déjà allé à Paris.	以前パリに行ったことがある	I have been to Paris before.
★**déjeuner**[1] 男 (デジュネ)	昼食	lunch
Qu'est-ce que tu as mangé au déjeuner?	お昼に何を食べたの	What did you have for lunch?
le petit-déjeuner	朝食	breakfast
★**déjeuner**[2] 動 (デジュネ)	昼食[朝食]をとる	have lunch [breakfast]
★**de la** 冠 (ドゥラ)	《部分冠詞の女性形》	
— **de l'**	《母音・無音のhの前》	
manger de la glace	アイスクリームを食べる	eat ice cream
boire de l'eau	水を飲む	drink water
délai 男 (デレ)	期日, 期限	time limit
délicat 形 (デリカ)	繊細な ; 微妙な	delicate
— **délicate** (デリカット)	《女性形》	
★**délicieux** 形 (デリスィユー)	とてもおいしい	delicious

仏	日	英
— délicieuse (デリシィユーズ)	《女性形》	
★demain (ドゥマン) 副	あす, 明日	tomorrow
A demain !	またあした	See you tomorrow!
demain matin	明日の朝	tomorrow morning
demain soir	明日の晩	tomorrow night
★demande (ドゥマーンド) 女	要求, 請求；需要	request; demand
★demander (ドゥマンデ) 動	1. 尋ねる	ask
demander l'heure	時間を尋ねる	ask the time
demander son chemin	道を尋ねる	ask the way
	2. 求める, 頼む	ask for
demander un conseil	助言を求める	ask for advice
demander à voir le responsable	責任者に会うことを要求する	ask to see the person in charge
On vous demande au téléphone.	あなたに電話です	You are wanted on the telephone.
Elle m'a demandé de l'aider.	彼女は私に助けを頼んだ	She asked me to help her.
— se demander 代動	自問する	wonder
Je me demande ce qu'ils font.	彼らは何をしているのだろう	I wonder what they are doing.
démarrer (デマレ) 動	発進する	start
déménager (デメナジェ) 動	引っ越す	move
★demi (ドゥミ) 形	1. (... et demi(e))…半	half

démocratie – départ

仏	日	英
trois kilos et demi	3キロ半	three and a half kilos
une heure et demie	1時間半	an hour and a half
	2. (un(e) demi-)半分の	half
une demi-heure	半時間	half an hour
démocratie 名 デモクラスィ	民主主義	democracy
démocratique 形 デモクラティック	民主主義の, 民主的な	democratic
démodé 形 デモデ	流行遅れの	old-fashioned
— **démodée** デモデ	《女性形》	
★**demoiselle** 女 ドゥモワゼル	お嬢さん	young lady
démolir 動 デモリール	取り壊す	demolish
démonstration 女 デモンストラスィヨン	証明；実演	demonstration
démontrer 動 デモントレ	証明する	demonstrate
★**dent** 女 ダン	歯	tooth
avoir mal aux dents	歯が痛い	have a toothache
se brosser les dents	歯を磨く	brush one's teeth
dentifrice 男 ダンティフリス	練り歯磨き	toothpaste
★**dentiste** 名 ダンティスト	歯科医	dentist
aller chez le dentiste	歯医者に行く	go to the dentist's
★**départ** 男 デパール	出発, 発車	departure

département–depuis

仏	日	英
デパルトマン **département** 男	1.(フランスの)県	
	2. 部門	department
デパセ **dépasser** 動	追い越す	pass
ス デペシェ ☆**se dépêcher** 代動	急ぐ	hurry up
Dépêche-toi !	急げ	Hurry up!
デパーンドル ★**dépendre** 動	1.《de》…次第である	depend on
Ça dépend de l'heure.	時間次第だ	It depends on the time.
Ça dépend.	場合による	That depends.
	2.《de》…に依存する	be dependent on
デパーンス **dépense** 女	出費, 支出	expense, spending
デパンセ ★**dépenser** 動	(金を)使う	spend
デプラセ **déplacer** 動	移動させる	move
デポゼ **déposer** 動	置く, 下ろす	put down
ドゥピュイ ☆**depuis** 前	1.(時間)…から	since
Il pleut depuis hier.	昨日から雨だ	It's been raining since yesterday.
Depuis quand êtes-vous au Japon ?	いつから日本にいますか	How long have you been in Japan?
	2.(期間)…前から	for
Il pleut depuis deux jours.	2日前から雨だ	It's been raining for two days.
Je la connais depuis longtemps.	彼女を前から知っている	I've known her for a long time.

député – dernier

仏	日	英
	3. (場所)…から	from
depuis Paris jusqu'à Berlin	パリからベルリンまで	from Paris to Berlin
depuis que 直説法	…して以来	since
depuis que je suis arrivé en France	フランスに来て以来	since I came to France
デピュテ **député** 男	代議士	deputy
デランジェ ★**déranger** 動	邪魔をする	disturb, bother
Excusez-moi de vous déranger.	お邪魔してすみません	I'm sorry to bother you.
« Prière de ne pas déranger »	「起こさないでください」	"Do not disturb"
デルニエ ★**dernier**¹ 形	(男性形)	
デルニエール — **dernière**	《女性形》	
	1. 最後の	last
le dernier train	最終列車	the last train
	2. この前の	last
le mois dernier	先月	last month
jeudi dernier	先週の木曜日	last Thursday
	3. 最新の	latest
leur dernier album	彼らの最新アルバム	their latest album
デルニエ **dernier**² 名	最後の物[人]	last one
デルニエール — **dernière**	《女性形》	

96

derrière – descendre

仏	日	英
Elle est sortie la dernière.	彼女が最後に出て行った	She left last.
★derrière デリエール 前	…の後ろに	behind
se cacher derrière un arbre	木の後ろに隠れる	hide behind a tree
★des¹ デ	《de+les》…の, から	
le président des Etats-Unis	アメリカ大統領	the president of the United States
Elle vient des Etats-Unis.	彼女はアメリカから来た	She is from the United States.
★des² デ 冠	いくつかの	some, any
des livres	数冊の本	books
★dès デ 前	…から(すぐに)	from
dès mon arrivée	私が到着したらすぐに	as soon as I arrive(d)
dès maintenant	今から	from now on
désagréable デザグレアーブル 形	不愉快な, 嫌な	unpleasant
★descendre デサーンドル 動	I《助動詞はêtre》	
	1. 降りる, 下る	go down, come down
	2. 下車する	get off
Je descends.	降ります	I'm getting off.
	II《助動詞はavoir》	
	…を降りる, 下る	go [come] down
descendre l'escalier	階段を下りる	go down the stairs

désert–dessin

仏	日	英
デゼール **désert¹** 男	砂漠	desert
デゼール **désert²** 形	無人の	deserted
デゼルト — **déserte**	(女性形)	
デゼスポワール **désespoir** 男	絶望	despair
デザビエ **déshabiller** 動	服を脱がす	undress
— **se déshabiller** 代動	服を脱ぐ	get undressed
デズィール **désir** 男	欲望, 願望	desire, wish
デズィレ ★**désirer** 動	望む, 欲する	want
Que désirez-vous ?	(店で)何にいたしましょうか	What would you like?
デゾレ ★**désolé** 形	申し訳なく思う	sorry
デゾレ — **désolée**	(女性形)	
Je suis désolé.	すみません	I'm sorry.
デゾルドル **désordre** 男	混乱, 乱雑, 無秩序	disorder, mess
Quel désordre !	何という散らかりようだ	What a mess!
デゾルメ **désormais** 副	1. 今後は	from now on
	2. それ以降は	from then on
デセール ★★**dessert** 男	デザート	dessert
デサン ★**dessin** 男	絵, デッサン	drawing
un dessin animé	アニメ	a cartoon

98

dessiner – développement

仏		日	英
デスィネ ★**dessiner**	動	(線で)描く	draw
ドゥスー **dessous**	副	その下に	underneath
ドゥスュ **dessus**	副	その上に	on top, on it
デスティナスィヨン **destination**	女	行き先, 目的地	destination
デストリュクスィヨン **destruction**	女	破壊	destruction
デタイユ ★**détail**	男	細部, 詳細	detail
en détail		詳細に	in detail
デテルミネ **déterminer**	動	決定する, 確定する	determine
デテステ ★**détester**	動	嫌う	hate
デトリュイール ★**détruire**	動	破壊する	destroy
デット **dette**	女	負債, 借金	debt
ドゥイユ **deuil**	男	喪	mourning
ドゥー ★**deux**	数	2 (の)	two
ドゥザン deux ans		2年	two years
ドゥズィエム ★**deuxième**	形	2番目の	second
ドゥヴァン ★**devant**[1]	前	…の前に[で, を]	in front of, past
Il est devant la maison.		彼は家の前にいる	He is in front of the house.
ドゥヴァン **devant**[2]	副	前に	in front
デヴロプマン **développement**	男	発展, 発達	development

développer–diable

仏	日	英
développer (デヴロペ) 動	発展[発達]させる	develop
— se développer 代動	発展[発達]する	develop
★**devenir** (ドゥヴニール) 動	(助動詞はêtre)…になる	become
devenir médecin	医者になる	become a doctor
devenir vieux	年をとる	grow old
deviner (ドゥヴィネ) 動	言い当てる, 察する	guess
★**devoir¹** (ドゥヴォワール) 動	1. …しなければならない	have to
Je dois partir.	私は行かなければならない	I've got to go.
Tu ne dois pas partir.	行ってはいけない	You mustn't go.
	2. …に違いない	must
Vous devez être fatigué.	さぞお疲れでしょう	You must be tired.
Elle a dû oublier.	彼女は忘れたに違いない	She must have forgotten.
	3. …を借りている	owe
Je dois dix euros à Paul.	ポールに10ユーロ借りがある	I owe Paul ten euros.
Je vous dois combien ?	(支払いが)いくらですか	How much do I owe you?
★**devoir²** (ドゥヴォワール) 男	1. 義務	duty
	2. (多く複数で)宿題	homework
faire ses devoirs	宿題をする	do one's homework
diable (ディヤーブル) 男	悪魔	devil

仏	日	英
ディヤログ **dialogue** 男	対話	dialogue
ディヤマン **diamant** 男	ダイヤモンド	diamond
ディクテ **dictée** 女	書き取り	dictation
ディクスィヨネール ★**dictionnaire** 男	辞書	dictionary
ディユー ★**dieu** 男	神	god
ディユー — **dieux**	《複数形》	
ディフェラーンス ★**différence** 女	違い	difference
Quelle est la différence entre A et B ?	AとBの違いは何ですか	What's the difference between A and B?
ディフェラン ★**différent** 形	異なった, 違った	different
ディフェラーント — **différente**	《女性形》	
différent de	…と異なった	different from
ディフィスィル ★**difficile** 形	難しい	difficult
ディフィキュルテ ★**difficulté** 女	難しさ, 困難	difficulty
ディーニュ **digne** 形	(de)…に値する	worthy of
digne de confiance	信頼に値する	trustworthy
ディマーンシュ ★**dimanche** 男	日曜日	Sunday
ディマンスィヨン **dimension** 女	大きさ, 寸法；次元	size; dimension
ディミニュエ **diminuer** 動	減らす；減る	reduce; decrease
ディネ ★**dîner**[1] 男	夕食	dinner

dîner–diriger

仏	日	英
★**dîner**² ディネ 動	夕食をとる	have dinner
diplomate ディプロマット 名	外交官	diplomat
diplomatie ディプロマスィ 女	外交	diplomacy
diplôme ディプロム 男	免状, 卒業証書	diploma
★**dire** ディール 動	言う	say, tell
dire oui	はいと言う	say yes
dire la vérité	真実を言う	tell the truth
Comment dit-on ça en japonais ?	それを日本語で何と言いますか	How do you say it in Japanese?
Il a dit: « J'ai chaud. »	彼は「暑い」と言った	He said, "I'm hot."
Il a dit qu'il avait chaud.	彼は暑いと言った	He said that he was hot.
Dites-leur de venir.	彼らに来るように言いなさい	Tell them to come.
★**direct** ディレクト 形	直接の, 直通の	direct
— **directe** ディレクト	《女性形》	
★**directement** ディレクトマン 副	直接に ; まっすぐ	directly; straight
★**directeur** ディレクトゥール 名	部長, 所長, 支配人	director, manager
— **directrice** ディレクトリス	《女性形》	
★**direction** ディレクスィヨン 女	方向, 方角	direction
diriger ディリジェ 動	指導する	direct
— **se diriger** 代動	向かう	make for

discipline – distributeur

仏	日	英
se diriger vers Paris	パリに向かう	make for Paris
ディシプリヌ **discipline** 女	規律	discipline
ディスクール **discours** 男	演説	speech
faire un discours	演説する	make a speech
ディスキュスィヨン ★**discussion** 女	議論	discussion
ディスキュテ ★**discuter** 動	議論する, 話し合う	discuss, talk
On a discuté toute la nuit.	一晩中話をした	We talked all night long.
ディスパレートル ★**disparaître** 動	消える	disappear
ディスポニーブル **disponible** 形	自由に使える	available
ディスポゼ **disposer** 動	配置する	arrange
disposer de	…を自由に使える	have at one's disposal
ディスピュト **dispute** 女	口論, 喧嘩	argument
ス ディスピュテ ★**se disputer** 代動	口論する	argue
ディスク ★**disque** 男	ディスク; レコード	disk; record
ディスターンス ★**distance** 女	距離	distance
ディスタンクスィヨン **distinction** 女	区別, 違い	distinction
ディスタンゲ ★**distinguer** 動	見分ける, 区別する	distinguish
ディストリビュエ **distribuer** 動	分配する, 配る	hand out, distribute
ディストリビュトゥール **distributeur** 男	自動販売機, 支払機	vending machine, dispenser

divers – doigt

仏	日	英
ディヴェール ★**divers** 形	様々な	various
ディヴェルス — **diverse**	《女性形》	
pour des raisons diverses	様々な理由で	for various reasons
ディヴィゼ **diviser** 動	分ける, 分割する	divide
ディヴィズィヨン **division** 女	分割；割り算	division
ディヴォルス **divorce** 男	離婚	divorce
ディヴォルセ **divorcer** 動	離婚する	get divorced
ディス ★**dix** 数	10 (の)	ten
ディジュール dix jours	10日	ten days
ディザン dix ans	10年	ten years
ディズュイット ★**dix-huit** 数	18 (の)	eighteen
ディズィエム ★**dixième** 形	10番目の	tenth
ディズヌフ ★**dix-neuf** 数	19 (の)	nineteen
ディセット ★**dix-sept** 数	17 (の)	seventeen
ディゼヌ ★**dizaine** 女	約10	about ten
une dizaine de personnes	約10人	about ten people
ドクトゥール ★**docteur** 男	医師, 博士	doctor
aller chez le docteur	医者に行く	go to the doctor's
ドワ ★**doigt** 男	指	finger

仏	日	英
ドメヌ **domaine** 男	分野, 領域	field, domain
ドメスティック **domestique** 形	家庭の；国内の	domestic
ドミスィル **domicile** 男	住所, 住居	place of residence
à domicile	自宅で	at home
ドミネ **dominer** 動	1. 支配する	dominate
	2. 見下ろす	tower over
ドマージュ ★**dommage** 男	1. 損害, 被害	damage
	2. 残念なこと	
C'est dommage.	それは残念だ	It's a pity.
ドン(ク) ★**donc** 副	1. 従って, それで	so, therefore
Je pense, donc je suis.	我思う, 故に我あり	I think, therefore I am.
	2.《疑問・命令の強調》	
Tais-toi, donc !	黙れ	Be quiet, will you?
Entrez donc !	お入りなさい	Do come in!
ドネ ★**donner** 動	与える	give
J'ai donné un livre à Marie.	マリーに本をあげた	I gave a book to Marie.
Donne-moi ton adresse.	住所を教えて	Give me your address.
donner sur	…に面した, 向いた	overlook, look onto
ドン ★**dont** 代	《deを含む関係代名詞》	

dormir–doute

仏	日	英
	1. その, その人の	whose
un film dont le titre est long	タイトルが長い映画	a movie whose title is long
	2. それについて	about which
le livre dont je parle	私が話している本	the book I'm talking about
	3. それによって, そのために	
la façon dont elle s'habille	彼女の服の着方	the way she dresses
★**dormir** [ドルミール] 動	眠る	sleep
Le bébé dort.	赤ん坊が眠っている	The baby is sleeping.
Vous avez bien dormi ?	よく眠れましたか	Did you sleep well?
★**dos** [ド] 男	背中, 背	back
★**d'où** [ドゥ] 副	(疑問) どこから	
D'où viens-tu ?	どこから来たの	Where have you come from?
douane [ドゥワヌ] 女	税関	customs
★**double** [ドゥーブル] 形	2重の; 2倍の	double
doucement [ドゥスマン] 副	静かに; ゆっくり; 優しく	quietly; slowly; gently
★**douche** [ドゥーシュ] 女	シャワー	shower
prendre une douche	シャワーを浴びる	take a shower
★**douleur** [ドゥルール] 女	痛み; 苦しみ	pain
★**doute** [ドゥート] 男	疑い, 疑念; 迷い	doubt

仏	日	英
sans aucun doute	疑いなく	without a doubt
sans doute	多分, 恐らく	probably
★**douter** 動 ドゥテ	(de)…を疑う	have doubts about
Je doute de tout.	私はすべてを疑う	I doubt everything.
★**doux** 形 ドゥー	甘い; 穏やかな; 優しい	sweet; mild; gentle
— **douce** ドゥース	《女性形》	
le vin doux	甘口ワイン	sweet wine
Il fait doux.	穏やかな天気だ	The weather is mild.
★**douzaine** 女 ドゥゼヌ	1ダース	dozen
une douzaine d'œufs	卵1ダース	a dozen eggs
★**douze** 数 ドゥーズ	12(の)	twelve
★**douzième** 形 ドゥズィエム	12番目の	twelfth
drame 男 ドラム	惨劇, 惨事	tragedy
★**drap** 男 ドラ	シーツ	sheet
★**drapeau** 男 ドラポー	旗	flag
— **drapeaux** ドラポー	《複数形》	
dresser 動 ドレセ	立てる, 起こす	raise, put up
★**droit**[1] 形 ドロワ	まっすぐな; 右の	straight; right
— **droite** ドロワット	《女性形》	

107

仏	日	英
une ligne droite	直線	a straight line
Levez la main droite.	右手を挙げてください	Raise your right hand.
★**droit²** ドロワ 副	まっすぐに	straight
Allez tout droit.	まっすぐ行きなさい	Go straight ahead.
★**droit³** ドロワ 男	1. 権利	right
les droits de l'homme	人権	human rights
	2. 法, 法律	law
★**droite** ドロワット 女	右	right
à [sur] votre droite	あなたの右側に	on your right
à droite	右に	on the right, to the right
Tournez à droite.	右に曲がりなさい	Turn right.
★**drôle** ドロール 形	1. こっけいな	funny
Ce film est très drôle.	この映画はとても笑える	This movie is very funny.
	2. 変な, 奇妙な	odd
★**du¹** デュ	《de+le》…の, から	of the, from the
la capitale du Japon	日本の首都	the capital of Japan
★**du²** デュ	《部分冠詞の男性形》	
— **de l'**	《母音・無音のhの前》	
manger du chocolat	チョコレートを食べる	eat chocolate

仏		日	英
★**dur**¹ デュール	形	固い, 難しい	hard
— **dure** デュール		《女性形》	hard
dur² デュール	副	一生懸命に	hard
durant デュラン	前	…の間	for, during
durant la nuit		一晩中	during the night
★**durer** デュレ	動	続く	last

E, e

仏		日	英
★**eau** オ	女	水	water
boire de l'eau		水を飲む	drink water
écart エカール	男	隔たり	distance
écarter エカルテ	動	…の間を離す, 開く	open
échange エシャーンジュ	男	交換	exchange
échanger エシャンジェ	動	交換する	exchange
Nous avons échangé nos adresses.		私たちは住所を交換した	We exchanged addresses.
échapper エシャペ	動	(à)…を逃れる	escape, escape from
échapper à la police		警察から逃げる	escape the police
— **s'échapper**	代動	逃げる	escape
échec エシェック	男	1. 失敗	failure

échelle – écouter

仏	日	英
	2. (複数で)チェス	chess
jouer aux échecs	チェスをする	play chess
échelle 女	はしご	ladder
★échouer 動	失敗する	fail
J'ai échoué à mon examen.	試験に落ちた	I failed my exam.
éclair 男	稲妻；エクレア	flash of lightning; eclair
★éclairer 動	照らす	light up
éclat 男	破片；爆発音；輝き	fragment; burst; brilliance
éclater 動	破裂する	burst
★école 女	学校	school
aller à l'école	学校に行く	go to school
écolier 名	小学生	schoolboy
— écolière	(女性形)	schoolgirl
★économie 女	経済；(複数で)貯金	economy; savings
faire des économies	貯金する	save money
★économique 形	経済の；経済的な	economic; economical
économiser 動	節約[貯金]する	save
★écouter 動	聞く, 耳を傾ける	listen, listen to
écouter la radio	ラジオを聞く	listen to the radio

仏	日	英
Ecoute-moi !	話を聞いてくれ	Listen to me!
エクラン **écran** 男	画面, スクリーン	screen
エクラゼ **écraser** 動	押しつぶす	crush
se faire écraser	(車に)ひかれる	get run over
セクリエ **s'écrier** 代動	「…」と叫ぶ	cry out
エクリール ★**écrire** 動	書く	write
écrire un roman	小説を書く	write a novel
— **s'écrire** 代動	書かれる, 綴られる	be written
Comment ça s'écrit ?	それはどう綴りますか	How do you spell it?
エクリチュール **écriture** 女	筆跡	handwriting
avoir une belle écriture	字がきれいである	have beautiful handwriting
エクリヴァン **écrivain** 男	作家	writer
エディスィヨン **édition** 女	出版 ; 版	publishing; edition
Je travaille dans l'édition.	私は出版の仕事をしている	I work in publishing.
エデュカスィヨン ★**éducation** 女	教育, しつけ	education
エファセ **effacer** 動	消す	erase
エフェ ★**effet** 男	効果, 結果	effect
en effet	確かに, そのとおり	indeed
エフィカス **efficace** 形	有効な ; 有能な	effective; efficient

s'efforcer – élégant

仏	日	英
セフォルセ **s'efforcer** 動	(de)…しようと努力する	try hard to do
s'efforcer de comprendre	理解しようと努力する	try hard to understand
エフォール **★effort** 男	努力	effort
faire un effort	努力する	make an effort
エフレイエ **effrayer** 動	怖がらせる	frighten
エガル **★égal** 形	等しい, 平等な	equal
エガル — **égale**	《女性形》	
エゴー — **égaux**	《男性複数形》	
Nous sommes tous égaux.	私たちは皆平等だ	We are all equal.
Ça m'est égal.	どちらでもいい	I don't mind.
エガルマン **★également** 副	1. 等しく, 平等に	equally
	2. …もまた	also
エガリテ **égalité** 女	平等	equality
エグリーズ **★église** 女	教会	church
aller à l'église	教会に行く	go to church
エレクスィヨン **★élection** 女	選挙	election
エレクトリスィテ **★électricité** 女	電気	electricity
エレクトリック **★électrique** 形	電気の	electric
エレガン **★élégant** 形	おしゃれな	elegant

仏	日	英
— élégante *エレガント*	《女性形》	
★élément 男 *エレマン*	要素	element
élémentaire 形 *エレマンテール*	基本の, 初歩の	elementary
éléphant 男 *エレファン*	象	elephant
★élève 名 *エレーヴ*	生徒	student, pupil
★élever 動 *エルヴェ*	1. 育てる	bring up
	2. 上げる	raise
élever la voix	声を上げる	raise one's voice
élire 動 *エリール*	選挙する, 選ぶ	elect
★elle 代 *エル*	1. 彼女は; それは	she; it
Elle danse bien.	彼女はダンスがうまい	She dances well.
	2. 彼女	her
avec elle	彼女と	with her
C'est elle.	彼女だ	It's her.
★elle-même 代 *エルメム*	彼女[それ]自身	herself, itself
★elles 代 *エル*	1. 彼女[それ]らは	they
	2. 彼女[それ]ら	them
avec elles	彼女らと	with them
★elles-mêmes 代 *エルメム*	彼女[それ]ら自身	themselves

éloigner–employé

仏	日	英
エロワニェ **éloigner** 動	遠ざける	move away
アンバラセ **embarrasser** 動	1. (場所を)ふさぐ	clutter up
	2. 当惑させる	embarrass
アンベテ **embêter** 動	困らせる, うんざりさせる	annoy
アンブティヤージュ **embouteillage** 男	交通渋滞	traffic jam
アンブラセ **embrasser** 動	キスする	kiss
エミスィヨン ★**émission** 女	テレビ[ラジオ]番組	program
アンムネ ★**emmener** 動	連れて行く	take
Emmène-moi au zoo.	動物園に連れて行って	Take me to the zoo.
エモスィヨン **émotion** 女	感動	emotion
エムヴォワール **émouvoir** 動	感動させる	move, touch
アンペシェ ★**empêcher** 動	妨げる	prevent, stop
La douleur m'a empêché de dormir.	痛みで眠れなかった	The pain prevented me from sleeping.
アンプルール **empereur** 男	皇帝	emperor
アンプロワ **emploi** 男	1. 職, 雇用	job
trouver un emploi	職を見つける	find a job
	2. 使用, 用法	use
un emploi du temps	時間割	a schedule
アンプロワイエ ★**employé** 名	従業員, 職員	employee

仏	日	英
— employée アンプロワイエ	《女性形》	
un employé de bureau	会社員	an office worker
★employer 動 アンプロワイエ	使う；雇う	use; employ
★emporter 動 アンポルテ	持って行く	take (away)
à emporter	(食べ物が)持ち帰りの	to go
★emprunter 動 アンプランテ	借りる	borrow
emprunter de l'argent à la banque	銀行から金を借りる	borrow money from the bank
★en¹ 前 アン	1. (場所・手段)…で, に	in, to, into
vivre en France	フランスで暮らす	live in France
aller en France	フランスに行く	go to France
parler en français	フランス語で話す	speak in French
un livre en français	フランス語の本	a book in French
traduire en français	フランス語に訳す	translate into French
payer en euros	ユーロで払う	pay in euros
habillé en noir	黒い服を着た	dressed in black
	2. (時間)…に	in
en été	夏に	in summer
en mars	3月に	in March
en 2010	2010年に	in 2010

仏	日	英
	3.(期間)…かかって	in
J'ai fini ce livre en deux jours.	この本を2日で読み終えた	I finished this book in two days.
	4. …に乗って	by
en avion	飛行機で	by plane
	5. …でできた	made of
un lit en bois	木のベッド	a wooden bed
	6. …として	as
en ami	友人として	as a friend
	7.《en+現在分詞》	
répondre en pleurant	泣きながら答える	reply with tears
Fermez la porte en sortant.	出るときはドアを閉めてください	Shut the door when you go out.

★**en²** アン 副 そこから(= de là)

| J'en viens. | 私はそこから来た | I come from there. |

★**en³** アン 代 1.《=de+(代)名詞》

J'en ai besoin.	私はそれが必要だ	I need it.
Qu'est-ce que vous en pensez ?	そのことについてどう思いますか	What do you think about it?
Je m'en souviens.	そのことを覚えている	I remember it.
	2.《= des [du] +名詞》	some, any
Il y a du vin ? – Oui, il y en a.	「ワインあるの」「うん、ある」	Is there wine? – Yes, there is some.

仏	日	英
	3.（＝数詞＋名詞）	
Il y a combien de pommes ? – Il y en a trois.	「リンゴはいくつある」「3つ」	How many apples are there? – There are three of them.
アンシャンテ ★**enchanté** 形	とてもうれしい	delighted
アンシャンテ ― **enchantée**	《女性形》	
Enchanté.	はじめまして	Pleased to meet you.
アンコール ★**encore** 副	1. まだ、なお	still
Elle dort encore.	彼女はまだ寝ている	She is still sleeping.
Il reste encore du vin.	まだワインが残っている	There is still some wine left.
	2. また、再び	again
J'ai encore oublié mon parapluie.	また傘を忘れた	I forgot my umbrella again.
	3. もっと、さらに	more
encore une fois	もう一度	one more time
	4. 一層、ずっと	even
C'est encore mieux !	その方がずっといい	It's even better!
pas encore	まだ…ない	not yet
Je n'ai pas encore fini.	まだ終わっていない	I haven't finished yet.
アンクラジェ **encourager** 動	励ます	encourage
アーンクル **encre** 女	インク	ink
サンドルミール ★**s'endormir** 代動	眠りに落ちる	fall asleep

endroit – ennuyer

仏	日	英
アンドロワ ★endroit 男	場所	place
エネルジ énergie 女	エネルギー	energy
アンファーンス ★enfance 女	子供時代	childhood
アンファン ★enfant 名	(男女同形)子供	child
quand j'étais enfant	私が子供だったころ	when I was a child
アンフェルメ enfermer 動	閉じ込める	shut away, shut up
アンファン ★enfin 副	1. ついに, やっと	at last
C'est enfin fini.	やっと終わった	It's finally finished.
	2. (列挙で)最後に	lastly
サンフュイール s'enfuir 代動	逃げる, 逃亡する	run away
アンルヴェ ★enlever 動	1. 取り除く	remove
	2. (衣服を)脱ぐ	take off
エヌミ ★ennemi 名	敵	enemy
エヌミ — ennemie	(女性形)	
アンニュイ ★ennui 男	問題, 困ったこと	problem
avoir des ennuis	問題がある	have problems
アンニュイエ ★ennuyé 形	困っている	bothered
アンニュイエ — ennuyée	(女性形)	
アンニュイエ ★ennuyer 動	1. 困らせる	bother

仏	日	英
	2. 退屈させる	bore
— s'ennuyer 代動	退屈する	be [get] bored
Je m'ennuie.	退屈だ	I'm bored.
アンニュイユー ★ennuyeux 形	困った；退屈な	annoying; boring
アンニュイユーズ — ennuyeuse	《女性形》	
エノルム énorme 形	巨大な，並はずれた	enormous
アンケト enquête 女	調査；捜査	survey; investigation
アンルジストルマン enregistrement 男	録音，録画	recording
アンルジストレ enregistrer 動	録音[録画]する	record
アンリュメ enrhumé 形	風邪をひいた	
アンリュメ — enrhumée	《女性形》	
être enrhumé	風邪をひいている	have a cold
アンリシール enrichir 動	1. 金持ちにする	make rich
	2. 豊かにする	enrich
アンセニャン enseignant 名	教員，教師	teacher
アンセニャーント — enseignante	《女性形》	
アンセニュマン ★enseignement 男	教育	education
アンセニェ ★enseigner 動	教える	teach
enseigner le français	フランス語を教える	teach French

ensemble – entier

仏	日	英
アンサーンブル ★**ensemble** 副	一緒に	together
chanter ensemble	一緒に歌う	sing together
アンスュイット ★**ensuite** 副	それから, その後で	then
Je vais à la banque et ensuite à la mairie.	銀行に行って, それから市役所に行きます	I'm going to the bank and then to the city hall.
アンターンドル ★**entendre** 動	聞こえる	hear
J'ai entendu un bruit.	物音が聞こえた	I heard a noise.
Vous m'entendez ?	聞こえますか	Can you hear me?
J'entends tomber la pluie.	雨の降る音が聞こえる	I hear the rain fall.
	2. 意味する	mean
Qu'est-ce que tu entends par là ?	それはどういう意味だ	What do you mean by that?
— **s'entendre** 代動	理解し合う	get along
s'entendre bien avec	…と仲がいい	get along well with
アンタンデュ ★**entendu** 形	了解された	agreed, understood
アンタンデュ — **entendue**	《女性形》	
Entendu !	わかった, 了解した	OK!
bien entendu	もちろん, 当然	of course
アンティエ ★**entier** 形	全体の	whole
アンティエール — **entière**	《女性形》	
le monde entier	全世界	the whole world

entièrement – envie

仏	日	英
アンティエルマン ★**entièrement** 副	完全に，すっかり	completely, entirely
アントゥレ **entourer** 動	取り囲む	surround
La maison est entourée d'arbres.	その家は木に囲まれている	The house is surrounded by trees.
アントレヌマン **entraînement** 男	訓練，トレーニング	training
アントル ★**entre** 前	間に[で]	between
entre la France et l'Allemagne	フランスとドイツの間	between France and Germany
アントレ ★**entrée** 女	入ること，入り口	entry, entrance
アントルプラーンドル **entreprendre** 動	企てる	undertake
アントルプリーズ ★**entreprise** 女	企業，会社	company
アントレ ★**entrer** 動	《助動詞はêtre》入る	go [come] in
Entrez !	お入りください	Come in!
アントルトゥニール **entretenir** 動	保つ；養う	maintain; support
アントルティヤン **entretien** 男	1. 維持，手入れ	maintenance, upkeep
	2. 対談，対話；会見	conversation, interview; talk
アンヴロップ ★**enveloppe** 女	封筒	envelope
アンヴロペ **envelopper** 動	包む	wrap up
アンヴィ ★**envie** 女	1. 欲求	desire
avoir envie de	…が欲しい，したい	want, want to do
J'ai envie d'une glace.	アイスクリームが欲しい	I want ice cream.

envier–épingle

仏	日	英
J'ai envie de pleurer.	泣きたい気分だ	I feel like crying.
	2. 羨望, ねたみ	envy
アンヴィエ **envier** 動	うらやむ	envy
アンヴィロン ★**environ** 副	およそ, 約	about
environ cinquante personnes	およそ50人	about fifty people
アンヴィロン **environs** 男・複	付近, 近郊, 周辺	surroundings
アンヴィロヌマン ★**environnement** 男	環境	environment
サンヴォレ **s'envoler** 代動	飛び立つ, 飛び去る	fly away
アンヴォワイエ ★**envoyer** 動	送る	send
envoyer un e-mail	メールを送る	send an e-mail
エペ ★**épais** 形	厚い	thick
エペス — **épaisse**	《女性形》	
エペスール **épaisseur** 女	厚さ	thickness
エパルニェ **épargner** 動	節約する; 貯金する	save
エポール ★**épaule** 女	肩	shoulder
エプレ **épeler** 動	綴る	spell
エピス **épice** 女	香辛料, スパイス	spice
エピスリ ★**épicerie** 女	食料品店	grocer's store
エパーングル **épingle** 女	ピン	pin

仏	日	英
エプリュシェ **éplucher** 動	(野菜等の)皮をむく	peel
エポーンジュ **éponge** 女	スポンジ	sponge
エポック ★**époque** 女	時代；時期	age, era, epoch; time
à cette époque-là	その頃	at that time
エプゼ ★**épouser** 動	…と結婚する	marry
エプヴァンタ―ブル **épouvantable** 形	恐ろしい	dreadful
エプー ★**époux** 名	配偶者, 夫	spouse, husband
― エプーズ **épouse**	(女性形)	
エプルーヴ **épreuve** 女	1. 試験, テスト	exam, test
	2. 競技種目	event
エプルヴェ ★**éprouver** 動	(感情を)覚える；試す	feel; test
エピュイゼ **épuiser** 動	1. 使い尽くす	exhaust
	2. 疲れさせる	exhaust
エキリーブル **équilibre** 男	平衡, バランス	balance
エキップ ★**équipe** 女	チーム	team
une équipe de football	サッカーチーム	a soccer team
エルール ★**erreur** 女	間違い, エラー	mistake
エスカリエ ☆**escalier** 男	階段	stairs
エスカルゴ **escargot** 男	カタツムリ	snail

123

espace – essayer

仏	日	英
★**espace** エスパス 女	空間, スペース；宇宙	space
★**Espagne** エスパーニュ 女	スペイン	Spain
★**espagnol**¹ エスパニョル 男	スペイン語	Spanish
★**espagnol**² エスパニョル 形	スペインの	Spanish
— **espagnole** エスパニョル	《女性形》	
★**Espagnol** エスパニョル 名	スペイン人	Spaniard
— **Espagnole** エスパニョル	《女性形》	
★**espèce** エスペス 女	1. 種類	sort
une espèce de	一種の…	a sort of
	2.(生物の)種	species
★**espérer** エスペレ 動	期待する	hope
J'espère réussir.	成功を願う	I hope to succeed.
★**espoir** エスポワール 男	希望	hope
★**esprit** エスプリ 男	精神, 心	spirit, mind
★**essai** エセ 男	試み；テスト, 実験	trial; test
★**essayer** エセイエ 動	1. 試す	try
Je vais essayer.	やってみます	I'll try.
essayer de comprendre	理解しようとする	try to understand
	2. 試着する	try on

essence – établissement

仏	日	英
essayer une robe	ドレスを試着する	try on a dress
エサーンス ★**essence** 女	ガソリン	gas
エサンスィエル **essentiel** 形	必要不可欠な；肝心な	essential
エサンスィエル — **essentielle**	《女性形》	
エスュイエ ★**essuyer** 動	拭く	wipe
エスト ★**est** 男	東	east
à l'est de Paris	パリの東方に	to the east of Paris
dans l'est de la France	フランスの東部に	in the east of France
エスク ★**est-ce que** 副	《疑問文を作る》	
Est-ce qu'il pleut ?	雨が降っていますか	Is it raining?
エスティメ **estimer** 動	1. 見積もる，評価する	estimate
	2. 高く評価する	esteem, respect
エストマ ★**estomac** 男	胃	stomach
avoir mal à l'estomac	お腹が痛い	have a stomachache
エ ★**et** 接	と，そして	and
toi et moi	君と僕	you and I
Et vous ?	あなたはどうですか	What about you?
エタブリール **établir** 動	設置する；確立する	establish
エタブリスマン **établissement** 男	施設	institution

étage – étonnant

仏	日	英
エタージュ ★**étage** 男	(2階以上の)階	floor
au premier étage	2階に	on the second floor
A quel étage habitez-vous ?	何階に住んでいますか	What floor do you live on?
エタ **état** 男	1. 状態	state, condition
	2.《Etat》国家	state
en bon état	良い状態に[で]	in good condition
エタズュニ ★**Etats-Unis** 男複	アメリカ合衆国	United States
aller aux Etats-Unis	アメリカに行く	go to the United States
エテ ★**été** 男	夏	summer
en été	夏に	in summer
エターンドル **éteindre** 動	(明かりなどを)消す	put out, turn off
éteindre la lumière	明かりを消す	put out the light
éteindre la télé	テレビを消す	turn off the TV
エターンドル **étendre** 動	広げる	spread out
エテルネル **éternel** 形	永遠の	eternal
エテルネル — **éternelle**	《女性形》	
エティケット **étiquette** 女	ラベル	label
エトワル ★**étoile** 女	星	star
エトナン ★**étonnant** 形	驚くべき	surprising

126

仏	日	英
— **étonnante** エトナーント	（女性形）	
étonné 形 エトネ	驚いた	surprised
— **étonnée** エトネ	（女性形）	
☆**étonner** 動 エトネ	驚かせる	surprise
J'ai été étonné du résultat.	結果に驚いた	I was surprised at the result.
— **s'étonner** 代動	驚く	be surprised
★**étrange** 形 エトラーンジュ	奇妙な，変わった	strange
☆**étranger**¹ 形 エトランジェ	外国の，外国人の	foreign
— **étrangère** エトランジェール	（女性形）	
un pays étranger	外国	a foreign country
une langue étrangère	外国語	a foreign language
étranger² 名 エトランジェ	外国人	foreigner
— **étrangère** エトランジェール	（女性形）	
à l'étranger	外国で[へ]	abroad
voyager à l'étranger	外国旅行する	travel abroad
★**être**¹ 動 エートル	1. …である	be
Le ciel est bleu.	空が青い	The sky is blue.
Elle est étudiante.	彼女は学生だ	She is a student.
On est dimanche.	今日は日曜日だ	It's Sunday today.

être – Europe

仏	日	英
	2. …にいる	be
Il est à Paris.	彼はパリにいる	He is in Paris.
	3.《複合過去を作る》	
Elle est allée à Paris.	彼女はパリに行った	She went to Paris.
Je me suis levé à six heures.	私は6時に起きた	I got up at six o'clock.
	4.《受動態を作る》	
Elle est aimée de tout le monde.	彼女はみんなに愛されている	She is loved by everybody
être² エートル 男	存在物, 生き物	being
un être humain	人間	a human being
★**étroit** エトロワ 形	細い, 狭い	narrow
— **étroite** エトロワット	《女性形》	
une rue étroite	狭い通り	a narrow street
★**étude** エテュード 女	勉強, 研究	study
★**étudiant** エテュディヤン 名	学生	student
— **étudiante** エテュディヤーント	《女性形》	
Je suis étudiant.	私は学生です	I'm a student.
★**étudier** エテュディエ 動	勉強する, 研究する	study
★**euro** ウロ 男	ユーロ	euro
★**Europe** ウロップ 女	ヨーロッパ	Europe

européen – exagérer

仏	日	英
aller en Europe	ヨーロッパに行く	go to Europe
ウロペアン ★**européen** 形	ヨーロッパの	European
ウロペエヌ — **européenne**	《女性形》	
ウロペアン ★**Européen** 名	ヨーロッパ人	European
ウロペエヌ — **Européenne**	《女性形》	
ウー ★**eux** 代	彼ら, それら	them
avec eux	彼らと一緒に	with them
ウメム ★**eux-mêmes** 代	彼[それ]ら自身	themselves
エヴェヌマン ★**événement** 男	出来事, 事件	event
エヴィダマン ★**évidemment** 副	もちろん, 当然	of course
エヴィダン **évident** 形	明かな, 明白な	obvious
エヴィダーント — **évidente**	《女性形》	
エヴィテ ★**éviter** 動	避ける	avoid
エヴォリュースィヨン **évolution** 女	発展, 変化, 進化	evolution
エグザクト ★**exact** 形	正しい；正確な	correct, exact
エグザクト — **exacte**	《女性形》	
C'est exact.	そのとおりだ	That's right.
エグザクトマン ★**exactement** 副	正確に；そのとおりだ	exactly
エグザジェレ **exagérer** 動	誇張する	exaggerate

129

仏	日	英
★**examen** 男 (エグザマン)	試験, テスト	exam
passer un examen	試験を受ける	take an exam
★**examiner** 動 (エグザミネ)	検討する, 調査する	examine
★**excellent** 形 (エクセラン)	すばらしい	excellent
— **excellente** (エクセラーント)	《女性形》	
excepté 前 (エクセプテ)	…を除いて	except
tous les jours excepté le lundi	月曜を除く毎日	every day except Monday
exception 女 (エクセプスィヨン)	例外, 除外	exception
exceptionnel 形 (エクセプスィヨネル)	例外的な	exceptional
— **exceptionnelle** (エクセプスィヨネル)	《女性形》	
excès 男 (エクセ)	過剰, 過度	excess
exciter 動 (エクスィテ)	興奮させる	excite
excuse 女 (エクスキューズ)	1. 言い訳, 口実	excuse
	2. 《複数で》謝罪	apology
présenter ses excuses	謝罪する	apologize
★**excuser** 動 (エクスキュゼ)	許す	forgive
Excusez-moi.	失礼ですが ; すみません	Excuse me; I'm sorry.
Excusez-moi de vous déranger.	お邪魔してすみません	Sorry to bother you.
— **s'excuser** 代動	謝る, わびる	apologize

exécuter – explosion

仏	日	英
Je m'excuse.	すみません	(I'm) sorry.
エグゼキュテ **exécuter** 動	実行する	carry out
エグザンプレール **exemplaire** 男	部, 冊	copy
エグザーンプル ★**exemple** 男	例	example
par exemple	例えば	for example
エグゼルセ **exercer** 動	…を鍛える, 訓練する	train, exercise
— **s'exercer** 代動	訓練 [練習] する	practice
エグゼルスィス ★**exercice** 男	1. 運動, 体操	exercise
	2. 練習, 練習問題	practice
エグズィジェ **exiger** 動	要求する, 必要とする	demand, require
エグズィスターンス ★**existence** 女	存在	existence
エグズィステ ★**exister** 動	存在する	exist
エクスペディエ **expédier** 動	発送する	send
エクスペリヤーンス ★**expérience** 女	経験；実験	experience; experiment
faire une expérience	実験をする	do an experiment
エクスペール **expert** 男	専門家	expert
エクスプリカスィヨン ★**explication** 女	説明	explanation
エクスプリケ ★**expliquer** 動	説明する	explain
エクスプロズィヨン **explosion** 女	爆発	explosion

131

exportation – fabriquer

仏	日	英
エクスポルタスィヨン **exportation** 女	輸出	export
エクスポルテ **exporter** 動	輸出する	export
エクスポゼ **exposer** 動	展示する	exhibit
エクスポズィスィヨン ★**exposition** 女	展覧会	exhibition
エクスプレ **exprès** 副	故意に；わざわざ	on purpose; specially
エクスプレス **express** 男	急行列車	express
エクスプレスィヨン ★**expression** 女	表現；表情	expression
エクスプリメ ★**exprimer** 動	表現する, 表す	express
エクステリユール ★**extérieur**[1] 形	外の, 外部の	outside
エクステリユール — **extérieure**	《女性形》	
エクステリユール **extérieur**[2] 男	外部, 外, 戸外	outside
à l'extérieur	外で	outside
エクストラオルディネール **extraordinaire** 形	並はずれた；素晴らしい	extraordinary; amazing
エクストレム **extrême** 形	一番端の；極端な	extreme
エクストレムマン **extrêmement** 副	極めて	extremely

F, f

| ファブリケ
fabriquer 動 | 作る, 製造する | make |
| fabriqué en France | フランス製 | made in France |

face–faiblesse

仏	日	英
ファス ★**face** 女	顔, 面	face, side
en face de	…の正面[向かい]に	across from
L'hôtel est en face de la gare.	ホテルは駅の向かいだ	The hotel is across from the station.
ファシェ **fâché** 形	怒った	angry
— **fâchée**	《女性形》	
Elle est fâchée contre moi.	彼女は私に怒っている	She is angry with me.
ファスィル ★**facile** 形	簡単な	easy
facile à comprendre	わかりやすい	easy to understand
ファスィルマン ★**facilement** 副	簡単に	easily
ファスィリテ **facilité** 女	簡単さ	easiness
ファソン ★**façon** 女	仕方, 方法	way
de la même façon	同じ方法で	in the same way
de toute façon	いずれにせよ	anyway
ファクトゥール **facteur** 男	郵便配達員	mail carrier
ファキュルテ ★**faculté** 女	能力；学部, 大学	faculty
フェーブル ★**faible** 形	弱い	weak
un point faible	弱点	a weak point
Je suis faible en physique.	私は物理が苦手だ	I'm weak in physics.
フェブレス **faiblesse** 女	弱さ	weakness

133

faillir–faire

仏	日	英
faillir (ファイール) [動]	危うく…しそうになる	
J'ai failli tomber.	転びそうになった	I nearly fell.
★**faim** (ファン) [女]	空腹, 餓え	hunger
avoir faim	空腹である	be hungry
★**faire** (フェール) [動]	1. 作る	make
faire un gâteau	ケーキを作る	make a cake
	2. する	do
Qu'est-ce que vous faites ?	何をしていますか	What are you doing?
Je n'ai rien à faire.	することがない	I have nothing to do.
faire du foot	サッカーをする	play soccer
	3. …させる, してもらう	make, have something done
La lecture me fait dormir.	本を読むと寝てしまう	Reading puts me to sleep.
J'ai fait réparer mon vélo.	自転車を修理してもらった	I had my bicycle repaired.
	4.《非人称》	
Il fait beau.	天気がいい	It's a nice weather.
Il fait chaud.	暑い	It's hot.
Il fait froid.	寒い	It's cold.
Ça ne fait rien.	かまいません	It doesn't matter.
— **se faire** [代動]	1. …になる	get, become

fait–famille

仏	日	英
Il se fait tard.	遅くなってきた	It's getting late.
	2. …してもらう	
se faire comprendre	理解してもらう	make oneself understood
	3. …される	
se faire gronder	叱られる	get told off
★**fait** フェ 男	事実	fact
au fait	ところで	by the way
★**falloir** ファロワール 動	(非人称)	
	1. …が必要だ	
Il faut du temps.	時間が必要だ	You need time.
Il me faut de l'argent.	私には金が必要だ	I need some money.
	2. …しなければならない	
Il faut partir.	行かなければならない	We've got to go.
Il ne faut pas faire ça.	そうしてはいけない	You mustn't do that.
Il faut que je parte.	私は行かなければならない	I must be going.
familier ファミリエ 形	親しい ; 慣れ親しんだ	familiar
— **familière** ファミリエール	《女性形》	
un animal familier	ペット	a pet
★**famille** ファミーユ 女	家族	family

fantastique – faux

仏	日	英
la famille Dupont	デュポン一家	the Dupont family
fantastique (ファンタスティック) 形	すばらしい	fantastic
farine (ファリヌ) 女	小麦粉	flour
★**fatigant** (ファティガン) 形	疲れさせる	tiring
— **fatigante** (ファティガーント)	《女性形》	
★**fatigue** (ファティグ) 女	疲労	fatigue
★**fatigué** (ファティゲ) 形	疲れた	tired
— **fatiguée** (ファティゲ)	《女性形》	
Je suis fatigué.	私は疲れた	I'm tired.
fatiguer (ファティゲ) 動	疲れさせる	tire
★**faute** (フォート) 女	1. 間違い	mistake, error
faire une faute	間違える	make a mistake
	2. 落ち度, 責任	fault
C'est ma faute.	それは私のせいだ	It's my fault.
★**fauteuil** (フォトゥイユ) 男	ひじ掛け椅子	armchair
s'asseoir dans un fauteuil	ひじ掛け椅子にすわる	sit in an armchair
★**faux** (フォー) 形	間違った; 偽物の	false; wrong
— **fausse** (フォース)	《女性形》	
Vrai ou faux ?	正しいか間違いか	True or false?

faveur–ferme

仏	日	英
une fausse barbe	付けひげ	a false beard
ファヴール **faveur** 女	好意, 恩恵	favor
ファヴォラーブル **favorable** 形	(à)…に好意的な	favorable
ファヴォリ **favori** 形	お気に入りの	favorite
― ファヴォリット **favorite**	《女性形》	
フェ **fée** 女	妖精, 仙女	fairy
フェリシタスィヨン **félicitations** 女複	祝辞	congratulations
Félicitations !	おめでとう	Congratulations!
フェリスィテ **féliciter** 動	祝う	congratulate
フメル **femelle**[1] 形	雌の	female
フメル **femelle**[2] 女	雌	female
フェミナン **féminin** 形	女性の, 女性らしい	women's, feminine
― フェミニヌ **féminine**	《女性形》	
ファム ★**femme** 女	女, 女性；妻	woman; wife
フネートル ★**fenêtre** 女	窓	window
フェール ★**fer** 男	鉄；アイロン	iron
un fer à repasser	アイロン	an iron
フェルム ★**ferme**[1] 形	固い；断固とした	firm
フェルム ★**ferme**[2] 女	農場	farm

137

ferme–feu

仏	日	英
★**fermé** フェルメ 形	閉まった, 閉じた	closed
— **fermée** フェルメ	《女性形》	
La porte est fermée.	ドアは閉まっている	The door is closed.
★**fermer** フェルメ 動	1. 閉める, 閉じる	close, shut
fermer les yeux	目を閉じる	close one's eyes
	2. 閉まる	close
Le supermarché ferme à dix heures.	スーパーは10時に閉まる	The supermarket closes at ten o'clock.
fermeture フェルムテュール 女	閉鎖, 閉店, 休業	closing
fermeture pour travaux	工事のため閉鎖	closed for repairs
fermier フェルミエ 名	農民, 農場主	farmer
— **fermière** フェルミエール	《女性形》	
festival フェスティヴァル 男	フェスティバル	festival
★**fête** フェット 女	1. パーティー	party
faire une fête	パーティをする	have a party
	2. 祝祭日	public holiday
la fête du travail	メーデー	May Day
fêter フェテ 動	祝う	celebrate
★**feu** フー 男	火, 火事;交通信号	fire
— **feux** フー	《複数形》	

138

feuille – fièvre

仏	日	英
faire du feu	火をおこす	make a fire
Au feu !	火事だ	Fire!
le feu vert	青信号	the green light
les feux	交通信号	the traffic lights
le feu d'artifice	花火	the fireworks
★**feuille** フィユ 女	1. 葉	leaf
les feuilles mortes	枯れ葉	dead leaves
	2.（紙の）1枚	sheet
une feuille de papier	1枚の紙	a sheet of paper
★**février** フェヴリエ 男	2月	February
fiancé フィヤンセ 名	婚約者	fiancé
— **fiancée** フィヤンセ	《女性形》	fiancée
ficelle フィセル 女	ひも	string
★**fier** フィエール 形	誇り高い	proud
— **fière** フィエール	《女性形》	
être fier de	…を誇りに思う	be proud of
Elle est fière de sa fille.	彼女は娘を誇りに思っている	She is proud of her daughter.
fierté フィエルテ 女	自慢, プライド	pride
★**fièvre** フィエーヴル 女	（病気の）熱	temperature, fever

figure–final

仏	日	英
avoir de la fièvre	熱がある	have a temperature [fever]
★**figure** フィギュール 女	顔；図	face; figure
★**fil** フィル 男	糸；電線	thread; wire
passer un coup de fil	電話する	make a phone call
file フィル 女	(縦の)列	line
★**filet** フィレ 男	網	net
★**fille** フィーユ 女	娘；女の子	daughter; girl
★**film** フィルム 男	映画(作品)	movie
un film français	(1本の)フランス映画	a French movie
voir un film	映画を見る	see a movie
★**fils** フィス 男	息子	son
★**fin**¹ ファン 女	終わり	end
à la fin du mois	月末に	at the end of the month
fin² ファン 形	細い；細かい；薄い	fine; thin; slender
— **fine** フィヌ	《女性形》	
final フィナル 形	最後の，最終の	final
— **finale** フィナル	《女性形》	
— **finals** フィナル	《男性複数形》	
— **finaux** フィノー	《別の男性複数形》	

finalement–fleuve

仏	日	英
★finalement フィナルマン 副	ついに；結局	finally
finance フィナーンス 女	金融；財政	finance
★fini フィニ 形	終わった	over, finished
— **finie** フィニ	《女性形》	
Les vacances sont finies.	休みは終わった	The vacation is over.
★finir フィニール 動	終わる, 終える	finish, end
Le cours finit à trois heures.	授業は3時に終わる	The class ends at three.
Vous avez fini ?	終わりましたか	Have you finished?
J'ai fini mon travail.	仕事を終えた	I have finished my work.
finir d'écrire	書き終える	finish writing
finir par 不定詞	最後に…する, とうとう…する	end up doing
Ils ont fini par accepter.	彼らはついに受け入れた	They eventually accepted.
fixe フィクス 形	一定の, 固定した	fixed
le menu à prix fixe	定食, コース料理	the set menu
fixer フィクセ 動	固定する；決める	fix; set
flamme フラム 女	炎	flame
flatter フラテ 動	お世辞をいう	flatter
★fleur フルール 女	花	flower
★fleuve フルーヴ 男	(海に注ぐ大きな)川	river

flotter–folie

仏		日	英
flotter フロテ	動	浮く, 漂う	float
flûte フリュト	女	フルート	flute
foi フォワ	女	信仰; 信頼	faith; trust
foie フォワ	男	肝臓	liver
foire フォワール	女	1. 市(いち), 縁日	fair
		2. 見本市, フェア	trade fair
☆**fois** フォワ	女	1. …度, …回	time
une fois		1度	once
deux fois par jour		1日2度	twice a day
combien de fois		何度	how many times
encore une fois		もう一度	once again
pour la première fois		初めて	for the first time
cette fois		今回	this time
la prochaine fois		次回	the next time
		2. …倍	time
deux fois plus long		2倍長い	twice as long
Deux fois trois égalent six.		2かける3は6	Two times three is six.
à la fois		同時に, 一度に	at the same time
folie フォリ	女	常軌を逸していること	madness

142

fonction – forme

仏	日	英
フォンクスィヨン **fonction** 女	職務；機能	post, office; function
フォンクスィヨネール **fonctionnaire** 名	公務員	civil servant
フォンクスィヨネ **fonctionner** 動	機能する，動く	function, work
フォン ★**fond** 男	底；奥	bottom; back, end
au fond de la bouteille	瓶の底に	in the bottom of the bottle
au fond du tiroir	引き出しの奥に	at the back of the drawer
フォンデ **fonder** 動	設立する	found
フォーンドル **fondre** 動	溶かす，溶ける	melt
フォンテヌ **fontaine** 女	泉；噴水	spring; fountain
フット **foot** 男	サッカー	soccer
フトボール ★**football** 男	サッカー	soccer
jouer au football	サッカーをする	play soccer
フォルス ★**force** 女	力，体力	strength, force
Je n'ai plus la force de marcher.	もう歩く力がない	I no longer have the strength to walk.
フォルセマン **forcément** 副	当然，必然的に	inevitably
Pas forcément.	そうとは限らない	Not necessarily.
フォルセ ★**forcer** 動	強いる，強制する	force
フォレ ★**forêt** 女	森，森林	forest
フォルム ★**forme** 女	1. 形	shape, form

143

仏	日	英
en forme de T	T字型の	T-shaped
	2. 体調	form
être en forme	好調である，元気だ	be in good shape
★former 動	形作る；養成する	form; train
★formidable 形	すばらしい	great, fantastic
Le film était formidable.	映画はすばらしかった	The movie was fantastic.
★fort¹ 形	強い	strong
— forte	《女性形》	
être fort en	…が得意である	be good at
★fort² 副	強く；大きな声で	hard; loudly
★fortune 女	財産，資産	fortune
faire fortune	財産を築く	make a fortune
★fou 形	常軌を逸した	mad
— folle	《女性形》	
— fol	《母音・無音のhで始まる男性単数名詞の前》	
être fou de	…に夢中になった	be mad about
foudre 女	雷	lightning
foulard 男	スカーフ	scarf
★foule 女	群衆，雑踏	crowd

仏	日	英
フール **four** 男	オーブン	oven
un four à micro-ondes	電子レンジ	a microwave oven
フルシェット ★**fourchette** 女	フォーク	fork
フルミ **fourmi** 女	アリ	ant
フルニール **fournir** 動	供給する	supply
フリュール **fourrure** 女	毛皮	fur
フォワイエ **foyer** 男	家, 所帯	home
une femme au foyer	主婦	a housewife
フラジル **fragile** 形	壊れやすい	fragile
フレ ★**frais**¹ 形	涼しい, 冷たい; 新鮮な	cool, cold; fresh
フレシュ — **fraîche**	《女性形》	
une boisson fraîche	冷たい飲物	a cold drink
Il fait frais.	(気温が)涼しい	It's cool.
des légumes frais	取れたて野菜	fresh vegetables
フレ **frais**² 男・複	費用	expenses
フレーズ ★**fraise** 女	イチゴ	strawberry
フラン **franc**¹ 形	率直な	frank
フラーンシュ — **franche**	《女性形》	
フラン **franc**² 男	フラン	franc

français–fraternité

仏	日	英
★**français** [フランセ] 男	フランス語	French
Elle parle français.	彼女はフランス語を話す	She speaks French.
★**français** [フランセ] 形	フランス[人, 語]の	French
— **française** [フランセーズ]	《女性形》	
Elle est française.	彼女はフランス人だ	She is French.
le vin français	フランスワイン	French wine
la grammaire française	フランス語文法	French grammar
★**Français** [フランセ] 名	フランス人	Frenchman
— **Française** [フランセーズ]	《女性形》	Frenchwoman
les Français	フランス人(国民)	the French
★**France** [フラーンス] 女	フランス	France
aller en France	フランスに行く	go to France
habiter en France	フランスに住む	live in France
franchement [フランシュマン] 副	率直に(言えば)	frankly
franchir [フランシール] 動	越える, 渡る	cross
★**frapper** [フラペ] 動	1. 打つ, 叩く	hit
	2. ノックする	knock
frapper à la porte	ドアをノックする	knock at the door
fraternité [フラテルニテ] 女	友愛	brotherhood, fraternity

仏	日	英
フラン **frein** 男	ブレーキ	brake
フレネ **freiner** 動	ブレーキをかける	brake, slow down
フレカン **fréquent** 形	頻繁な	frequent
— **fréquente** フレカーント	(女性形)	
フレール ★**frère** 男	兄, 弟	brother
un grand frère	兄	an older brother
un petit frère	弟	a younger brother
フリゴ **frigo** 男	冷蔵庫	refrigerator
フリット **frites** 女複	フライドポテト	French fries
フロワ ★**froid** 形	冷たい, 寒い	cold
— **froide** フロワッド	(女性形)	
de l'eau froide	冷たい水	cold water
Il fait froid.	(気温が)寒い	It's cold.
avoir froid	(人が)寒い	be cold
フロマージュ ★**fromage** 男	チーズ	cheese
manger du fromage	チーズを食べる	eat cheese
フロン ★**front** 男	1. 額, おでこ	forehead
	2. 正面, 前線	front
フロンティエール ★**frontière** 女	国境	border

frotter–gagner

仏		日	英
フロテ **frotter**	動	こする	rub
— se frotter	代動	(自分の)…をこする	
se frotter les yeux		目をこする	rub one's eyes
フリュイ ★**fruit**	男	果物	fruit
フュイール **fuir**	動	逃げる；漏れる	run away; leek
フュメ ★**fumée**	女	煙	smoke
フュメ ★**fumer**	動	1. 煙を出す	smoke
		2. たばこを吸う	smoke
フュリユー **furieux**	形	激怒した	furious
— フュリユーズ **furieuse**		(女性形)	
フュゼ **fusée**	女	ロケット	rocket
フュズィ **fusil**	男	銃	gun
フュテュール ★**futur**¹	男	未来	future
フュテュール **futur**²	形	未来の	future
— フュテュール **future**		(女性形)	

G, g

ガニェ ★**gagner**	動	1. 稼ぐ, 儲ける	earn
gagner de l'argent		金を稼ぐ	earn money

仏	日	英
	2. 勝つ	win
gagner la guerre	戦争に勝つ	win the war
	3. 節約する	save
gagner du temps	時間を節約する	save time
★**gai** (ゲ) 形	陽気な	cheerful
— **gaie** (ゲ)	(女性形)	
gamin (ガマン) 名	子供	kid
— **gamine** (ガミヌ)	(女性形)	
★**gant** (ガン) 男	手袋	glove
★**garage** (ガラージュ) 男	ガレージ	garage
garantie (ガランティ) 女	保証	guarantee
garantir (ガランティール) 動	保証する	guarantee
★**garçon** (ガルソン) 男	男の子, 少年	boy
★**garder** (ガルデ) 動	1. 見張る	look after
Garde ma valise.	スーツケースを見張って	Keep an eye on my suitcase.
	2. 取っておく	keep
Garde-moi une place !	席を取っておいて	Keep a seat for me!
	3. 世話をする	look after
garder le bébé	赤ん坊の世話をする	look after the baby

仏	日	英
ガルディヤン **gardien** 名	警備員，守衛	security guard
ガルディエヌ — **gardienne**	《女性形》	
un gardien de but	ゴールキーパー	a goalkeeper
ガール ★**gare** 女	（鉄道の）駅	station
ガレ **garer** 動	（車を）駐車する	park
ガトー ★**gâteau** 男	菓子，ケーキ	cake
ガトー — **gâteaux**	《複数形》	
un gâteau d'anniversaire	バースデーケーキ	a birthday cake
ゴーシュ ★**gauche¹** 形	左の	left
ゴーシュ ★**gauche²** 女	左	left
sur [à] votre gauche	あなたの左側に	on your left
à gauche	左に	on the left, to the left
tourner à gauche	左折する	turn left
ガーズ ★**gaz** 男	ガス	gas
ジュレ **geler** 動	凍らせる，凍る	freeze
Il gèle.	凍るような寒さだ	It's freezing.
ジャンダルム **gendarme** 名	憲兵	policeman
ジェネラル ★**général** 形	一般的な；全体の	general
ジェネラル — **générale**	《女性形》	

généralement–gens

仏	日	英
— **généraux** ジェネロー	《男性複数形》	
en général	一般に，概して	in general
★**généralement** 副 ジェネラルマン	一般的に	generally
★**génération** 女 ジェネラスィヨン	世代	generation
généreux 形 ジェネルー	気前のいい	generous
— **généreuse** ジェネルーズ	《女性形》	
génial 形 ジェニヤル	すばらしい，見事な	great
— **géniale** ジェニヤル	《女性形》	
— **géniaux** ジェニヨー	《男性複数形》	great
C'est génial !	それはいい	That's great!
génie 男 ジェニ	天才	genius
★**genou** 男 ジュヌー	ひざ	knee
— **genoux** ジュヌー	《複数形》	
se mettre à genoux	ひざまずく	kneel down
★**genre** 男 ジャーンル	種類	kind
quelque chose de ce genre	こうした類のこと	that sort of thing
Quel genre de musique écoutez-vous ?	どんな種類の音楽を聞きますか	What kind of music do you listen to?
★**gens** 男複 ジャン	人々	people
beaucoup de gens	多くの人	many people

151

gentil – gorge

仏	日	英
les jeunes gens	若者たち	young people
★**gentil** ジャンティ 形	親切な, 優しい	kind, nice
— **gentille** ジェンティーユ	《女性形》	
C'est gentil.	どうもご親切に	That's very kind of you.
géographie ジェオグラフィ 女	地理	geography
geste ジェスト 男	身振り, しぐさ	gesture
gilet ジレ 男	チョッキ；カーディガン	vest; cardigan
★**glace** グラス 女	1. 氷；アイスクリーム	ice; ice cream
	2. 鏡	mirror
glacé グラセ 形	凍った, 非常に冷たい	frozen, ice-cold
— **glacée** グラセ	《女性形》	
le café glacé	アイスコーヒー	iced coffee
glisser グリセ 動	滑る	slip, glide
globe グロブ 男	球体, 地球	globe
gloire グロワール 女	栄光, 栄誉	fame, glory
gomme ゴム 女	消しゴム	eraser
gonfler ゴンフレ 動	ふくらませる	blow up, pump up
★**gorge** ゴルジュ 女	のど	throat
avoir mal à la gorge	のどが痛い	have a sore throat

gourmand–grammaire

仏	日	英
グルマン **gourmand** 名形	食いしん坊(の)	big eater
グルマーンド — **gourmande**	《女性形》	
グルメ **gourmet** 男	食通, グルメ	gourmet
グー ★**goût** 男	味；趣味, 好み	taste
avoir bon goût	いい味がする	taste nice
avoir du goût	センスがいい	have taste
グテ **goûter**¹ 動	1. 味わう	taste
	2. おやつを食べる	have an afternoon snack
グテ **goûter**² 男	おやつ	afternoon snack
グット **goutte** 女	しずく, したたり	drop
グヴェルヌマン ★**gouvernement** 男	政府	government
グヴェルネ **gouverner** 動	統治する	govern
グラス ★**grâce** 女	優雅さ, 恩恵	grace
grâce à	…のおかげで	thanks to
グラン **grain** 男	穀粒, 穀物；粒	grain
un grain de raisin	ブドウの粒	a grape
グレヌ **graine** 女	種	seed
グレス **graisse** 女	脂肪, 脂	fat, grease
グラメール ★**grammaire** 女	文法	grammar

153

仏	日	英
★**gramme** 男 グラム	グラム	gram
★**grand** 形 グラン	大きい, 背の高い	big, tall
— **grande** グラーンド	《女性形》	
une grande ville	大都市	a big town
une grande personne	大人	a grown-up
un grand arbre	高い木	a tall tree
un grand artiste	偉大な芸術家	a great artist
grand-chose 名 グランショーズ	《否定的表現で》	
Ce n'est pas grand-chose.	大したことではない	It's nothing much.
Je n'ai pas grand-chose à faire.	大してすることがない	I don't have much to do.
grandeur 女 グランドゥール	大きさ	size
★**grandir** 動 グランディール	成長する	grow
★**grand-mère** 女 グランメール	祖母	grandmother
★**grand-père** 男 グランペール	祖父	grandfather
★**grands-parents** 男・複 グランパラン	祖父母	grandparents
gras 形 グラ	脂肪質の	fatty
— **grasse** グラス	《女性形》	
les matières grasses	脂肪分	fats
gratter 動 グラテ	ひっかく, 掻く	scratch

154

仏	日	英
グラテュイ ★**gratuit** 形	無料の	free
グラテュイット — **gratuite**	《女性形》	
グラテュイトマン **gratuitement** 副	無料で	free, for free
グラーヴ ★**grave** 形	重大な	serious
un accident grave	大事故	a serious accident
Ce n'est pas grave.	たいしたことではない	It's all right.
グラヴマン ★**gravement** 副	重く, ひどく	seriously
グレス **Grèce** 女	ギリシャ	Greece
グレーヴ ★**grève** 女	ストライキ	strike
être en grève	ストライキ中である	be on strike
グリユ **grille** 女	鉄格子の門	metal gate
グリエ **griller** 動	(焼き網で)焼く	
du poisson grillé	焼き魚	grilled fish
du pain grillé	トースト	toast
faire griller	(肉, 魚, パンを)焼く	grill, toast
グランペ **grimper** 動	よじ登る	climb
グリップ ★**grippe** 女	インフルエンザ	flu
グリ ★**gris**^{1} 形	灰色の	gray
グリーズ — **grise**	《女性形》	

155

仏	日	英
グリ **gris**² 男	灰色	gray
グロンデ ★**gronder** 動	叱る	scold
グロ ★**gros** 形	大きい，太い；太った	big
グロス — **grosse**	《女性形》	
un gros livre	分厚い本	a big book
グロスィール ★**grossir** 動	太る	put on weight
グループ ★**groupe** 男	集まり，グループ	group
en groupe	集団で	in a group
ゲール **guère** 副	《neと》ほとんど…ない	hardly
Je ne vais guère au cinéma.	ほとんど映画を見に行かない	I hardly go to the movies.
ゲリール ★**guérir** 動	1. (病人・病気を)治す	cure
	2. 回復する	get better
ゲール ★**guerre** 女	戦争	war
グル **gueule** 女	(動物の)口	mouth
ギシェ ★**guichet** 男	窓口；切符売り場	counter; ticket office
ギド ★**guide** 男	ガイド，ガイドブック	guide
ギデ **guider** 動	案内する	guide
ギタール ★**guitare** 女	ギター	guitar
jouer de la guitare	ギターを弾く	play the guitar

gymnastique – haricot

仏	日	英
ジムナスティック **gymnastique** 女	体操	gymnastics
faire de la gymnastique	体操をする	do gymnastics, exercise

H, h

仏	日	英
アビル **habile** 形	器用な	skillful
アビエ ★**habiller** 動	服を着せる	dress
— ★**s'habiller** 代動	服を着る	get dressed
アビ **habits** 男・複	衣服	clothes
アビタン **habitant** 名	住民	inhabitant
— アビターント **habitante**	(女性形)	
アビテ ★**habiter** 動	住む	live
J'habite à Paris.	私はパリに住んでいる	I live in Paris.
アビテュード ★**habitude** 女	習慣	habit
d'habitude	いつもは	usually
comme d'habitude	いつものように	as usual
エヌ **haine** 女	(hは有声)憎しみ	hatred
アイール **haïr** 動	(hは有声)憎む、嫌う	hate
アレーヌ **haleine** 女	(吐く)息	breath
アリコ ★**haricot** 男	(hは有音)インゲンマメ	bean

157

harmonie – hésiter

仏	日	英
アルモニ **harmonie** 女	調和	harmony
アザール ★**hasard** 男	(hは有音)偶然	chance
par hasard	偶然に	by chance
オセ **hausser** 動	(hは有音)上げる, 高くする	raise
hausser les épaules	肩をすくめる	shrug one's shoulders
オー ★**haut**¹ 形	(hは有音)高い	high
オート — **haute**	(女性形)	
une haute montagne	高い山	a high mountain
à haute voix	大きな声で	aloud
オー **haut**² 副	(hは有音) 1. 高く	high
	2. 大声で	loudly
オトゥール ★**hauteur** 女	(hは有音)高さ	height
エブドマデール **hebdomadaire** 形	1週間の, 週ごとの	weekly
エルブ ★**herbe** 女	草；ハーブ	grass; herb
エロイン ★**héroïne** 女	ヒロイン	heroin
エロ ★**héros** 男	(hは有声)ヒーロー	hero
エズィタスィヨン ★**hésitation** 女	ためらい	hesitation
エズィテ ★**hésiter** 動	ためらう, 迷う	hesitate
J'hésite.	迷っています	I can't make up my mind.

158

仏	日	英
ウール ☆**heure** 女	1. 1時間	hour
J'ai attendu une heure.	私は1時間待った	I waited for an hour.
	2. 時刻, …時	time
Quelle heure est-il ?	何時ですか	What time is it?
Vous avez l'heure ?	時間がわかりますか	Do you have the time?
Il est deux heures.	2時です	It's two o'clock.
A quelle heure vous levez-vous ?	何時に起きますか	What time do you get up?
Je me lève à sept heures.	私は7時に起きる	I get up at seven o'clock.
C'est l'heure d'aller à l'école.	学校に行く時間だ	It's time to go to school.
être à l'heure	時間どおりである	be on time
de bonne heure	早い時間から	early
ウルズマン ★**heureusement** 副	運良く	fortunately, luckily
ウルー ☆**heureux** 形	幸福な	happy
ウルーズ — **heureuse**	(女性形)	
Je suis très heureux.	とても幸せだ	I'm very happy.
ウルテ **heurter** 動	(hは有声)ぶつかる	hit, bump into
イエール ☆**hier** 副	昨日	yesterday
hier matin	昨日の朝	yesterday morning
hier soir	昨日の晩	yesterday evening

histoire – horloge

仏	日	英
イストワール ★**histoire** 女	1. 歴史	history
l'histoire de France	フランス史	French history
	2. 物語	story
une histoire d'amour	ラブストーリー	a love story
イストリック ★**historique** 形	歴史の, 歴史上の	historic, historical
イヴェール ★**hiver** 男	冬	winter
en hiver	冬に	in winter
オム ★**homme** 男	男；人間, 人類	man
オネット ★**honnête** 形	正直な	honest
オヌール ★**honneur** 男	名誉	honor
オーント ★**honte** 女	《hは有声》恥	shame
avoir honte	恥ずかしい	be ashamed
オピタル ★**hôpital** 男	病院	hospital
オピトー — **hôpitaux**	《複数形》	
aller à l'hôpital	病院に行く	go to the hospital
オレール **horaire** 男	時刻表, 時間割	schedule
les horaires de train	列車の時刻表	the train schedule
オリゾン **horizon** 男	地平線, 水平線	horizon
オルロージュ ★**horloge** 女	大時計	clock

仏		日	英
オルール **horreur**	女	恐怖	horror
オリーブル **horrible**	形	恐ろしい，ぞっとする	horrible
オール ドゥ ★**hors de**	前句	《hは有声》…の外に	outside
vivre hors de la ville		街の外に住む	live out of town
オルドゥーヴル **hors-d'œuvre**	男	《hは有声》オードブル	hors d'oeuvre
オスティル **hostile**	形	敵意のある	hostile
オート **hôte**[1]	名	客をもてなす主人	host
— **hôtesse**		《女性形》	hostess
オート **hôte**[2]	名	客，ゲスト	guest
オテル ★**hôtel**	男	ホテル；公共建築物	hotel
un hôtel trois étoiles		3つ星ホテル	a three-star hotel
l'hôtel de ville		市役所	the city hall
オテス ドゥ レール **hôtesse de l'air**	女	客室乗務員	flight attendant
ユィル ★**huile**	女	油	oil
l'huile d'olive		オリーブオイル	olive oil
ユィット ★**huit**	数	《hは有声》8（の）	eight
dans huit jours		1週間後に	in a week
ユィティエム ★**huitième**	形	《hは有声》8番目の	eighth
ユィトル **huître**	男	カキ（貝）	oyster

仏	日	英
★**humain** ユマン 形	人間の；人間らしい	human; humane
— **humaine** ユメヌ	《女性形》	
un être humain	人，人間	a human being
humanité ユマニテ 女	人類	humanity, mankind
humeur ユムール 女	気分	mood
être de bonne humeur	機嫌がいい	be in a good mood
être de mauvaise humeur	機嫌が悪い	be in a bad mood
★**humide** ユミッド 形	湿った，湿気の多い	damp
humour ユムール 男	ユーモア	humor
avoir le sens de l'humour	ユーモアのセンスがある	have a sense of humor
hygiène イジエヌ 女	衛生	hygiene
hygiénique イジエニック 形	衛生の	hygienic
le papier hygiénique	トイレットペーパー	toilet paper
hymne イムヌ 男	賛歌	hymn
l'hymne national	国歌	the national anthem

I, i

★**ici** イスィ 副	ここ	here
Viens ici.	ここに来て	Come here.

仏	日	英
Ici, Paul.	(電話で)ポールです	This is Paul speaking.
d'ici	ここの；ここから	local; from here
les gens d'ici	この土地の人	the local people
C'est loin d'ici.	ここから遠い	It's a long way from here.
jusqu'ici	ここまで；今まで	up to here; so far
par ici	1. このあたりに	around here
	2. こちらへ	this way
Par ici, s'il vous plaît.	こちらへどうぞ	This way, please.
idéal [イデアル] 形	理想的な	ideal
— **idéale** [イデアル]	《女性形》	
— **idéaux** [イデオー]	《男性複数形》	
★**idée** [イデ] 女	考え，概念	idea
J'ai une bonne idée.	いい考えがある	I have a good idea.
Je n'ai aucune idée.	わかりません	I have no idea.
identifier [イダンティフィエ] 動	身元を確認する	identify
identité [イダンティテ] 女	身分，身元	identity
une carte d'identité	身分証明書	an identity card
idiot [イディヨ] 形	愚かな，ばかな	stupid
— **idiote** [イディヨット]	《女性形》	

ignorer – il y a

仏	日	英
ignorer (イニョレ) 動	知らない；無視する	not know; ignore
il (イル) 代	1. 彼は，それは	he, it
Il est étudiant.	彼は学生だ	He is a student.
	2.《非人称主語》	it
Il pleut.	雨が降っている	It's raining.
Il est facile de critiquer.	批判するのは簡単だ	It's easy to criticize.
île (イル) 女	島	island
illusion (イリュズィヨン) 女	錯覚，幻覚；幻想	illusion
ils (イル) 代	彼[それ]らは	they
Ils sont étudiants.	彼らは学生だ	They are students.
il y a (イリヤ)	1. …がある，いる	there is [are]
Il y a du lait dans le frigo.	冷蔵庫に牛乳がある	There is some milk in the fridge.
Il y a beaucoup de monde.	人がたくさんいる	There are a lot of people.
Il n'y a pas de vin.	ワインがない	There isn't any wine.
Qu'est-ce qu'il y a ?	どうしたのですか	What's the matter?
	2. 今から…前に	ago
il y a longtemps	ずっと前に	a long time ago
	3. 距離が…ある	
Il y a cinq kilomètres d'ici à la gare.	ここから駅まで5キロある	The station is 5 kilometers away from here.

仏		日	英
il y a... que		…してから…になる	
Il y a 20 ans que je le connais.		彼と知り合って20年になる	I have known him for 20 years.
イマージュ ★**image**	女	像, 姿；絵	image; picture
un livre d'images		絵本	a picture book
イマジナスィヨン ★**imagination**	女	想像, 想像力	imagination
イマジネ ★**imaginer**	動	想像する	imagine
アンベスィル **imbécile**	名	ばか, 愚か者	idiot
イミタスィヨン **imitation**	女	模倣；模造	imitation
イミテ **imiter**	動	まねる	imitate
イメディヤトマン **immédiatement**	副	すぐに	immediately
イマーンス **immense**	形	広大な, 巨大な	huge
イムーブル ★**immeuble**	男	ビル, マンション	building, apartment building
イミグレ **immigré**	名	（外国からの）移民	immigrant
イミグレ — **immigrée**		（女性形）	
イモビル **immobile**	形	動かない, 不動の	motionless
アンパルフェ **imparfait**	形	不完全な	imperfect
アンパルフェット — **imparfaite**		（女性形）	
アンパスィヤン **impatient**	形	待ちきれない	impatient
アンパスィヤーント — **impatiente**		（女性形）	

imperméable – impression

仏	日	英
アンペルメアーブル **imperméable** 男	レインコート	raincoat
アンポリ **impoli** 形	不作法な, 失礼な	rude, impolite
アンポリ — **impolie**	（女性形）	
アンポルターンス ★**importance** 女	重要性, 重要さ	importance
Ça n'a pas d'importance.	たいしたことではない	It doesn't matter.
アンポルタン ★**important** 形	重要な	important
アンポルタ―ント — **importante**	（女性形）	
アンポルタスィヨン **importation** 女	輸入	import
アンポルテ ★**importer**[1] 動	輸入する	import
アンポルテ ★**importer**[2] 動	重要である	matter
Cela importe peu.	それは重要でない	It doesn't matter much.
n'importe où	どこでも	anywhere
n'importe quand	いつでも	anytime
n'importe qui	誰でも	anybody, anyone
n'importe quoi	何でも	anything
アンポゼ **imposer** 動	押し付ける, 強いる	impose
アンポスィーブル ★**impossible** 形	不可能な	impossible
アンポ **impôt** 男	税	tax
アンプレスィヨン ★**impression** 女	印象	impression, feeling

166

imprimer–indifférence

仏	日	英
アンプリメ **imprimer** 動	印刷する, プリントする	print
アンプリュダン **imprudent** 形	軽率な, 不注意な	careless
アンプリュダーント — **imprudente**	《女性形》	
アンカパーブル **incapable** 形	《de》…ができない	unable
Je suis incapable de mentir.	私は嘘をつけない	I can't tell a lie.
アンサンディ ★**incendie** 男	火事	fire
アンセルタン **incertain** 形	不確かな	uncertain
アンセルテヌ — **incertaine**	《女性形》	
アンコニュ **inconnu** 形	未知の ; 無名の	unknown
アンコニュ — **inconnue**	《女性形》	
アンコレクト **incorrect** 形	不正確な, 間違った	incorrect
アンコレクト — **incorrecte**	《女性形》	
アンクロワイヤーブル ★**incroyable** 形	信じられない	unbelievable
C'est incroyable !	信じられない	It's unbelievable!
アンド **Inde** 女	インド	India
アンデパンダーンス ★**indépendance** 女	独立	independence
アンデパンダン ★**indépendant** 形	独立した, 自立した	independent
アンデパンダーント — **indépendante**	《女性形》	
アンディフェラーンス **indifférence** 女	無関心	indifference

indifférent – influence

仏	日	英
アンディフェラン **indifférent** 形	無関心な	indifferent
アンディフェラーント — **indifférente**	(女性形)	
アンディケ ★**indiquer** 動	1. 指し示す	point out
	2. 教える, 知らせる	show, tell
アンディレクト **indirect** 形	間接の	indirect
アンディレクト — **indirecte**	(女性形)	
アンディスパンサーブル **indispensable** 形	欠くことのできない	essential
アンディヴィデュ **individu** 男	個人	individual
アンディヴィデュエル **individuel** 形	個人の	individual
アンディヴィデュエル — **individuelle**	(女性形)	
アンデュストリ ★**industrie** 女	産業, 工業	industry
アンデュストリエル **industriel** 形	産業の, 工業の	industrial
アンデュストリエル — **industrielle**	(女性形)	
イネヴィターブル **inévitable** 形	避けられない	inevitable
アンフェリユール ★**inférieur** 形	下の; 劣る	lower; inferior
アンフェリユール — **inférieure**	(女性形)	
アンフィルミエ ★**infirmier** 名	看護師	nurse
アンフィルミエール — **infirmière**	(女性形)	
アンフリュアーンス ★**influence** 女	影響	influence

information – inscrire

仏	日	英
アンフォルマスィヨン ★**information** 女	1. 情報	information
	2.《複数で》ニュース	the news
regarder les informations	ニュースを見る	watch the news
アンフォルメ ★**informer** 動	知らせる, 通知する	inform
アンジェニユール ★**ingénieur** 男	技術者, エンジニア	engineer
アンジュスト **injuste** 形	不当な, 不公正な	unfair
イノサーンス **innocence** 女	無実, 潔白	innocence
イノサン ★**innocent** 形	無罪の; 純真な	innocent
イノサーント — **innocente**	《女性形》	
イノンダスィヨン **inondation** 女	洪水, 氾濫	flood
アンキエ ★**inquiet** 形	不安な, 心配した	worried
アンキエット — **inquiète**	《女性形》	
アンキエテ **inquiéter** 動	心配させる	worry
— **s'inquiéter** 代動	心配する	worry, be worried
Ne vous inquiétez pas.	心配しないで	Don't worry.
アンキエテュード **inquiétude** 女	不安	anxiety
アンスクリール **inscrire** 動	記入する, 記載する	note down, register
— **s'inscrire** 代動	(à)…に申し込む	register, enroll
s'inscrire à un club	クラブに入る	join a club

169

insecte – intelligent

仏	日	英
アンセクト **insecte** 男	昆虫, 虫	insect
アンスィステ **insister** 動	1. 《sur》…を強調する	stress
	2. ぜひにと頼む	insist
アンスピラスィヨン **inspiration** 女	インスピレーション	inspiration
アンスピレ **inspirer** 動	(感情を)抱かせる	inspire
アンスタレ **installer** 動	1. 設置する	install
	2. インストールする	install
アンスタン ★**instant** 男	瞬間, 一瞬	moment
Un instant, s'il vous plaît !	少々お待ちください	One moment, please!
アンスタン **instinct** 男	本能	instinct
アンスティテュトゥール **instituteur** 名	小学校の教師	primary school teacher
アンスティテュトリス — **institutrice**	(女性形)	
アンスティテュスィヨン **institution** 女	制度	institution
アンストリュクスィヨン **instructions** 女複	使用法, 説明書	instructions
アンストリュイール **instruire** 動	教育する, 訓練する	teach, train
アンストリュマン ★**instrument** 男	道具 ; 楽器	instrument
アンテリジャーンス **intelligence** 女	知性, 知能	intelligence
アンテリジャン ★**intelligent** 形	頭のよい	intelligent, clever
アンテリジャーント — **intelligente**	(女性形)	

intention – intérieur

仏	日	英
★intention 女 (アンタンスィヨン)	意図	intention
avoir l'intention de 不定詞	…するつもりである	mean to do
★interdire 動 (アンテルディール)	禁止する	forbid
interdire de fumer	喫煙を禁止する	forbid smoking
★interdit 形 (アンテルディ)	禁止された	forbidden
— interdite (アンテルディット)	《女性形》	
« Passage interdit »	「通行禁止」	"No entry"
★intéressant 形 (アンテレサン)	興味深い, 面白い	interesting
— intéressante (アンテレサーント)	《女性形》	
★intéresser 動 (アンテレセ)	興味を持たせる	interest
Ça ne m'intéresse pas.	興味はない	I'm not interested.
— ★s'intéresser 代動	(à)…に興味を持つ	be interested in
Je m'intéresse à la peinture.	絵画に興味がある	I'm interested in painting.
★intérêt 男 (アンテレ)	1. 関心, 興味	interest
Ça n'a aucun intérêt.	全然面白くない	It's not at all interesting.
	2. 利益；利子	interest
★intérieur¹ 形 (アンテリユール)	中の, 内部の；国内の	inside, internal
— intérieure (アンテリユール)	《女性形》	
intérieur² 男 (アンテリユール)	内部；屋内	interior

171

international – inutile

仏	日	英
à l'intérieur	中に	inside
アンテルナスィヨナル ★**international** 形	国際的な	international
— アンテルナスィヨナル **internationale**	《女性形》	
— アンテルナスィヨノー **internationaux**	《男性複数形》	
アンテルネット ★**Internet** 男	インターネット	Internet
sur Internet	インターネットで	on the Internet
アンテルプレット **interprète** 名	通訳	interpreter
アンテルプレテ **interpréter** 動	解釈する	interpret
アンテロガスィヨン **interrogation** 女	疑問, 問い	questioning
アンテローンプル **interrompre** 動	中断させる, 話しを遮る	interrupt
Excusez-moi de vous interrompre.	お話中すみません	I'm sorry to interrupt you.
アンテリュプスィヨン **interruption** 女	中断, 遮断	interruption
アンテルヴュー **interview** 女	インタビュー	interview
アンティム **intime** 形	親密な, 仲のよい	intimate
un ami intime	親しい友人	an intimate friend
アントロデュクスィヨン **introduction** 女	招き入れること; 導入	introduction
アントロデュイール **introduire** 動	招き入れる; 導入する	introduce
イニュティル ★**inutile** 形	役に立たない, 無駄な	useless
des efforts inutiles	無駄な努力	useless efforts

inventer–ivre

仏	日	英
C'est inutile.	その必要はない，無駄である	There's no need, it's useless.
inventer (アンヴァンテ) 動	発明する	invent
invention (アンヴァンスィヨン) 女	発明	invention
★**invitation** (アンヴィタスィヨン) 女	招待	invitation
★**invité** (アンヴィテ) 名	招待客，客	guest
— **invitée** (アンヴィテ)	（女性形）	
★**inviter** (アンヴィテ) 動	招待する，おごる	invite
Je vous invite.	私がおごります	It's on me.
irrégulier (イレギュリエ) 形	不規則な	irregular
— **irrégulière** (イレギュリエール)	（女性形）	
irriter (イリテ) 動	いらいらさせる	irritate
issue (イスュ) 女	出口	exit
★**Italie** (イタリ) 女	イタリア	Italy
★**italien**[1] (イタリヤン) 男	イタリア語	Italian
★**italien**[2] (イタリヤン) 形	イタリアの	Italian
— **italienne** (イタリエヌ)	（女性形）	
★**Italien** (イタリヤン) 名	イタリア人	Italian
— **Italienne** (イタリエヌ)	（女性形）	
ivre (イーヴル) 形	酔った	drunk

仏	日	英

J, j

ジャルズィ **jalousie** 女	嫉妬	jealousy
ジャルー **jaloux** 形	嫉妬深い，ねたんだ	jealous
ジャルーズ ― **jalouse**	（女性形）	
ジャメ ★**jamais** 副	1.《neと》決して…ない	never
Il ne ment jamais.	彼は決して嘘をつかない	He never tells a lie.
Je ne suis jamais allé en France.	私はフランスに行ったことがない	I have never been to France.
	2.《単独で》	
Jamais.	全然ありません	Never.
ジャーンブ ★**jambe** 女	脚	leg
ジャンボン ★**jambon** 男	ハム	ham
ジャンヴィエ ★**janvier** 男	1月	January
ジャポン ★**Japon** 男	日本	Japan
Je viens du Japon.	私は日本から来ました	I'm from Japan.
aller au Japon	日本に行く	go to Japan
ジャポネ ★**japonais**[1] 男	日本語	Japanese
ジャポネ ★**japonais**[2] 形	日本の	Japanese
ジャポネーズ ― **japonaise**	（女性形）	

Japonais–jeudi

仏	日	英
une voiture japonaise	日本車	a Japanese car
★**Japonais** ジャポネ 名	日本人	Japanese
― **Japonaise** ジャポネーズ	《女性形》	
les Japonais	日本人（国民）	the Japanese
★**jardin** ジャルダン 男	庭	garden
un jardin public	公園	a park
★**jaune** ジョーヌ 形	黄色い	yellow
jaune ジョーヌ 男	黄色	yellow
★**je** ジュ 代	私は	I
― j'	《母音・無音のhの前》	
Je vais à l'école.	私は学校に行く	I'm going to school.
J'aime le vin.	私はワインが好きだ	I like wine.
jean ジン 男	ジーンズ, デニム	jeans
★**jeter** ジュテ 動	投げる；捨てる	throw; throw away
★**jeu** ジュー 男	遊び, ゲーム, 競技	play, game
― **jeux** ジュー	《複数形》	
un jeu vidéo	テレビゲーム	a video game
les Jeux olympiques	オリンピック	the Olympic Games
★**jeudi** ジュディ 男	木曜日	Thursday

jeune–jouer

仏		日	英
★**jeune¹** (ジュヌ)	形	若い	young
un jeune homme		青年, 若者	a young man
jeune² (ジュヌ)	名	《主に複数で》若者	young person
★**jeunesse** (ジュネス)	女	青春時代, 若さ	youth
jogging (ジョギング)	男	ジョギング	jogging
faire du jogging		ジョギングをする	go jogging
★**joie** (ジョワ)	女	喜び	joy
joindre (ジョワーンドル)	動	結びつける, つなぐ	joint
★**joli** (ジョリ)	形	きれいな, かわいい	pretty
— **jolie** (ジョリ)		《女性形》	
★**joue** (ジュー)	女	ほお	cheek
★**jouer** (ジュエ)	動	1. 遊ぶ	play
		2. 演奏する	play
Ce pianiste joue bien.		このピアニストは上手だ	This pianist plays well.
		3. 演じる	act
jouer un rôle		役割を演じる	play a role
jouer à		(遊びやスポーツを)する	play
jouer au football		サッカーをする	play soccer
jouer de		(楽器を)演奏する	play

仏	日	英
jouer du piano	ピアノを弾く	play the piano
★**jouet** ジュエ 男	おもちゃ	toy
★**joueur** ジュウール 名	選手, 演奏者	player
— **joueuse** ジュウーズ	《女性形》	
★**jouir** ジュイール 動	《de》…を楽しむ	enjoy
jouir de la vie	人生を楽しむ	enjoy life
★**jour** ジュール 男	日;昼	day
trois fois par jour	1日3回	three times a day
Quel jour sommes-nous ?	今日は何曜日ですか	What day is it today?
tous les jours	毎日	every day
chaque jour	毎日	each day
un jour	ある日	one day
l'autre jour	先日	the other day
ce jour-là	その日	that day
le jour de l'an	正月	New Year's Day
Il fait jour.	夜が明ける	It's daylight.
ces jours-ci	最近, 近頃	these days
★**journal** ジュルナル 男	新聞;ニュース番組;日記	newspaper; newscast; diary
— **journaux** ジュルノー	《複数形》	

仏	日	英
dans le journal	新聞で	in the newspaper
le journal télévisé	テレビニュース	the TV news
journaliste 名	ジャーナリスト, 記者	journalist
★**journée** 女	1日, 日中, 昼間	day
toute la journée	1日中	all day long
dans la journée	昼の間	during the day
Bonne journée !	(別れるとき)よい1日を	Have a nice day!
★**joyeux** 形	うれしい, 楽しい	happy
— **joyeuse**	《女性形》	
Joyeux Noël !	メリークリスマス	Merry Christmas!
Joyeux anniversaire !	誕生日おめでとう	Happy birthday!
★**juge** 男	裁判官 ; 審査員	judge
jugement 男	判決 ; 判断	judgment
★**juger** 動	裁く ; 判断する	judge
juif 形	ユダヤ(人)の	Jewish
— **juive**	《女性形》	
★**juillet** 男	7月	July
le 14 juillet	革命記念日	Bastille Day
★**juin** 男	6月	June

仏	日	英
jumeau 形	双子の	twin
— jumeaux	《男性複数形》	
— jumelle	《女性単数形》	
— jumelles	《女性複数形》	
★**jupe** 女	スカート	skirt
jurer 動	誓う	swear
★**jus** 男	ジュース	juice
le jus d'orange	オレンジジュース	orange juice
★**jusqu'à** 前	(時間・場所)まで	until; as far as
jusqu'à lundi	月曜まで	until Monday
aller jusqu'à Lyon	リヨンまで行く	go as far as Lyon
★**jusque** 前	…まで	till, until
— jusqu'	《母音・無音のhの前》	
jusqu'alors	その時まで	until then
jusque-là	そこまで；その時まで	up to there; until then
★**juste**¹ 形	1. 公平な, 公正な	fair
Ce n'est pas juste !	ずるいよ	That's not fair!
	2. 正しい, 正確な	right, correct
★**juste**² 副	ちょうど	just

仏	日	英
juste à temps	ちょうど時間どおりに	just in time
★**justement** 副 ジュストマン	まさに，ちょうど	exactly, just
On parlait justement de toi.	ちょうど君の話をしていた	We were just talking about you.
★**justice** 女 ジュスティス	正義，裁判	justice

K, k

★**kilo** 男 キロ	キロ（グラム）	kilo
deux kilos de pommes de terre	2キロのジャガイモ	two kilos of potatoes
★**kilogramme** 男 キログラム	キログラム	kilogram
★**kilomètre** 男 キロメートル	キロメートル	kilometer
kiosque 男 キオスク	売店	kiosk

L, l

★**la**¹ 冠 ラ	（定冠詞の女性単数形）	the
— **l'**	（母音・無音のhの前）	
la lune	月	the moon
la France	フランス	France
★**la**² 代 ラ	彼女を，それを	her, it
— **l'**	（母音・無音のhの前）	

仏	日	英
Je la connais.	彼女を知っている	I know her.
★**là** 副 _ラ	1. そこ	there
Qui est là ?	そこにいるのは誰だ	Who's there?
Elle est là ?	彼女はいますか	Is she there?
	2. ここ	here
Je suis là.	私はここにいる	I'm here.
	3.《ce ...-là》あの…	
ce garçon-là	あの男の子	that boy
cette fille-là	あの女の子	that girl
par là	そこ[ここ]を通って	that [this] way
C'est par ici ou par là ?	こっちですか, あっちですか	Is it this way or that way?
★**là-bas** 副 _{ラバ}	あそこ	over there
Ma maison est là-bas.	私の家はあそこだ	My house is over there.
laboratoire 男 _{ラボラトワール}	実験室, 研究室	laboratory
★**lac** 男 _{ラック}	湖	lake
lâcher 動 _{ラシェ}	放す	let go of, drop
Lâche-moi !	放してよ	Let go of me!
★**laid** 形 _レ	醜い	ugly
— **laide** _{レド}	《女性形》	

laine – langue

仏	日	英
★laine【レヌ】 女	羊毛	wool
★laisser【レセ】 動	1. 後に残す	leave
J'ai laissé mon parapluie chez toi.	傘を君の家に忘れた	I left my umbrella at your house.
Bon, je vous laisse.	ではこれで失礼します	Right, I must be off now.
	2. …を…のままにする	leave
Laissez-moi tranquille !	ほっといてください	Leave me alone!
	3. …に…させる	let
Laisse-moi faire !	私にやらせて	Let me do it!
laisser tomber un verre	グラスを落とす	drop a glass
— se laisser 代動	…される	
se laisser influencer	影響される	allow oneself to be influenced
★lait【レ】 男	乳, 牛乳	milk
laitue【レテュ】 女	レタス	lettuce
★lampe【ラーンプ】 女	電灯, ライト, 電球	lamp
★lancer【ランセ】 動	投げる	throw
langage【ランガージュ】 男	言語, 言葉, 言葉遣い	language
le langage parlé	話し言葉	spoken language
★langue【ラーング】 女	舌；言語, …語	tongue; language
la langue française	フランス語	the French language

仏	日	英
ラパン **lapin** 男	ウサギ	rabbit
ラルジュ ★**large** 形	幅の広い	wide
ラルジュール **largeur** 女	幅	width
ラルム ★**larme** 女	涙	tear
ラヴェ ★**laver** 動	洗う	wash
— ★**se laver** 代動	1. (体の部分を)洗う	wash
se laver les mains	手を洗う	wash one's hands
	2. 体を洗う	wash oneself
ル ★**le¹** 冠	《定冠詞の男性単数形》	the
— **l'**	《母音・無音のhの前》	
le soleil	太陽	the sun
le Japon	日本	Japan
ル ★**le²** 代		
— **l'**	《母音・無音のhの前》	
	1. 彼を	him
Je le connais bien.	彼をよく知っている	I know him well.
	2. それを	it
Donnez-le-moi.	それを私にください	Give it to me.
	3. そのことを	it

仏	日	英
Je le savais.	そのことを知っていた	I knew it.

4.《形容詞などの代理》

仏	日	英
Elle est heureuse, mais je ne le suis pas.	彼女は幸せだが私はそうではない	She is happy, but I'm not.
★**leçon** [ルソン] 女	授業, レッスン	lesson
une leçon de français	フランス語の授業	a French lesson
lecteur[1] [レクトゥール] 名	読者	reader
— **lectrice** [レクトリス]	《女性形》	
lecteur[2] [レクトゥール] 男	再生装置, プレーヤー	player
★**lecture** [レクテュール] 女	読むこと, 読書	reading
★**léger** [レジェ] 形	軽い	light
— **légère** [レジェール]	《女性形》	
★**légèrement** [レジェルマン] 副	軽く；わずかに	lightly; slightly
★**légumes** [レギュム] 男複	野菜	vegetables
★**lendemain** [ランドマン] 男	(le lendemain)翌日	the next day
le lendemain matin	翌日の朝	the next morning
★**lent** [ラン] 形	遅い, のろい	slow
— **lente** [ラーント]	《女性形》	
★**lentement** [ラントマン] 副	ゆっくり	slowly
★**lequel** [ルケル] 代	《男性単数形》	which one

仏	日	英
— laquelle (ラケル)	《女性単数形》	
— lesquels (レケル)	《男性複数形》	
— lesquelles (レケル)	《女性複数形》	
— auquel (オケル)	=à+lequel	
— auxquels (オケル)	=à+lesquels	
— auxquelles (オケル)	=à+lesquelles	
— duquel (デュケル)	=de+lequel	
— desquels (デケル)	=de+lesquels	
— desquelles (デケル)	=de+lesquelles	

1.《疑問》どれ，どの人

Laquelle de ces bagues préfères-tu ?	この指輪のどれがいい	Which of these rings do you prefer?

2.《関係》《前置詞と》

| le pont sur lequel nous sommes passés | 私たちが渡った橋 | the bridge over which we came |
| les gens avec lesquels j'ai parlé | 私が話をした人たち | the people with whom I talked |

★les¹ (レ)	冠 《定冠詞の複数形》	the
les Etats-Unis	アメリカ合衆国	the United States
les Martin	マルタン家の人たち	the Martins

★les² (レ)	代 1. 彼ら[彼女ら]を	them
Je les connais.	彼らを知っている	I know them.

lessive – lever

仏	日	英
	2. それらを	them
Donnez-les-moi.	それらを私にください	Give them to me.
lessive レスィーヴ 囡	洗濯；洗剤	washing; laundry detergent
faire la lessive	洗濯する	do the washing
★**lettre** レトル 囡	手紙；文字	letter
★**leur**¹ ルール 代	彼ら[彼女ら]に	to them
Je leur ai donné de l'argent.	彼らにお金をあげた	I gave them money.
★**leur**² ルール 形	彼らの，彼女らの	their
— **leurs** ルール	（複数形）	
leur maison	彼らの家	their house
leurs enfants	彼らの子供たち	their children
★**leur**³ ルール 代	(le [la] と)(単数形)	
— **leurs** ルール	(les と)(複数形)	
	彼ら[彼女ら]のもの	theirs
Notre maison est plus grande que la leur.	私たちの家は彼らの家より大きい	Our house is bigger than theirs.
★**lever** ルヴェ 動	上げる，持ち上げる	lift, raise
Levez la main !	手を挙げなさい	Raise your hand!
— ★**se lever** 代動	1. 立ち上がる	stand up
Levez-vous !	立ちなさい	Stand up!

186

仏		日	英
		2. 起床する	get up
Je me lève à six heures.		私は6時に起きる	I get up at six.
レーヴル ★**lèvre**	女	唇	lip
リエゾン **liaison**	女	連絡, 関係 ; リエゾン	link, connection
リベルテ ★**liberté**	女	自由	freedom
リブレール ★**libraire**	名	書店主	bookseller
リブレリ ★**librairie**	女	書店	bookstore
リーブル ★**libre**	形	1. 自由な, 暇がある	free
Vous êtes libre ce soir ?		今晩暇ですか	Are you free this evening?
		2. 空いた	free, vacant
Est-ce que cette place est libre ?		この席は空いていますか	Is this seat free?
リヤン **lien**	男	きずな, 繋がり	bond, tie
リエ ★**lier**	動	結びつける	tie, bind
リュー ★**lieu**	男	場所, 所	place
リュー — **lieux**		(複数形)	
un lieu de rencontre		出会いの場	a meeting place
au lieu de		…の代わりに	instead of
J'ai bu du thé au lieu du café.		コーヒーの代わりに紅茶を飲んだ	I drank tea instead of coffee.
avoir lieu		行われる, 開催される	take place

lièvre – local

仏	日	英
La cérémonie aura lieu demain.	式典は明日行われる	The ceremony will take place tomorrow.
リエーヴル **lièvre** 男	野ウサギ	hare
リーニュ ★**ligne** 女	線, 路線	line
une ligne droite	直線	a straight line
リミット ★**limite** 女	限度, 制限	limit
リミテ ★**limiter** 動	制限する	limit
ラーンジュ **linge** 男	リネン；洗濯物	linen; laundry
リヨン **lion** 男	ライオン	lion
リール ★**lire** 動	読む	read
lire un roman	小説を読む	read a novel
リスト ★**liste** 女	リスト	list
リ ★**lit** 男	ベッド	bed
aller au lit	寝る	go to bed
リトル ★**litre** 男	リットル	liter
リテラテュール **littérature** 女	文学	literature
リーヴル ★**livre** 男	本	book
リヴレ **livrer** 動	配達する	deliver
ロカル **local** 形	地方の, 地元の	local
ロカル — **locale**	《女性形》	

188

locataire – long

仏	日	英
— **locaux** (ロコー)	《男性複数形》	
locataire 名	借家人	tenant
location 女 (ロカスィヨン)	賃貸借, レンタル	renting, rental
une voiture de location	レンタカー	a rental car
logement 男 (ロジュマン)	住居, 住宅	housing
loger 動 (ロジェ)	泊まる, 泊める	stay, put up
logiciel 男 (ロジスィエル)	ソフトウェア	software
logique[1] 女 (ロジック)	論理	logic
logique[2] 形 (ロジック)	論理的な	logical
★**loi** 女 (ロワ)	法, 法律；法則	law
★**loin** 副 (ロワン)	遠くに, 離れて	a long way, far
C'est loin ?	遠いですか	Is it far?
La gare est loin d'ici.	駅はここから遠い	The station is a long way from here.
lointain 形 (ロワンタン)	(空間・時間)遠くの	distant
— **lointaine** (ロワンテヌ)	《女性形》	
un passé lointain	遠い過去	a distant past
loisirs 男・複 (ロワズィール)	余暇；余暇活動	spare time; leisure activities
Londres 固有 (ローンドル)	ロンドン	London
★**long** 形 (ロン)	長い	long

189

longtemps–loyer

仏	日	英
— **longue** (ローング)	《女性形》	
Elle a les cheveux longs.	彼女は髪が長い	She has long hair.
un long silence	長い沈黙	a long silence
un pont long de 20 mètres	全長20メートルの橋	a 20-meter bridge
☆**longtemps** (ロンタン) 副	長い間	for a long time
J'ai vécu longtemps à Paris.	パリに長い間住んだ	I lived in Paris for a long time.
Je la connais depuis longtemps.	彼女とは前からの知り合いだ	I have known her for a long time.
☆**longueur** (ロングール) 女	長さ	length
★**lorsque** (ロルスク) 接	…する時に	when
— **lorsqu'**	(il(s), elle(s), on, un(e)の前)	
lorsqu'elle est entrée	彼女が入ってきた時	when she came in
★**louer** (ルエ) 動	1. 賃借りする	rent
louer une maison	家を借りる	rent a house
	2. 賃貸しする	rent, rent out
La maison est à louer.	その家は貸しに出ている	The house is for rent.
loup (ルー) 男	オオカミ	wolf
☆**lourd** (ルール) 形	重い	heavy
— **lourde** (ルルド)	《女性形》	
loyer (ロワイエ) 男	家賃	rent

lui – lutter

仏	日	英
★**lui**¹ リュイ 代	彼に, 彼女に	to him; to her
Je lui ai téléphoné.	彼(女)に電話した	I called him [her].
Je le lui ai donné.	それを彼(女)にあげた	I gave it to him [her].
★**lui**² リュイ 代	彼	
C'est lui.	彼だ	It's him.
avec lui	彼と	with him
★**lui-même** リュイメム 代	1. 彼自身	himself
	2. それ自身	itself
★**lumière** リュミエール 女	光, 照明	light
allumer la lumière	明かりをつける	turn on the light
éteindre la lumière	明かりを消す	turn off the light
★**lundi** ランディ 男	月曜日	Monday
On est lundi.	今日は月曜だ	Today is Monday.
★**lune** リュヌ 女	(天体の)月	moon
★**lunettes** リュネット 女複	眼鏡	glasses
porter des lunettes	眼鏡をかけている	wear glasses
lutte リュット 女	1. 闘争, 戦い	fight, struggle
	2. レスリング	wrestling
lutter リュテ 動	戦う	fight, struggle

191

仏	日	英
リセ ★**lycée** 男	リセ，高校	high school
リセアン ★**lycéen** 名	リセの生徒，高校生	high school student
— リセエヌ **lycéenne**	《女性形》	

M, m

M.	Monsieur の略記	Mr.
マシーヌ ★**machine** 女	機械	machine
une machine à laver	洗濯機	a washing machine
マダム ★**madame** 女	1. 奥様，…夫人	Mrs.
— メダム **mesdames**	《複数形》	
Madame Dupont	デュポン夫人	Mrs. Dupont
Bonjour, madame !	おはようございます	Good morning!
マドモワゼル ★**mademoiselle** 女	お嬢さん，…嬢	Miss
— メドモワゼル **mesdemoiselles**	《複数形》	
Mademoiselle Martin	マルタン嬢	Miss Martin
Bonjour, mademoiselle !	おはようございます	Good morning!
マガザン ★**magasin** 男	店	store
un grand magasin	デパート	a department store
マガズィヌ **magazine** 男	雑誌	magazine

仏	日	英
マジック **magique** 形	魔術の, 魔法の	magic
マニフィック ★**magnifique** 形	すばらしい	fantastic
メ ★**mai** 男	5月	May
メーグル ★**maigre** 形	やせた	thin
メグリール **maigrir** 動	やせる	lose weight
マイヨ **maillot** 男	運動シャツ, ジャージ	shirt, jersey
un maillot de bain	水着	swimsuit, swimming trunks
マン ★**main** 女	手	hand
avoir une fleur à la main	手に花を持っている	have a flower in one's hand
マントナン ★**maintenant** 副	今	now
Que fait-il maintenant ?	今彼は何をしているか	What is he doing now?
マントゥニール **maintenir** 動	支える；維持する	support; maintain
メール **maire** 男	市長	mayor
メリ **mairie** 女	市役所	city hall
メ ★**mais**¹ 接	しかし	but
メ ★**mais**² 副	《返答の強調》	
mais oui	もちろん	yes of course
mais non	とんでもない	of course not
メゾン ★**maison** 女	家	house

maître – mal

仏	日	英
à la maison	家に[で]	home, at home
rester à la maison	家にいる	stay at home
rentrer à la maison	家に帰る	go home
★**maître** 男 (メートル)	主人；先生, 教師	master; teacher
— **maîtresse** (メトレス)	《女性形》	teacher
majeur 形 (マジュール)	より大きな；成人した	major
— **majeure** (マジュール)	《女性形》	
majorité 女 (マジョリテ)	大多数, 過半数	majority
★**mal**¹ 副 (マル)	悪く, へたに	badly
J'écris mal.	私は字が下手だ	I write badly.
Je dors mal.	よく眠れない	I don't sleep well.
J'ai mal compris.	私は誤解した	I misunderstood.
pas mal	悪くない, よい	not bad
C'est pas mal.	いいね	It's not bad.
★**mal**² 男 (マル)	痛み；苦労, 困難	ache, pain; difficulty
— **maux** (モー)	《複数形》	
avoir mal à la tête	頭が痛い	have a headache
Où avez-vous mal ?	どこが痛みますか	Where does it hurt?
J'ai du mal à dormir.	眠れない	I have trouble sleeping.

malade–manger

仏	日	英
マラド ★★**malade**¹ 形	病気の	sick
tomber malade	病気になる	get sick
マラド ★**malade**² 名	病人；患者	sick person
マラディ ★**maladie** 女	病気	illness, disease
マラドロワ **maladroit** 形	不器用な	clumsy
マラドロワット — **maladroite**	《女性形》	
マール **mâle**¹ 男	オス	male
マール **mâle**² 形	オスの	male
マルグレ ★**malgré** 前	…にもかかわらず	in spite of
malgré la pluie	雨にもかかわらず	in spite of the rain
マルール ★**malheur** 男	不幸, 不運	misfortune
マルルズマン ★**malheureusement** 副	残念ながら	unfortunately
マルルー ★**malheureux** 形	不幸な	unhappy
マルルーズ — **malheureuse**	《女性形》	
ママン ★★**maman** 女	お母さん	mom
マーンシュ **manche**¹ 女	袖	sleeve
マーンシュ **manche**² 男	柄, 取っ手	handle
マンジェ ★★**manger** 動	食べる	eat
manger au restaurant	レストランで食事する	eat out

manière–manteau

仏	日	英
マニエール ★**manière** 女	仕方, やり方	way
une manière de voir les choses	物事の見方	a way of seeing things
de cette manière	このようにして	like this
マニフェスタスィヨン ★**manifestation** 女	デモ, 示威行動	demonstration
マーンク **manque** 男	不足, 欠乏	lack, shortage
マンケ ★**manquer** 動	1. 逃す, 乗り遅れる	miss
manquer le train	列車に乗り遅れる	miss the train
	2. 失敗する	fail
manquer un examen	試験に落ちる	fail an exam
	3. (à)…がいなくてさみしい	be missed by somebody
Tu me manques.	君がいなくてさみしい	I miss you.
	4. 足りない	be missing, be absent
Rien ne manque.	足りないものはない	Nothing is missing.
	5.《非人称》足りない	
Il manque deux fourchettes.	フォークが2本足りない	Two forks are missing.
manquer de	…が足りない	lack, be lacking in
La soupe manque de sel.	スープに塩が足りない	There isn't enough salt in the soup.
マントー ★**manteau** 男	コート	coat
マントー — **manteaux**	《複数形》	

仏	日	英
マキヤージュ **maquillage** 男	化粧	make-up
マルシャン **marchand** 男	商人	storekeeper
マルシャーンド — **marchande**	《女性形》	
un marchand de journaux	新聞販売店主	a newspaper vendor
マルシュ **marche** 女	1. 歩くこと	walking
	2. (階段の)段	step
マルシェ ★**marché** 男	市場(いちば, しじょう)	market
マルシェ ★**marcher** 動	1. 歩く	walk
	2. 機能する, 動く	work
Mon ordinateur ne marche pas.	パソコンがおかしい	My computer isn't working.
	3. うまくいく	work
Ça a marché.	うまくいった	It worked.
マルディ ★**mardi** 男	火曜日	Tuesday
マリ ★**mari** 男	夫	husband
マリアージュ ★**mariage** 男	結婚; 結婚式	marriage; wedding
マリエ **marié**[1] 形	結婚している	married
マリエ — **mariée**	《女性形》	
マリエ **marié**[2] 男	新郎	bridegroom
マリエ — **mariée** 女	新婦	bride

se marier–masque

仏	日	英
les mariés	新郎新婦	the bride and groom
★**se marier** [代動] スマリエ	結婚する	get married
Ils se sont mariés à Paris.	彼らはパリで結婚した	They got married in Paris.
Elle s'est mariée avec Paul.	彼女はポールと結婚した	She married Paul.
marin [男] マラン	船乗り	sailor
marque [女] マルク	印, 跡 ; ブランド	mark; brand
★**marquer** [動] マルケ	1. 印を付ける	mark
	2. 記入する, メモする	write down
	3. (得点を)決める	score
marquer un but	ゴールを決める	score a goal
marron[1] [男] マロン	1. 栗	chestnut
	2. 栗色, 茶色	brown
marron[2] [形] マロン	《不変》栗色の, 茶色の	brown
★**mars** [男] マルス	3月	March
marteau [男] マルトー	金づち, ハンマー	hammer
— **marteaux** マルトー	《複数形》	
masculin [形] マスキュラン	男の, 男性の	masculine
— **masculine** マスキュリヌ	《女性形》	
masque [男] マスク	マスク, 仮面	mask

仏	日	英
マッチ **match** 男	試合	match
un match de tennis	テニスの試合	a tennis match
マトラ **matelas** 男	マットレス	mattress
マテルネル **maternel** 形	母の, 母方の	maternal
— **maternelle**	《女性形》	
l'école maternelle	幼稚園	nursery school
マテマティック ★**mathématiques** 女複	数学	mathematics
マト **maths** 女複	数学	math
マティエール **matière** 女	1. 物質	matter
	2. 素材, 材料	material
	3. 教科, 科目	subject
マタン ★**matin** 男	朝	morning
le matin	朝に	in the morning
à sept heures du matin	午前7時に	at seven o'clock in the morning
ce matin	今朝	this morning
demain matin	明日の朝	tomorrow morning
hier matin	昨日の朝	yesterday morning
lundi matin	月曜の朝	Monday morning
tous les matins	毎朝	every morning

matinée – me

仏	日	英
du matin au soir	朝から晩まで	from morning until night
★**matinée** 女	午前中	morning
dans la matinée	午前中に	in the morning
toute la matinée	午前中ずっと	all morning
★**mauvais** 形	悪い；間違った	bad; wrong
— **mauvaise**	（女性形）	
le mauvais temps	悪天候	bad weather
Il fait mauvais.	天気が悪い	The weather is bad.
Je suis mauvais en mathématiques.	数学が苦手だ	I'm bad at math.
la mauvaise réponse	間違った答え	the wrong answer
maximum 男	最大限	maximum
★**me** 代		
— **m'**	（母音・無音のhの前）	
	1. 私を	me
Tu me vois ?	僕が見えるかい	Can you see me?
	2. 私に	to me
Elle ne me parle pas.	彼女は私に話しかけない	She doesn't speak to me.
	3.（再帰代名詞）	
Je me lève à huit heures.	私は8時に起きる	I get up at eight o'clock.

200

méchant – meilleur

仏	日	英
★**méchant** [メシャン] 形	意地の悪い	nasty
— **méchante** [メシャーント]	《女性形》	
Il est méchant avec moi.	彼は私に対して意地悪だ	He is nasty with me.
★**mécontent** [メコンタン] 形	不満な	dissatisfied
— **mécontente** [メコンターント]	《女性形》	
médaille [メダイユ] 女	メダル	medal
★**médecin** [メドゥサン] 男	医師	doctor
Elle est médecin.	彼女は医師だ	She is a doctor.
★**médecine** [メドゥスィヌ] 女	医学	medicine
médical [メディカル] 形	医学の	medical
— **médicale** [メディカル]	《女性形》	
— **médicaux** [メディコー]	《男性複数形》	
★**médicament** [メディカマン] 男	薬	medicine, drug
★**meilleur** [メイユール] 形	(bonの比較級・最上級)	
— **meilleure** [メイユール]	《女性形》	
	1. よりよい	better
Ce vin est meilleur que celui-là.	このワインはあのワインよりおいしい	This wine is better than that one.
	2. (le, mon等と)最もよい	best
le meilleur film de l'année	1年で最も優れた映画	the best movie of the year

201

mélange – mensuel

仏	日	英
C'est mon meilleur ami.	彼は私の一番の親友だ	He is my best friend.
メラーンジュ **mélange** 男	混ぜること, 混ぜた物	mixture
メランジェ **mélanger** 動	混ぜる	mix
メレ ★**mêler** 動	混ぜる	mix
ムロン **melon** 男	メロン	melon
マーンブル ★**membre** 男	メンバー, 一員	member
メム ★**même**¹ 形	同じ	same
la même chose	同じこと	the same thing
Il a le même âge que moi.	彼は私と同い年だ	He is the same age as me.
メム ★**même**² 副	…さえ	even
Je ne connais même pas son visage.	彼の顔さえ知らない	I don't even know his face.
メモワール ★**mémoire** 女	記憶, メモリー	memory
メナージュ ★**ménage** 男	1. 家事, 掃除	housework
faire le ménage	掃除する	do the house cleaning
	2. 夫婦, 世帯	couple, household
ムネ ★**mener** 動	連れて行く	take
mener un enfant à l'école	子供を学校に連れて行く	take a child to school
マンソーンジュ ★**mensonge** 男	嘘	lie
マンスュエル **mensuel** 形	毎月の, 月1回の	monthly

mental–merveilleux

仏	日	英
マンスュエル — mensuelle	《女性形》	
マンタル mental 形	精神の, 心の	mental
マンタル — mentale	《女性形》	
マントー — mentaux	《男性複数形》	
マントゥール menteur 名	嘘つき	liar
マントゥーズ — menteuse	《女性形》	
マンティール ★mentir 動	嘘をつく	lie
マントン menton 男	あご(の先端)	chin
ムニュ ★menu 男	1. 献立, 献立表	menu
	2. 定食, コース料理	set menu
メール ★mer 女	海	sea
aller à la mer	海辺に行く	go to the sea
メルスィ ★merci 間投	ありがとう	thank you
Merci beaucoup.	どうもありがとう	Thank you very much.
Non, merci.	いいえ, 結構です	No, thank you.
メルクルディ ★mercredi 男	水曜日	Wednesday
メール ★mère 女	母	mother
メリテ mériter 動	…に値する	deserve
メルヴェイユー ★merveilleux 形	すばらしい	marvelous

message–mettre

仏	日	英
— merveilleuse (メルヴェイユーズ)	《女性形》	
★message (メサージュ) 男	伝言, メッセージ	message
laisser un message	伝言を残す	leave a message
messe (メス) 女	ミサ	mass
★mesure (ムズュール) 女	測定；措置	measurement; measure
★mesurer (ムズュレ) 動	1. 測る, 測定する	measure
	2. 寸法が…ある	
Je mesure un mètre soixante-dix.	私の身長は1メートル70だ	I'm 1.7 meters tall.
★métal (メタル) 男	金属	metal
— métaux (メトー)	《複数形》	
★météo (メテオ) 女	天気予報	weather forecast
★méthode (メトッド) 女	方法	method
★métier (メティエ) 男	職業	job
★mètre (メートル) 男	メートル	meter
★métro (メトロ) 男	地下鉄	subway
aller en métro	地下鉄で行く	go by subway
prendre le métro	地下鉄に乗る	take the subway
★mettre (メトル) 動	1. 置く, 入れる	put
mettre un vase sur la table	テーブルの上に花瓶を置く	put a vase on the table

204

仏	日	英
	2. 着る, 履く, かぶる	put on
Il a mis son chapeau.	彼は帽子をかぶった	He put on his hat.
― se mettre 代動	1. (状況に)身を置く	place oneself
se mettre debout	立ち上がる	stand up
se mettre au lit	ベッドに入る	go to bed
	2. 身につける	put on
se mettre du rouge à lèvres	口紅をつける	put on lipstick
se mettre à	…し始める	begin
se mettre au travail	仕事に取りかかる	get down to work
se mettre à manger	食べ始める	begin to eat
★**meuble** 男 ムーブル	家具	furniture
micro 男 ミクロ	マイク	microphone
★**midi** 男 ミディ	1. 《無冠詞》正午	noon
à midi	正午に	at noon
Il est midi.	正午だ	It's noon.
	2. (le Midi)南フランス	the South of France
miel 男 ミエル	蜂蜜	honey
★**mien** 代 ミヤン	(leと)(男性単数形)	
― **mienne** ミエヌ	(laと)(女性単数形)	

205

mieux–militaire

仏	日	英
— miens (ミヤン)	(les と)(男性複数形)	
— miennes (ミエヌ)	(les と)(女性複数形)	
	私のもの	mine
ton papa et le mien	君のパパと私のパパ	your dad and mine
ta maman et la mienne	君のママと私のママ	your mom and mine
★mieux¹ (ミュー) 副	(bien の比較級・最上級)	
	1. よりよく	better
Il chante mieux que moi.	彼は私より歌がうまい	He sings better than me.
Je vais mieux.	体調がよくなった	I'm better.
	2. (le と)最もよく	best
C'est le bleu que j'aime le mieux.	青いのがいちばん好きだ	I like the blue one best.
mieux² (ミュー) 形	よりよい	better
C'est mieux comme ça.	そのほうがいい	It's better like that.
★mignon (ミニョン) 形	かわいい	sweet, cute
— mignonne (ミニョヌ)	(女性形)	
★milieu (ミリュー) 男	真ん中	middle
— milieux (ミリュー)	(複数形)	
au milieu de	…の真ん中に	in the middle of
militaire (ミリテール) 形	軍隊の	military

206

mille – mineur

仏	日	英
★**mille** ミル 数	《不変》1000 (の)	a thousand
milliard ミリヤール 男	10億	billion
un milliard d'euros	10億ユーロ	a billion euros
millier ミリエ 男	約1000	about a thousand
un millier d'euros	約1000ユーロ	about a thousand euros
millimètre ミリメートル 男	ミリメートル	millimeter
★**million** ミリヨン 男	100万	million
un million d'euros	100万ユーロ	a million euros
★*mince* マーンス 形	薄い; ほっそりした	thin; slim
★**mine**[1] ミヌ 女	顔色, 顔つき	look
avoir bonne mine	顔色がいい	look well
avoir mauvaise mine	顔色が悪い	look unwell
mine[2] ミヌ 女	鉱山	mine
★**minéral** ミネラル 形	鉱物の, 無機質の	mineral
— **minérale** ミネラル	《女性形》	
— **minéraux** ミネロー	《男性複数形》	
l'eau minérale	ミネラルウオーター	mineral water
mineur ミヌール 形	マイナーな, 未成年の	minor
— **mineure** ミヌール	《女性形》	

207

minimum – mode

仏	日	英
ミニモム **minimum** 男	最小限	minimum
au minimum	少なくとも	at least
ミニステール **ministère** 男	省	ministry
ミニストル **ministre** 名	大臣	minister
le Premier ministre	首相	the prime minister
ミノリテ **minorité** 女	少数, マイノリティ	minority
ミニュイ ★**minuit** 男	午前0時	midnight
à minuit	午前0時に	at midnight
Il est minuit.	午前0時だ	It's midnight.
ミニュット ★**minute** 女	1分；短い時間	minute; moment
Attends une minute !	ちょっと待って	Wait a minute!
ミラークル **miracle** 男	奇跡	miracle
ミロワール ★**miroir** 男	鏡	mirror
ミゼラーブル **misérable** 形	哀れな, 悲惨な	poor, wretched
ミスィヨン **mission** 女	使命, 任務	mission
Mlle	Mademoiselleの略記	Miss
Mme	Madameの略記	Mrs.
モード ★**mode**^{1} 女	流行, ファッション	fashion
la mode féminine	女性ファッション	women's fashion

mode – moindre

仏	日	英
être à la mode	流行している	be fashionable
★**mode**² モード 男	仕方, 方法, 様式	way, mode
un mode de paiement	支払い方法	a method of payment
le mode d'emploi	使用方法説明書	directions for use
★**modèle** モデル 男	モデル, 模型, 手本	model
★**moderne** モデルヌ 形	現代の；近代の	modern
★**moi** モワ 代	私	me
avec moi	私と一緒に	with me
C'est moi.	私です	It's me.
Moi, je reste ici.	私はここに残ります	I'm staying here.
Ce sac est à moi.	このかばんは私のです	This bag is mine.
Aide-moi.	手伝って	Help me.
Donnez-le-moi.	それを私にください	Give it to me.
★**moi-même** モワメム 代	私自身	myself
Je ne sais pas moi-même.	私自身は知らない	I don't know myself.
★**moindre** モワーンドル 形	(petitの比較級・最上級)	
	1. より小さい	less; lower
à moindre coût	より少ない費用で	at a lower cost
	2. (le, mon等と)最も小さい	the slightest

仏	日	英
Je n'ai pas la moindre idée.	全然わからない	I don't have the slightest idea.
★moins¹ (モワン) 副	1. (…ほど)…でない	less
Je suis moins grand que toi.	私は君より背が低い	I'm not as tall as you.
	2. より少なく	less
Je gagne moins que toi.	私は君より稼ぎが少ない	I earn less than you.
	3. 《moins de》より少ない…	less, fewer
J'ai moins de livres que toi.	私は君ほど本を持っていない	I have fewer books than you.
	4. (定冠詞と)最も…でない	the least
la voiture la moins chère du monde	世界でいちばん安い車	the cheapest car in the world
	5. 《le moins》最も少なく	(the) least
la voiture qui consomme le moins	ガソリン消費が最も少ない車	the most fuel efficient car
au moins	少なくとも	at least
★moins² (モワン) 前	1. マイナス…	minus
Cinq moins deux font trois.	5引く2は3	Five minus two is three.
	2. 零下…度	minus
Il fait moins vingt.	零下20度だ	It's minus twenty.
	2. …分前	to
Il est deux heures moins le quart.	2時15分前だ	It's a quarter to two.
★mois (モワ) 男	(暦の)月	month

仏	日	英
ce mois-ci	今月	this month
le mois dernier	先月	last month
le mois prochain	来月	next month
tous les mois	毎月	every month
au mois de mai	5月に	in May
★**moitié** [モワティエ] 女	半分	half
la moitié des étudiants	学生の半数	half (of) the students
à moitié	半ば, 半分	half
★**moment** [モマン] 男	瞬間; 時, 時間	moment; time
Un moment, s'il vous plaît.	少々お待ちください	Just a moment, please.
en ce moment	今, 現在	at the moment
à ce moment-là	その時, 当時	at that time
★**mon** [モン] 形	《所有》《男性単数形》	
― **ma** [マ]	《女性単数形》	
― **mon** [モン]	《母音・無音のhで始まる女性名詞の前》	
― **mes** [メ]	《男女複数形》	
	私の	my
mon père	私の父	my father
ma mère	私の母	my mother

monde–monsieur

仏	日	英
mes parents	私の両親	my parents
mon école	私の学校	my school
★**monde** モーンド 男	1. 世界	world
dans le monde entier	世界中で	all over the world
	2. 人，人々	people
Il y a du monde.	人がたくさんいる	There are a lot of people.
tout le monde	みんな	everybody
mondial モンディヤル 形	世界的な，全世界の	world
— **mondiale** モンディヤル	《女性形》	
— **mondiaux** モンディヨー	《男性複数形》	
la Seconde Guerre mondiale	第2次世界大戦	World War II
★**monnaie** モネ 女	1. 小銭，釣り銭	change
avoir de la monnaie	小銭を持っている	have change
Gardez la monnaie.	お釣りはいりません	Keep the change.
	2. 硬貨	coin
une pièce de monnaie	硬貨	a coin
★**monsieur** ムスィユー 男	《男性に》…氏；男性	Mr.
— **messieurs** メスィユー	《複数形》	
Monsieur Martin	マルタン氏	Mr. Martin

212

仏	日	英
Bonjour, monsieur !	おはようございます	Good morning!
un vieux monsieur	年配の男性	an old man
モーンストル **monstre** 男	怪物	monster
モンターニュ ★**montagne** 女	山	mountain
aller à la montagne	山に行く	go to the mountains
モンテ ★**monter** 動	Ⅰ(助動詞はêtre)	
	1. 上がる, 昇る	go up
monter au premier étage	2階に上がる	go up to the second floor
	2. (乗り物に)乗る	get in, get on
monter dans un train	列車に乗る	get on a train
	Ⅱ(助動詞はavoir)	
	…を上がる	go up
monter l'escalier	階段を上がる	go up the stairs
モーントル ★**montre** 女	腕時計	watch
モントレ ★**montrer** 動	見せる	show
Elle m'a montré une photo.	彼女は私に写真を見せた	She showed me a picture.
モニュマン ★**monument** 男	1. 歴史的造物	historic building
	2. 記念建造物	monument, memorial
ス モケ ★**se moquer** 代動	1. (de)ばかにする, からかう	make fun of

moral – moteur

仏	日	英
Tout le monde se moque de moi.	みんなが僕をばかにする	Everybody makes fun of me.
	2. 気に留めない	not care about
Je m'en moque.	どうでもいい	I don't care.
モラル moral 形	道徳の, 道徳上の	moral
モラル — morale	《女性形》	
モロー — moraux	《男性複数形》	
モラル morale 女	道徳	ethics
モルソー ★morceau 男	1切れ, 1片, 断片	piece
モルソー — morceaux	《複数形》	
un morceau de pain	パン1切れ	a piece of bread
モルドル ★mordre 動	噛む	bite
モール ★mort¹ 女	死	death
モール ★mort² 形	死んだ	dead
モルト — morte	《女性形》	
モール ★mort³ 名	死者	dead person
モルト — morte	《女性形》	
モ ★mot 男	語, 単語；言葉	word
un mot de passe	パスワード	a password
モトゥール ★moteur 男	エンジン	engine

motif–moyen

仏		日	英
モティフ **motif**	男	動機, 理由；模様	motive; pattern
モトー ★**moto**	女	オートバイ	motorcycle
ムー ★**mou**	形	柔らかい	soft
— モル **molle**		《女性形》	
— モル **mol**		《母音・無音のhで始める男性単数名詞の前》	
ムーシュ **mouche**	女	ハエ	fly
ムショワール ★**mouchoir**	男	ハンカチ	handkerchief
ムイエ ★**mouillé**	形	濡れた	wet
— ムイエ **mouillée**		《女性形》	
ムイエ ★**mouiller**	動	濡らす, 湿らす	wet
ムリール ★★**mourir**	動	《助動詞はêtre》	
		死ぬ	die
Elle est morte hier.		彼女は昨日死んだ	She died yesterday.
ムタルド **moutarde**	女	からし, マスタード	mustard
ムトン ★**mouton**	男	羊；羊の肉	sheep; mutton
ムヴマン ★**mouvement**	男	動き, 運動	movement
モワイヤン ★**moyen**¹	形	中くらいの；平均的な	medium; average
— モワイエヌ **moyenne**		《女性形》	
les moyennes entreprises		中堅企業	medium-sized companies

215

moyen – musée

仏	日	英
un étudiant moyen	平均的学生	an average student
★**moyen**² モワイヤン 男	手段, 方法	way, means
un moyen de transport	交通手段	a means of transportation
★**moyenne** モワイエヌ 女	平均	average
en moyenne	平均して	on average
muet ミュエ 形	口がきけない；無言の	dumb; silent
— **muette** ミュエット	《女性形》	
multiplier ミュルティプリエ 動	増やす；掛ける	multiply
municipal ミュニスィパル 形	市［町, 村］の	municipal
— **municipale** ミュニスィパル	《女性形》	
— **minicipaux** ミュニスィポー	《男性複数形》	
★**mur** ミュール 男	壁	wall
Il y a un tableau sur le mur.	壁に絵が掛かっている	There is a picture on the wall.
★**mûr** ミュール 形	熟した, 成熟した	ripe
— **mûre** ミュール	《女性形》	
mûrir ミュリール 動	熟する	ripen
murmurer ミュルミュレ 動	ささやく, つぶやく	murmur, whisper
muscle ミュスクル 男	筋肉	muscle
★**musée** ミュゼ 男	美術館, 博物館	museum, art gallery

仏	日	英
★musicien [ミュズィスィヤン] 名	音楽家	musician
— musicienne [ミュズィスィエヌ]	《女性形》	
★musique [ミュズィック] 女	音楽	music
écouter de la musique	音楽を聞く	listen to music
faire de la musique	音楽を演奏する	make music
mystère [ミステール] 男	神秘, なぞ	mystery
mystérieux [ミステリユー] 形	不思議な, なぞの	mysterious
— mystérieuse [ミステリユーズ]	《女性形》	

N, n

仏	日	英
★nager [ナジェ] 動	泳ぐ	swim
Je ne sais pas nager.	私は泳げない	I can't swim.
naïf [ナイフ] 形	お人よしの	naive
— naïve [ナイーヴ]	《女性形》	
★naissance [ネサーンス] 女	誕生	birth
la date de naissance	生年月日	date of birth
★naître [ネートル] 動	《助動詞は être》	
	生まれる	be born
Il est né en 1978.	彼は1978年に生まれた	He was born in 1978.

仏	日	英
ナップ **nappe** 女	テーブルクロス	tablecloth
ナタスィヨン **natation** 女	水泳	swimming
ナスィヨン ★**nation** 女	国民, 民族 ; 国	nation
les Nations Unies	国連	the United Nations
ナスィヨナル ★**national** 形	国の ; 国民の ; 全国の	national
ナスィヨナル — **nationale**	《女性形》	
ナスィヨノー — **nationaux**	《男性複数形》	
ナスィヨナリテ ★**nationalité** 女	国籍	nationality
ナテュール ★**nature** 女	自然 ; 性質	nature
ナテュレル ★**naturel** 形	自然の ; 生まれつきの	natural
ナテュレル — **naturelle**	《女性形》	
ナテュレルマン ★**naturellement** 副	1. 自然に	naturally
	2. 当然, もちろん	of course
ヌ ★**ne** 副	《否定を表す》	
— **n'**	《母音・無音のhの前》	
	1.《pasと》	
Je ne sais pas.	知りません	I don't know.
	2.《pas以外の語と》	
Je n'ai plus froid.	もう寒くない	I'm no longer cold.

仏	日	英
Il ne rit jamais.	彼は決して笑わない	He never laughs.
Je n'ai que dix euros.	10ユーロしかない	I only have ten euros.
Je ne connais personne.	私は誰も知らない	I don't know anybody.
ネ ★**né**　形	生まれた	born
— ネ **née**	（女性形）	
ネセセール ★**nécessaire**　形	必要な	necessary
Ce n'est pas nécessaire.	その必要はない	It's not necessary.
ネセスィテ **nécessité**　女	必要	necessity
ネージュ ★**neige**　女	雪	snow
ネジェ ★**neiger**　動	雪が降る	snow
Il neige.	雪が降っている	It's snowing.
ネール **nerf**　男	神経	nerve
ネルヴー **nerveux**　形	神経質な	nervous
— ネルヴーズ **nerveuse**	（女性形）	
ネスパ ★**n'est-ce pas**　副・句	…でしょう，ね	
C'est beau, n'est-ce pas ?	きれいでしょう	It's beautiful, isn't it?
ネット ★**net**　形	鮮明な，明瞭な	clear
— ネット **nette**	（女性形）	
une image nette	鮮明な画像	a clear image

nettement – nier

仏	日	英
ネトマン **nettement** 副	はっきりと	clearly
ネトワイヤージュ **nettoyage** 男	掃除；クリーニング	cleaning
ネトワイエ ★**nettoyer** 動	掃除する	clean
ヌフ ★**neuf**¹ 数	9 (の)	nine
neuf mois	9か月	nine months
ヌヴァン neuf ans	9年	nine years
ヌヴール neuf heures	9時間	nine hours
ヌフ ★**neuf**² 形	新しい, 新品の	new
ヌーヴ — **neuve**	(女性形)	
une voiture neuve	新車	a brand-new car
ヌヴィエム ★**neuvième** 形	9番目の	ninth
ヌヴー ★**neveu** 男	甥	nephew
ヌヴー — **neveux**	(複数形)	
ネ ★**nez** 男	鼻	nose
ニ ★**ni** 接	…も…もない	neither ... nor
Il n'y a ni café ni thé.	コーヒーも紅茶もない	There is neither coffee nor tea.
ニ **nid** 男	巣	nest
ニエス ★**nièce** 女	姪	niece
ニエ **nier** 動	否定する	deny

220

niveau – nombreux

仏	日	英
★**niveau** 男 (ニヴォー)	水準, レベル	level
— **niveaux** (ニヴォー)	《複数形》	
noce 女 (ノス)	結婚, 結婚式	wedding
le voyage de noce(s)	新婚旅行	honeymoon
★**Noël** 男 (ノエル)	《無冠詞》クリスマス	Christmas
Joyeux Noël !	メリークリスマス	Merry Christmas!
le père Noël	サンタクロース	Santa Claus
nœud 男 (ヌー)	結び目	knot
★**noir**[1] 形 (ノワール)	黒い；暗い	black; dark
— **noire** (ノワール)	《女性形》	
Il fait noir.	暗い	It's dark.
noir[2] 男 (ノワール)	黒；暗闇	black; dark
★**nom** 男 (ノン)	名前；名詞	name; noun
Quel est votre nom ?	お名前は何ですか	What is your name?
★**nombre** 男 (ノーンブル)	数	number
★**nombreux** 形 (ノンブルー)	多くの；大人数の	many; big
— **nombreuse** (ノンブルーズ)	《女性形》	
de nombreuses personnes	多くの人々	many people
une famille nombreuse	大家族	a big family

221

nommer – note

仏	日	英
ノメ ★**nommer** 動	名づける；任命する	name; appoint
ノン ★**non** 副	1.《肯定疑問に》いいえ	no
Tu viens ? – Non !	「来るの」「行かない」	Are you coming? – No!
	2.《否定疑問に》はい	
Il n'est pas là ? – Non !	「彼はいませんか」「いません」	Isn't he there? – No!
Je pense que non.	違うと思います	I don't think so.
non plus	…も…でない	not... either
Moi non plus.	私もそうでない	Me neither.
ノール ★**nord** 男	北	north
ノルマル ★**normal** 形	正常な；当然な	normal
ノルマル — **normale**	《女性形》	
ノルモー — **normaux**	《男性複数形》	
C'est normal.	当然ですよ	That's natural.
ノルマルマン **normalement** 副	正常に；通常なら	normally
ノト ★**note** 女	1. メモ, ノート	note
prendre des notes	メモをとる	take notes
	2. 成績	grade
	3. 勘定書	bill, check
La note, s'il vous plaît.	勘定をお願いします	The bill, please.

仏	日	英
noter ノテ 動	書き留める	write down
★**notre** ノトル 形	《所有》私たちの	our
— **nos** ノ	《男女複数形》	
notre fille	私たちの娘	our daughter
nos enfants	私たちの子供	our children
★**nôtre** ノトル 代	《le [la]と》《単数形》	
— **nôtres** ノトル	《lesと》《複数形》	
	私たちのもの	ours
Votre maison est plus grande que la nôtre.	あなた方の家は私たちの家より大きい	Your house is bigger than ours.
nouer ヌエ 動	結ぶ, 縛る	tie
nouilles ヌイユ 女複	麺類	pasta, noodles
nourriture ヌリテュール 女	食べ物, 食品	food
★**nous** ヌー 代	1. 私たち	we, us
Nous sommes japonais.	私たちは日本人だ	We are Japanese.
C'est nous.	それは私たちだ	It's us.
	2. 私たちを	us
Elle nous aide.	彼女は私たちを手伝う	She helps us.
	3. 私たちに	to us
Donnez-nous votre avis.	意見を聞かせてください	Give us your opinion.

nous-mêmes – nu

仏	日	英
	4.《前置詞の後》	us
avec nous	私たちと	with us
	5.《再帰代名詞》	
Nous nous aimons.	私たちは愛し合っている	We love each other.
★**nous-mêmes** 代 ヌメム	私たち自身	ourselves
★**nouveau** 形 ヌヴォー	新たな, 新規の	new
— **nouvelle** ヌヴェル	《女性単数形》	
— **nouvel** ヌヴェル	《母音・無音のhで始まる男性単数名詞の前》	
— **nouveaux** ヌヴォー	《男性複数形》	
— **nouvelles** ヌヴェル	《女性複数形》	
le nouveau modèle	新モデル	the new model
le nouvel an	新年	the New Year
★**nouvelle** 女 ヌヴェル	1. 知らせ	news
J'ai une bonne nouvelle.	よい知らせがあります	I've got good news.
	2.《複数で》ニュース	the news
les nouvelles de vingt heures	夜8時のニュース	the eight o'clock news
★**novembre** 男 ノヴァーンブル	11月	November
se noyer 代動 ス ノワイエ	溺れる	drown
nu 形 ニュ	裸の	naked

仏	日	英
— nue	《女性形》	
★nuage 男	雲	cloud
★nuit 女	夜	night
toute la nuit	一晩中	all night
ouvert la nuit	夜開いている	open at night
cette nuit	今夜；昨夜	tonight; last night
Il fait nuit.	夜になる	It's dark.
nul 形	無価値の, 無能の	useless
— nulle	《女性形》	
Ce film est nul.	この映画はひどい	This movie is awful.
Je suis nul en maths.	私は数学が駄目だ	I'm hopeless at math.
nulle part 副句	どこにも…ない	nowhere
Je ne suis allé nulle part.	どこにも行かなかった	I didn't go anywhere.
★numéro 男	番号	number
un numéro de téléphone	電話番号	a telephone number

O, o

★obéir 動	(à)…に従う	obey
obéir à la loi	法律に従う	obey the law

仏	日	英
オブジェ ★**objet** 男	物, 品物；対象；目的	object
objets de valeurs	貴重品	valuables
オブリガスィヨン **obligation** 女	義務	obligation
オブリジェ **obligé** 形	…しなければならない	
— オブリジェ **obligée**	《女性形》	
Je suis obligé de partir.	私は行かなければならない	I have to go now.
Vous n'êtes pas obligé de répondre.	答えなくてもよい	You don't have to answer.
オブセルヴェ **observer** 動	観察する	watch
オブスタクル **obstacle** 男	障害物	obstacle
オプトゥニール ★**obtenir** 動	得る	get, obtain
オカズィヨン ★**occasion** 女	機会	occasion, opportunity
une occasion spéciale	特別な機会	a special occasion
d'occasion	中古の	used, second-hand
une voiture d'occasion	中古車	a used car
オクスィダン **Occident** 男	(l'Occident)西洋	the West
オキュペ ★**occupé** 形	忙しい；ふさがっている	busy, taken, occupied
— オキュペ **occupée**	《女性形》	
Je suis occupé.	私は忙しい	I'm busy.
Cette place est occupée.	この席はふさがっている	This seat is taken.

仏	日	英
« Occupé »	「(トイレが)使用中」	"Occupied"
Ça sonne occupé.	(電話が)話し中だ	It's busy.
オキュペ ★occuper 動	占める, 占領する	occupy
— s'occuper de 代動	…の世話をする	take care of
s'occuper des enfants	子供の世話をする	take care of the children
Je m'en occupe.	それは私がします	I'll see to it.
オセアン océan 男	大洋, 海洋	ocean
オクトーブル ★octobre 男	10月	October
オドゥール ★odeur 女	におい, 香り	smell
ウィユ ★œil 男	目	eye
— イユー yeux	《複数形》	
Elle a les yeux bleus.	彼女は目が青い	She has blue eyes.
ウフ ★œuf 男	卵	egg
	《複数形の発音は「ウー」》	
ウーヴル ★œuvre 女	作品, 仕事	work
オフィス office 男	事務所	office
l'office du tourisme	観光協会	tourist office
オフィスィエル officiel 形	公式の	official
— オフィスィエル officielle	《女性形》	

offre – oncle

仏	日	英
オフル **offre** 女	申し出, 提案	offer
オフリール ★**offrir** 動	贈る, 提供する	give, offer
Elle m'a offert une montre.	彼女は私に腕時計をくれた	She gave me a watch.
オニョン ★**oignon** 男	タマネギ	onion
オワゾー ★**oiseau** 男	鳥	bird
オワゾー — **oiseaux**	《複数形》	
オリーヴ ★**olive** 女	オリーブ	olive
オランピック **olympique** 形	オリンピックの	Olympic
les Jeux olympiques	オリンピック	the Olympic Games
オーンブル ★**ombre** 女	蔭, 日陰；影	shade; shadow
オムレット **omelette** 女	オムレツ	omelet
オン ★**on** 代	1. 私たちは	we
On va au cinéma.	私たちは映画を見に行く	We are going to the movies.
	2. 誰か	somebody
On frappe à la porte.	ドアをノックしている	Somebody's knocking at the door.
	4. 人は, 人々は	people, you
Au Japon, on roule à gauche.	日本は左側通行だ	In Japan, people drive on the left.
On voit la mer.	海が見える	You can see the sea.
オーンクル ★**oncle** 男	おじ	uncle

228

仏	日	英
オーングル ★ongle 男	爪	nail
オーンズ ‡onze 数	11(の) (リエゾン, エリジョンせず)	eleven
le onze mai	5月11日	May eleventh
オンズィエム ★onzième 形	11番目の (リエゾン, エリジョンせず)	eleventh
オペラ opéra 男	オペラ	opera
オペラスィヨン opération 女	手術；作戦	operation
オピニヨン ★opinion 女	意見；世論	opinion
オポゼ opposé 形	反対側にある	opposite
オポゼ — opposée	(女性形)	
オプティミスト optimiste 形	楽観的な	optimistic
オール ★or 男	金(きん), 黄金	gold
オラージュ ★orage 男	雷雨	storm
オラーンジュ ‡orange 女	オレンジ	orange
オルケストル orchestre 男	オーケストラ	orchestra
オルディネール ★ordinaire 形	普通の, 並の	ordinary
オルディナトゥール ‡ordinateur 男	コンピュータ	computer
オルドル ★ordre 男	1. 順番	order

仏	日	英
par ordre alphabétique	アルファベット順に	in alphabetical order
	2. 命令	order
donner des ordres	命令する	give orders
	3. 秩序	order
★**oreille** 〔オレイユ〕 女	耳	ear
oreiller 〔オレイエ〕 男	枕	pillow
organisation 〔オルガニザスィヨン〕 女	組織, 機関	organization
★**organiser** 〔オルガニゼ〕 動	組織する；企画する	organize
Orient 〔オリヤン〕 男	(l'Orient)東洋	the East
original 〔オリジナル〕 形	元の；独創的な	original
— **originale** 〔オリジナル〕	(女性形)	
— **originaux** 〔オリジノー〕	(男性複数形)	
origine 〔オリジヌ〕 女	起源；出身	origin
orner 〔オルネ〕 動	飾る	decorate
orthographe 〔オルトグラフ〕 女	綴り	spelling
★**os** 〔オス〕 男	骨	bone
	(複数形の発音は「オ」)	
★**oser** 〔オゼ〕 動	思い切って…する	dare
Je n'ose pas demander.	とても頼めない	I don't dare ask.

仏	日	英
ôter [オテ] 動	脱ぐ, 外す；取り除く	take off; remove
ou [ウ] 接	あるいは、または	or
Oui ou non ?	イエスかノーか	Yes or no?
où[1] [ウ] 副	《疑問》どこ	where
Où allez-vous ?	どこに行きますか	Where are you going?
Où est-elle ?	彼女はどこですか	Where is she?
Savez-vous où il est ?	彼がどこにいるか知っていますか	Do you know where he is?
où[2] [ウ] 副	《関係》(場所・時間)	where; when
la ville où j'habite	私の住んでいる町	the town where I live
le jour où je suis née	私が生まれた日	the day when I was born
oublier [ウブリエ] 動	1. 忘れる	forget
J'ai oublié leur adresse.	彼らの住所を忘れた	I've forgotten their address.
J'ai oublié d'acheter du pain.	パンを買うのを忘れた	I forgot to buy bread.
	2. 置き忘れる	leave
J'ai oublié mon parapluie dans le train.	傘を電車に忘れた	I left my umbrella on the train.
ouest [ウエスト] 男	西	west
oui [ウィ] 副	はい	yes
ours [ウルス] 男	熊	bear
outil [ウティ] 男	道具	tool

仏	日	英
ウヴェール ★**ouvert** 形	開いた, 開いている	open
ウヴェルト — **ouverte**	《女性形》	
La fenêtre est ouverte.	窓は開いている	The window is open.
ウヴェルテュール **ouverture** 女	開く[開ける]こと	opening
les heures d'ouverture	開店時間	opening hours
ウヴラージュ **ouvrage** 男	仕事;著作;作品	work, book
ウヴリエ ★**ouvrier** 名	労働者	worker
ウヴリエール — **ouvrière**	《女性形》	
ウヴリール ★**ouvrir** 動	開ける	open
ouvrir la fenêtre	窓を開ける	open the window

P, p

仏	日	英
パージュ ★**page** 女	ページ	page
Ouvrez votre livre à la page 20.	20ページを開けてください	Open your book to page 20.
パイユ **paille** 女	わら, ストロー	straw
パン ★**pain** 男	パン	bread
manger du pain	パンを食べる	eat bread
ペール ★**paire** 女	対, 組	pair
une paire de chaussures	靴一足	a pair of shoes

仏	日	英
ペ ★**paix** 女	平和	peace
パレ **palais** 男	宮殿, 王宮	palace
パール **pâle** 形	青ざめた, 青白い	pale
Tu es pâle.	顔色がよくない	You look pale.
パニエ **panier** 男	かご, バスケット	basket
パニック **panique** 女	パニック	panic
パヌ ★**panne** 女	故障	breakdown
La voiture est en panne.	車は故障している	The car has broken down.
パンタロン ★**pantalon** 男	ズボン	pants
パントゥフル **pantoufle** 女	スリッパ	slipper
パパ ★**papa** 男	パパ	dad
パペトリ **papeterie** 女	文房具店	stationery store
パピエ ★**papier** 男	紙	paper
une feuille de papier	紙1枚	a sheet of paper
パピヨン **papillon** 男	蝶	butterfly
パーク ★**Pâques** 女複	《無冠詞》復活祭	Easter
パケ ★**paquet** 男	包み, 袋；小包	packet; parcel
パル ★**par** 前	1. …を通って	through
passer par le tunnel	トンネルを通る	go through the tunnel

仏	日	英
	2. (動作主)…によって	by
Ce roman a été écrit par un auteur japonais.	この小説は日本人作家によって書かれた	This novel was written by a Japanese author.
	3. (手段)…で	by
payer par chèque	小切手で払う	pay by check
	4. …につき，…当たり	a, per
deux fois par semaine	週2回	twice a week
par personne	ひとり当たり	per person
★paraître パレートル 動	1. 現れる	appear
paraître en public	公の場に現れる	appear in public
	2. …のように思える	seem
Elle paraît heureuse.	彼女は幸せに見える	She seems (to be) happy.
★parapluie パラプリュィ 男	傘	umbrella
★parc パルク 男	公園	park
★parce que パルスク 接	…なので	because
J'aime les maths parce que c'est intéressant.	数学は面白いので好きだ	I like math because it's interesting.
★pardon パルドン 男	1. ごめんなさい	sorry
Oh, pardon ! – Ce n'est pas grave !	「失礼」「いいですよ」	So sorry! – That's all right!
Je vous demande pardon.	ごめんなさい	I'm sorry.
	2. すみません	Excuse me.

仏	日	英
Pardon, madame, où est la gare ?	すみません、駅はどこですか	Excuse me, where is the station?
	3. (聞き返して)何とおっしゃいましたか	Pardon me?
★pardonner バルドネ 動	(à)…を許す	forgive, excuse
Pardonnez-moi.	すみません	Excuse me.
★pareil パレイユ 形	よく似た；このような	same; such
— **pareille** パレイユ	《女性形》	
Les deux sacs sont presque pareils.	2つのかばんはそっくりだ	The two bags are almost the same.
en pareil cas	このような場合に	in such a case
★parent パラン 名	親；親戚	parent; relative
— **parente** パラーント	《女性形》	
mes parents	私の両親	my parents
paresseux パレスー 形	怠惰な	lazy
— **paresseuse** パレスーズ	《女性形》	
★parfait パルフェ 形	完全な，完璧な	perfect
— **parfaite** パルフェト	《女性形》	
★parfaitement パルフェトマン 副	完全に，完璧に	perfectly
★parfois パルフォワ 副	時々	sometimes
★parfum パルファン 男	香水	perfume
★Paris パリ 固有	パリ	Paris

235

parisien – part

仏	日	英
★**parisien** パリズィヤン 形	パリの	Parisian
— **parisienne** パリズィエヌ	(女性形)	
★**Parisien** パリズィヤン 名	パリの人	Parisian
— **Parisienne** パリズィエヌ	(女性形)	
parking パルキング 男	駐車場	parking lot
parlement パルルマン 男	議会	parliament
★**parler** パルレ 動	話す	speak, talk
parler français	フランス語を話す	speak French
parler de	…について話す	talk about
parler avec	…と話す	talk with
parler à	…に話す	talk to
★**parmi** パルミ 前	(3つ以上の)間で	among
parmi la foule	群衆の中で	among [in] the crowd
★**parole** パロル 女	言葉	word
★**part** パール 女	1. 分担	share
Il a payé sa part.	彼は自分の分を払った	He paid his share.
	2. 分け前, 取り分	portion
une part de pizza	ピザ1人分	a portion of pizza
de la part de	…から(の)	from

partager–partie

仏	日	英
C'est de la part de qui ?	(電話で)どちら様ですか	Who's speaking?
C'est gentil de votre part.	ご親切にどうも	That's nice of you.
Dites-lui bonjour de ma part.	彼によろしくお伝えください	Give him my regards.
バルタジェ ★**partager** 動	1. 共有する	share
partager une chambre	部屋を共有する	share a room
	2. 分ける	divide
バルトネール **partenaire** 名	パートナー	partner
バルティ ★**parti** 男	党	party
un parti politique	政党	a political party
バルティスィペ **participer** 動	(à)…に参加する	take part in
バルティキュリエ ★**particulier** 形	特別な；個人の	special; private
バルティキュリエール — **particulière**	(女性形)	
Il n'y a rien de particulier.	特に変わったことはない	There's nothing special.
des cours particuliers	個人授業	private lessons
en particulier	特に	in particular
バルティキュリエルマン **particulièrement**	特に	particularly
バルティ ★**partie** 女	1. 部分	part
la première partie	第1部	the first part
	2. 試合, 勝負	game

237

partir–pas

仏	日	英
une partie de tennis	テニスの試合	a game of tennis
en partie	部分的に	partly, in part
faire partie de	…の部分をなす	be part of
★**partir** （パルティール） 動	(助動詞はêtre)	
	出発する, 出かける	leave, go
partir en vacances	バカンスに出かける	go on vacation
partir pour le Canada	カナダに行く	leave for Canada
partir à Paris	パリに行く	go to Paris
Le train part à trois heures.	列車は3時に出る	The train leave at three o'clock.
à partir de	（時間・空間）…から	from
à partir de deux heures	2時から	from two o'clock on
★**partout** （パルトゥ） 副	至る所に[で]	everywhere
J'ai cherché partout.	あちこちを探した	I searched everywhere.
parvenir （パルヴニール） 動	(助動詞はêtre)	
	たどり着く	get to, reach
★**pas**[1] 副	1.（neと）…ない	not
Elle ne vient pas.	彼女は来ない	She isn't coming.
Il n'y a pas de vin.	ワインがない	There is no wine.
	2.（単独で）	

仏	日	英
Pas encore.	まだです	Not yet.
Pas du tout.	全然	Not at all.
Pas moi.	私は違います	Not me.
★**pas²** パ 男	歩, 歩み	step
pas à pas パザパ	一歩一歩	step by step
passage パサージュ 男	通行, 通路；一節	traffic; passage
passager パサジェ 名	(飛行機・船の)乗客	passenger
— **passagère** パサジェール	(女性形)	
passant パサン 名	通行人	passerby
— **passante** パサーント	(女性形)	
★**passé¹** パセ 男	過去	past
★**passé²** パセ 形	過去の	past
— **passée** パセ	(女性形)	
★**passeport** パスポール 男	パスポート	passport
★**passer** パセ 動	I (助動詞は être)	
	1. 通る	pass
Laissez-moi passer !	通してください	Let me through!
	2. 立ち寄る；行く；来る	drop in; go; come
Pierre est passé ce matin.	ピエールが今朝立ち寄った	Pierre dropped in this morning.

passion–patient

仏	日	英
Je passerai te prendre à trois heures.	3時に君を迎えに行く	I'll pick you up at three.
	3. (時が)過ぎる	pass
Le temps passe vite !	時の経つのは早い	Time passes quickly!
	II《助動詞は avoir》	
	1. 越える	cross
passer le pont	橋を渡る	cross the bridge
	2. (試験を)受ける	take
passer un examen	試験を受ける	take an exam
	3. (時を)過ごす	spend
J'ai passé deux jours à Paris.	パリで2日過ごした	I spent two days in Paris.
J'ai passé un bon moment.	楽しい時を過ごした	I had a good time.
	4. 渡す	pass
Passe-moi le sel.	塩を取って	Pass me the salt.
— ☆**se passer** 代動	起こる, 行われる	happen, take place
Qu'est-ce qui s'est passé ?	何が起きたのか	What happened?
パシィヨン **passion** 女	情熱	passion
パシィヤーンス ★**patience** 女	忍耐	patience
パシィヤン **patient** 形	忍耐強い	patient
パシィヤーント — **patiente**	《女性形》	

patin – pêche

仏		日	英
パタン **patin**	男	スケート靴	skate
パティスリ **pâtisserie**	女	ケーキ；ケーキ店	cake; cake shop
パティスィエ **pâtissier**	名	ケーキ職人	confectioner
パティスィエール — **pâtissière**		《女性形》	
パトロン **patron**	男	経営者；上司	manager; boss
パット **patte**	女	（動物の）脚	paw
ポーム **paume**	女	手のひら	palm
ポーヴル ★**pauvre**	形	1. 貧しい	poor
		2.《名詞の前》哀れな	poor
ポーヴルテ **pauvreté**	女	貧困	poverty
ペイエ ★**payer**	動	支払う	pay
ペイ ★**pays**	男	国	country
ペイザージュ ★**paysage**	男	風景，景色	scenery
ペイザン ★**paysan**	名	農民	farmer
ペイザヌ — **paysanne**		《女性形》	
ペイバ **Pays-Bas**	男·複	オランダ	Netherlands
ポー ★**peau**	女	皮膚，肌	skin
ポー — **peaux**		《複数形》	
ペシュ ★**pêche**[1]	女	桃	peach

241

仏	日	英
★**pêche²** ペシュ 女	釣り	fishing
aller à la pêche	釣りに行く	go fishing
péché ペシェ 男	(宗教上の)罪	sin
pêcher ペシェ 動	魚を釣る	fish for, catch
★**peindre** パーンドル 動	塗る；絵を描く	paint
☆**peine** ペヌ 女	苦労, 骨折り	trouble
Ce n'est pas la peine.	その必要はない	It's not worth it.
Ça vaut la peine.	そうする価値はある	It's worth it.
à peine	ほとんど…ない	hardly
Je la connais à peine.	彼女をほとんど知らない	I hardly know her.
peintre パーントル 男	画家	painter
★**peinture** パンテュール 女	1. 絵, 絵画	painting
	2. ペンキ, 塗料	paint
★**pencher** パンシェ 動	傾く；傾ける	lean; tilt
☆**pendant** パンダン 前	1. …の間に	during
pendant la nuit	夜のうちに	during the night
	2. …の間ずっと	for
pendant des heures	何時間もの間	for hours
pendant que	…する間に	while

仏	日	英
pendant que je dormais	私が寝ている間に	while I was sleeping
pendre [バーンドル] 動	つるす	hang
pendule [パンデュル] 女	置き時計, 掛け時計	clock
pénible [ペニーブル] 形	骨の折れる, 辛い	hard, difficult
★**pensée** [パンセ] 女	思考, 考え	thought
☆**penser** [パンセ] 動	考える, 思う	think
Je pense comme toi.	君と同じ考えだ	I agree with you.
Je pense que tu as raison.	君が正しいと思う	I think you're right.
penser à	…のことを思う	think about
Je pense à toi.	君のことを思っている	I'm thinking about you.
A quoi penses-tu ?	何を考えているの	What are you thinking about?
pente [パーント] 女	勾配, 坂	slope
percer [ペルセ] 動	穴をあける	pierce
☆**perdre** [ペルドル] 動	1. 失う, なくす	lose
J'ai perdu mes clefs.	私は鍵をなくした	I lost my keys.
	2. むだにする	waste
perdre son temps	時間をむだにする	lose one's time
	3. 負ける	lose
☆**père** [ペール] 男	父	father

période – peser

仏	日	英
ペリヨド **période** 囡	期間, 時期	period
ペルル **perle** 囡	真珠	pearl
ペルメトル ★**permettre** 動	許可する, 許す	allow
Permettez-moi de me présenter.	自己紹介させてください	Let me introduce myself.
ペルミ **permis** 男	許可証	license
un permis de conduire	運転免許証	a driver's license
ペルミスィヨン **permission** 囡	許可	permission
ペルソナージュ **personnage** 男	人物；登場人物	figure, person; character
ペルソナリテ **personnalité** 囡	個性	personality
ペルソヌ ★**personne**[1] 囡	人, 人間	person
cinq personnes	5人	five people
ペルソヌ ★**personne**[2] 代	誰も…ない	nobody
Personne n'est parfait.	誰も完璧ではない	Nobody is perfect.
Il y a quelqu'un ? – Personne.	「誰かいるか」「誰もいない」	Is there anybody? – Nobody.
ペルソネル **personnel** 形	個人的な	personal
ペルソネル — **personnelle**	《女性形》	
ペルソネルマン **personnellement** 副	個人的に	personally
ペルト **perte** 囡	失うこと, 喪失	loss
プゼ ★**peser** 動	1. 重さを量る	weigh

仏	日	英
	2. 重さが…ある	weigh
Je pèse 60 kg.	私の体重は60キロだ	I weigh 60 kg.
ペスィミスト **pessimiste** 形	悲観的な	pessimistic
プティ ★**petit** 形	小さい，背が低い	little, small
― プティット **petite**	《女性形》	
Il est petit.	彼は背が低い	He's small.
une petite fille	小さな女の子	a little girl
プティデジュネ ★**petit-déjeuner** 男	朝食	breakfast
Qu'est-ce que tu prends au petit-déjeuner ?	朝食に何を食べるの	What do you have for breakfast?
プティットフィーユ ★**petite-fille** 女	孫娘	granddaughter
プティフィス ★**petit-fils** 男	（男の）孫	grandson
プティザンファン ★**petits-enfants** 男複	孫たち	grandchildren
ペトロル ★**pétrole** 男	石油	oil
プー ★**peu** 副	あまり…ない	not much
Il mange peu.	彼は食が細い	He doesn't eat much.
un peu	少し	a little
Attends un peu.	少し待って	Wait a little.
peu de	ほんの少しの	not much, not many
Il y a peu de changement.	ほとんど変化がない	There is little change.

peuple – philosophie

仏	日	英
un peu de	少しの	a little, a bit
boire un peu de vin	ワインを少し飲む	drink a little wine
à peu près	およそ, だいたい	about
Il y avait à peu près cent personnes.	およそ100人がいた	There were about a hundred people.
peu à peu	少しずつ	little by little
プープル **peuple** 男	民族, 国民	people, nation
プール ★**peur** 女	恐怖, 恐れ	fear
avoir peur	怖がる, 心配する	be afraid
N'ayez pas peur !	心配しないでください	Don't be afraid!
avoir peur de	…を怖がる	be afraid of
J'ai peur des chiens.	私は犬が怖い	I'm afraid of dogs.
プテートル ★**peut-être** 副	かもしれない, 多分	maybe, perhaps
Vous avez peut-être raison.	あなたの言う通りかもしれない	Maybe you're right.
ファルマスィ **pharmacie** 女	薬局	drugstore
ファルマスィヤン **pharmacien** 名	薬剤師	druggist
ファルマスィエヌ — **pharmacienne**	《女性形》	
フェノメヌ **phénomène** 男	現象	phenomenon
フィロゾフ **philosophe** 名	哲学者	philosopher
フィロゾフィ **philosophie** 女	哲学	philosophy

仏	日	英
★**photo** フォト 囡	写真	photo, picture
prendre une photo	写真を撮る	take a photo
photocopie フォトコピ 囡	コピー	photocopy
photographe フォトグラフ 名	写真家	photographer
phrase フラーズ 囡	文	sentence
physique フィズィック 囡	物理学	physics
pianiste ピアニスト 名	ピアニスト	pianist
★**piano** ピアノ 男	ピアノ	piano
jouer du piano	ピアノを弾く	play the piano
★**pièce** ピエス 囡	1. 部屋	room
Notre maison a cinq pièces.	我が家は5部屋ある	Our house has five rooms.
	2. 硬貨, コイン	coin
une pièce de 5 euros	5ユーロ硬貨	a 5-euro coin
	3. 戯曲	play
une pièce de théâtre	戯曲	a play
★**pied** ピエ 男	足	foot
à pied	歩いて	on foot
un coup de pied	蹴ること, キック	a kick
★**pierre** ピエール 囡	石	stone

仏	日	英
piéton ピエトン 名	歩行者	pedestrian
— **piétonne** ピエトヌ	《女性形》	
pile ピル 女	電池；積み重ね，山	battery; pile
pilote ピロット 男	パイロット	pilot
★**pire** ピール 形	《mauvaisの比較級・最上級》	
	1. より悪い	worse
Leur situation est pire que la nôtre.	彼らの状況は我々の状況より悪い	Their situation is worse than ours.
	2.《le, mon等と》最も悪い	worst
notre pire ennemi	我々の最悪の敵	our worst enemy
★**pis** ピ 副	《malの比較級》より悪く	worse
Tant pis !	(残念だが)仕方ない	Too bad!
★**piscine** ピスィヌ 女	プール	swimming pool
On va à la piscine ?	プールに行かないか	Shall we go to the pool?
piste ピスト 女	1. 競技路，トラック	track
	2. 滑走路	runway
pitié ピティエ 女	哀れみ，同情	pity
★**place** プラス 女	1. 場所，空間	room
Il y a assez de place pour deux.	2人分の場所がある	There is enough room for two.
	2. 席，座席	seat

placer–plaisanter

仏	日	英
Cette place est libre ?	この席は空いていますか	Is this seat free?
	3. 広場	square
la place du village	村の広場	the village square
プラセ **placer** 動	置く	put, place
プラフォン ★**plafond** 男	天井	ceiling
プラージュ ★**plage** 女	浜辺, 海岸	beach
プラーンドル **plaindre** 動	気の毒に思う	feel sorry for
— **se plaindre** 代動	不満を言う	complain
se plaindre du bruit	騒音について苦情を言う	complain about the noise
プラーント **plainte** 女	苦情, 不平	complaint
プレール ★**plaire** 動	(à)…の気に入る	be liked
Il plaît aux filles.	彼は女の子にもてる	Girls find him attractive.
Il me plaît.	私は彼が好きだ	I like him.
Ça vous a plu ?	気に入りましたか	Did you like that?
s'il vous plaît	お願いします	please
Un billet, s'il vous plaît.	切符を1枚ください	A ticket, please.
Ecrivez votre nom, s'il vous plaît.	名前を書いてください	Please write your name.
s'il te plaît	お願いします	please
プレザンテ **plaisanter** 動	冗談を言う	joke

plaisanterie – plein

仏	日	英
プレザントリ ★**plaisanterie** 女	冗談	joke
プレズィール ★**plaisir** 男	楽しみ, 喜び	pleasure
avec plaisir	喜んで	with pleasure
faire plaisir à	…を喜ばす	please
プラン ★**plan** 男	地図；計画	map; plan
un plan de Paris	パリの地図	a map of Paris
プランシェ ★**plancher** 男	床	floor
プラーント ★**plante** 女	植物	plant
プランテ ★**planter** 動	植える	plant
プラスティック **plastique** 男	プラスチック	plastic
プラ ★**plat**¹ 男	皿, 大皿；料理	dish; course
le plat du jour	今日のおすすめ料理	today's special
プラ ★**plat**² 形	平らな	flat
プラット — **plate**	《女性形》	
プラトー **plateau** 男	盆, トレー	tray
プラトー — **plateaux**	《複数形》	
プラン ★**plein** 形	いっぱいの, 満ちた	full
プレヌ — **pleine**	《女性形》	
Le panier est plein.	かごはいっぱいだ	The basket is full.

pleurer–plus

仏	日	英
Le monde est plein de surprises.	世界は驚きに満ちている	The world is full of surprises.
プルレ ★**pleurer** 動	泣く	cry
プルヴォワール ★**pleuvoir** 動	雨が降る	rain
Il pleut.	雨が降っている	It's raining.
プリエ **plier** 動	折る, 折りたたむ	fold
プロンジェ **plonger** 動	潜る, 飛び込む	dive
プリュイ ★**pluie** 女	雨	rain
プリュム ★**plume** 女	羽毛, 羽	feather
プリュパール ★**plupart** 女	大部分の	most
la plupart des gens	大多数の人	most people
プリュ(ス) ★**plus**[1] 副	1.《比較級》	more
Il est plus jeune que moi.	彼は私より若い	He is younger than me.
	2.《定冠詞と》《最上級》	most
la plus vieille maison de Paris	パリで最も古い家	the oldest house in Paris
la ville la plus chère du monde	世界一物価が高い街	the most expensive city in the world
	3. より多く	more
travailler plus pour gagner plus	もっと働いてもっと稼ぐ	work more to earn more
	4.《le plus》最も多く	(the) most
plus de	1. より多くの	more

plus–poêle

仏	日	英
Il a plus de livres que moi.	彼は私よりたくさん本を持っている	He has more books than me.
	2. …以上の	more than
Il y avait plus de cent personnes.	100人以上いた	There were more than one hundred people.
ne... plus	もはや…ない	not any more
Il n'y a plus de pain.	もうパンがない	There's no more bread.
de plus en plus ドゥプリュ ザンプリュ	ますます	more and more
Il fait de plus en plus chaud.	段々暑くなってきた	It's getting hotter and hotter.
plus² プリュス 前	プラス…	plus
Deux plus trois font cinq.	2足す3は5	Two plus three is five.
★**plusieurs** プリュズィユール 形	いくつもの	several
plusieurs fois	何度も	several times
★**plutôt** プリュト 副	むしろ, どちらかといえば	rather
Je préfère plutôt celui-ci.	どちらかといえばこっちの方がいい	I like this one better.
Je suis plutôt heureux.	どちらかと言えば幸福だ	I'm rather happy.
plutôt que	…よりむしろ	rather than
Venez lundi plutôt que mardi.	火曜よりも月曜に来てください	Come Monday rather than Tuesday.
pneu プヌー 男	タイヤ	tire
★**poche** ポシュ 女	ポケット	pocket
poêle¹ ポワル 女	フライパン	frying pan

252

poêle – poisson

仏		日	英
ポワル poêle²	男	ストーブ	stove
ポエム ★poème	男	詩	poem
ポエット ★poète	男	詩人	poet
ポワ ★poids	男	重さ, 体重	weight
ポワニェ poignée	女	ひと握り；取っ手	handful; handle
une poignée de main		握手	a handshake
ポワル ★poil	男	体毛, 毛	hair
ポワン poing	男	こぶし	fist
ポワン ★point	男	1. ピリオド, ドット	period, dot
		2. 点, ポイント	point
sur ce point		この点に関しては	on this point
ポワーント pointe	女	先, 先端	point, tip
ポワンテュ pointu	形	とがった	pointed
ポワンテュ — pointue		《女性形》	
ポワンテュール pointure	女	（靴などの）サイズ	shoe size
ポワール poire	女	梨	pear
ポワ pois	男	エンドウマメ	pea
ポワゾン poison	男	毒	poison
ポワソン ★poisson	男	魚	fish

poitrine – pompe

仏	日	英
manger du poisson	魚を食べる	eat fish
★poitrine 〔ポワトリヌ〕 女	胸	chest
poivre 〔ポワーヴル〕 男	コショウ	pepper
★poli 〔ポリ〕 形	礼儀正しい	polite
— polie 〔ポリ〕	(女性形)	
★police 〔ポリス〕 女	警察	police
policier¹ 〔ポリスィエ〕 形	警察の；推理物の	police; detective
— policière 〔ポリスィエール〕	(女性形)	
un roman policier	推理小説	a detective story
policier² 〔ポリスィエ〕 男	警察官	police officer
poliment 〔ポリマン〕 副	礼儀正しく	politely
politesse 〔ポリテス〕 女	礼儀(正しさ)	politeness
★politique¹ 〔ポリティック〕 形	政治の	political
un homme politique	政治家	a politician
★politique² 〔ポリティック〕 女	政治；政策	politics; policy
pollution 〔ポリュスィヨン〕 女	汚染	pollution
★pomme 〔ポム〕 女	リンゴ	apple
★pomme de terre 〔ポムドゥテール〕 女	ジャガイモ	potato
pompe 〔ポーンプ〕 女	ポンプ	pump

pompier–porter

仏	日	英
ポンピエ **pompier** 男	消防士	firefighter
ポン **☆pont** 男	橋	bridge
ポピュレール **★populaire** 形	人気がある；庶民の	popular; working-class
un écrivain populaire	人気作家	a popular writer
ポピュラリテ **popularité** 女	人気	popularity
ポピュラスィヨン **population** 女	人口	population
ポール **★porc** 男	豚；豚肉	pig; pork
ポール **★port** 男	港	harbor
ポルターブル **portable** 男	1. 携帯電話	cellphone
	2. ノートパソコン	laptop
ポルト **☆porte** 女	1. 戸, ドア	door
	2. 出入り口, ゲート	gate
ポルトフイユ **portefeuille** 男	札入れ, 財布	wallet
ポルテ **☆porter** 動	1. 運ぶ, 持つ	carry, bear
porter une valise	スーツケースを運ぶ	carry a suitcase
	2. 着ている, はいている	wear
porter un jean	ジーンズをはいている	wear jeans
— **★se porter** 代動	体調が…である	
se porter bien	体調がいい	be well

255

仏	日	英
se porter mal	体調が悪い	be unwell
ポルトレ **portrait** 男	肖像画	portrait
ポゼ ★**poser** 動	1. 置く	put down
	2.(問いを)出す	ask
poser une question	質問する	ask a question
ポズィスィヨン ★**position** 女	位置, 地位	position
ポセデ **posséder** 動	所有する	own
ポセスィヨン **possession** 女	所有, 所有物	possession
ポスィビリテ **possibilité** 女	可能性	possibility
ポスィーブル ★**possible** 形	可能な	possible
si c'est possible	もし可能なら	if possible
le plus tôt possible	できるだけ早く	as soon as possible
Ce n'est pas possible !	まさか	I don't believe it!
ポスタル **postal** 形	郵便の	postal
ポスタル — **postale**	(女性形)	
ポストー — **postaux**	(男性複数形)	
une carte postale	郵便葉書	a postcard
ポスト ★**poste**[1] 女	郵便;郵便局	mail; post office
envoyer... par la poste	…を郵便で送る	send... by mail

仏	日	英
un bureau de poste	郵便局	a post office
ポスト poste² 男	地位, ポスト	post, job
ポ pot 男	つぼ, びん ; 植木鉢	jar; pot
ポタージュ potage 男	ポタージュ, スープ	soup
プベル poubelle 女	ごみ箱	trashcan
プース ★pouce 男	親指	thumb
プードル ★poudre 女	粉, 粉末	powder
プール ★poule 女	雌鶏	hen
プレ ★poulet 男	若鶏	chicken
プモン poumon 男	肺	lung
プペ poupée 女	人形	doll
プール ★pour 前	1. …のために	for
un cadeau pour toi	君のための贈り物	a present for you
	2. …に向かって	for
le train pour Paris	パリ行きの列車	the train for Paris
	3. …するために	to
manger pour vivre	生きるために食べる	eat to live
pour ne pas oublier	忘れないために	so as not to forget
	4. …の予定で	for

pourboire – pousser

仏	日	英
Je serai absent pour deux jours.	2日間留守にします	I'll be away for two days.
	5. (理由)…のために	for
Pour quelle raison ?	理由は何ですか	For what reason?
	6. 賛成[味方]して	for, in favor of
Je suis pour la paix.	私は平和に賛成だ	I'm for peace.
	7. …に関しては	
Pour moi, je suis d'accord.	私としては賛成だ	For my part, I agree.

プルボワール
pourboire 男 — チップ, 心づけ — tip

プルサン
★pour cent — パーセント — percent

プルサンタージュ
pourcentage 男 — 百分率 — percentage

プルクワ
★pourquoi 副 — 《疑問》なぜ — why

Pourquoi pleure-t-elle ?	なぜ彼女は泣いているのか	Why is she crying?
Je ne sais pas pourquoi.	なぜかはわからない	I don't know why.
Pourquoi pas ?	いいですね	Why not?

プルスュイーヴル
poursuivre 動 — 追跡する, 追求する — chase

プルタン
★pourtant 副 — しかしながら — nevertheless

プセ
★pousser 動 — 1. 押す — push

pousser la porte	ドアを押す	push the door
	2. 生える, 伸びる	grow

poussière – précisément

仏	日	英
poussière 女	ちり, ほこり	dust
★**pouvoir** 動	1. …できる	can
Je peux venir.	私は来られる	I can come.
Je ne peux pas venir.	私は来られない	I can't come.
	2. …してよい	can
Vous pouvez partir maintenant.	もう帰って結構です	You can go now.
Est-ce que je peux entrer ?	入っていいですか	May I come in?
	3. …してくれますか	
Pouvez-vous m'aider ?	手伝ってもらえますか	Can you help me?
Pourriez-vous m'aider ?	手伝っていただけないでしょうか	Could you help me?
★**pratique** 形	便利な	convenient
pratiquer 動	行う	do, play
pratiquer le yoga	ヨガをする	do yoga
précieux 形	貴重な	precious
— **précieuse**	（女性形）	
précis 形	正確な；ちょうどの	precise; exact
— **précise**	（女性形）	
à cinq heures précises	ちょうど5時に	at five o'clock sharp
précisément 副	まさに, ちょうど	precisely

préférence–prénom

仏	日	英
プレフェラーンス **préférence** 女	好み	preference
プレフェレ **préféré** 形	お気に入りの	favorite
プレフェレ — **préférée**	《女性形》	
プレフェレ ★**préférer** 動	…のほうを好む	prefer
Je préfère le poisson à la viande.	肉より魚が好きだ	I prefer fish to meat.
プレジュジェ **préjugé** 男	偏見	prejudice
プルミエ ★**premier**[1] 形	第1の, 初めての	first
プルミエール — **première**	《女性形》	
C'est la première fois.	これが初めてです	This is the first time.
プルミエ **premier**[2] 男	1日(ついたち)(略 1er)	
le premier juin	6月1日	June first
プルミエルマン **premièrement** 副	第一に	firstly
プラーンドル ★**prendre** 動	1. 取る	take
J'ai pris le journal.	私は新聞を手に取った	I took the newspaper.
	2. 飲む, 食べる	have
Je prends mon petit-déjeuner à sept heures.	私は朝食を7時に食べる	I have breakfast at seven.
	3. 乗る	take
prendre le bus	バスに乗る	take the bus
プレノン ★**prénom** 男	(姓に対して)名	first name

préparation – président

仏	日	英
プレパラスィヨン **préparation** 女	準備, 用意	preparation
プレパレ ★**préparer** 動	準備する, 用意する	prepare
préparer un repas	食事の支度をする	prepare a meal
préparer un examen	試験勉強をする	prepare for an exam
プレ ★**près** 副	近くに	close, near
La gare est tout près.	駅はすぐ近くだ	The station is nearby.
près de	…の近く	near
Ma maison est près de l'église.	私の家は教会の近くだ	My house is near the church.
プレザーンス **présence** 女	居ること, 出席	presence
プレザン ★**présent**¹ 形	居る, 出席している	present
— **présente**	(女性形)	
プレザン **présent**² 男	現在, 今	present
プレザンテ ★**présenter** 動	1. 紹介する	introduce
Je vous présente ma femme.	妻を紹介します	May I introduce my wife?
	2. 提示する, 見せる	present
— **se présenter** 代動	自己紹介する	introduce oneself
Je me présente : Pierre Durand.	私はピエール・デュランと申します	May I introduce myself? Pierre Durand.
プレズィダン ★**président** 名	大統領; 議長	president; chairperson
プレズィダーント — **présidente**	(女性形)	

261

presque – prévenir

仏	日	英
プレスク ★**presque** 副	ほとんど	almost
J'ai presque terminé.	ほぼ終わった	I'm almost finished.
プレセ ★**pressé** 形	急いでいる	in a hurry
— **pressée**	(女性形)	
Je suis pressé.	私は急いでいる	I'm in a hurry.
プレセ ★**presser** 動	1. 押す, 押し付ける	press
presser un bouton	ボタンを押す	press a button
	2. 絞る	squeeze
プレスィヨン **pression** 女	圧力	pressure
プレ ★**prêt** 形	用意ができた	ready
— **prête**	(女性形)	
Je suis prêt.	私は用意ができた	I'm ready.
Le dîner est prêt.	夕食ができた	Dinner is ready.
être prêt à partir	出かける準備ができた	be ready to leave
プレテ ★**prêter** 動	貸す	lend
Tu peux me prêter ton vélo ?	自転車貸してくれない	Can you lend me your bicycle?
プレテクスト **prétexte** 男	口実, 言い訳	pretext, excuse
プルーヴ **preuve** 女	証拠	proof
プレヴニール **prévenir** 動	1. 前もって知らせる	tell in advance

仏	日	英
	2. 警告する	warn
prier (プリエ) 動	1. 祈る	pray
prier Dieu	神に祈る	pray God
	2. 頼む	request, ask
Je vous prie de me pardonner.	許してください	Please forgive me.
Je vous en prie.	1. どういたしまして	You are welcome.
Merci beaucoup. – Je vous en prie.	「どうもありがとう」「どういたしまして」	Thank you. – You are welcome.
	2. どうぞ	please
Je peux entrer ? – Je vous en prie.	「入っていいですか」「どうぞ」	May I come in? – Please do.
prière (プリエール) 女	祈り；願い，頼み	prayer; request
« Prière de fermer la porte »	「ドアをお閉めください」	"Please shut the door"
primaire (プリメール) 形	初歩の，初等の	primary
l'école primaire	小学校	primary school
prince (プランース) 男	王子	prince
princesse (プランセス) 女	王女	princess
principal (プランスィパル) 形	主要な	main
— **principale** (プランスィパル)	《女性形》	
— **principaux** (プランスィポー)	《男性複数形》	
le personnage principal	主人公	the main character

principe – problème

仏	日	英
プランスィップ **principe** 男	原則, 原理	principle
プランタン ★**printemps** 男	春	spring
au printemps	春に	in spring
プリゾン **prison** 女	刑務所	prison
プリゾニエ **prisonnier** 名	囚人	prisoner
プリゾニエール — **prisonnière**	《女性形》	
プリヴェ ★**privé** 形	私有の, 私的な	private
プリヴェ — **privée**	《女性形》	
プリヴェ **priver** 動	奪う, 剥奪する	deprive of
On l'a privé de ses droits.	彼は権利を剥奪された	He was deprived of his rights.
プリヴィレージュ **privilège** 男	特権	privilege
プリ ★**prix** 男	1. 値段	price
Quel est le prix de cette cravate ?	このネクタイはいくらですか	What's the price of this tie?
	2. 賞	prize
gagner le premier prix	一等賞を取る	win first prize
プロバーブル **probable** 形	ありそうな	probable, likely
C'est probable.	多分そうだ	It's probable.
プロバブルマン **probablement** 副	多分	probably
プロブレム ★**problème** 男	問題, 困ったこと	problem

264

prochain – professionnel

仏	日	英
J'ai un problème.	困っています	I have a problem.
Pas de problème !	問題ない、いいですよ	No problem!
★prochain （プロシャン） 形	次の	next
— prochaine （プロシェヌ）	《女性形》	
le mois prochain	来月	next month
l'année prochaine	来年	next year
la prochaine fois	次回	next time
A la prochaine !	じゃあまた今度	See you soon!
★proche （プロシュ） 形	近い	near
Où est la station de métro la plus proche ?	いちばん近い地下鉄の駅はどこですか	Where is the nearest subway station?
production （プロデュクスィヨン） 女	生産	production
★produire （プロデュイール） 動	生産する	produce
★produit （プロデュイ） 男	生産物、製品	product
prof （プロフ） 名	教師	teacher
★professeur （プロフェスール） 男	教師	teacher
Elle est professeur de français.	彼女はフランス語教師だ	She is a French teacher.
★profession （プロフェスィヨン） 女	職業	profession, occupation
professionnel （プロフェスィヨネル） 形	職業の、プロの	professional
— **professionnelle** （プロフェスィヨネル）	《女性形》	

265

profit – promesse

仏	日	英
プロフィ **profit** 男	利益	profit
プロフィテ ★**profiter** 動	(de)…を利用する	take advantage of
プロフォン ★**profond** 形	深い	deep
プロフォーンド — **profonde**	(女性形)	
peu profond	浅い	shallow
プロフォンドゥール **profondeur** 女	深さ	depth
プログラム ★**programme** 男	プログラム	program
プログレ ★**progrès** 男	進歩	progress
faire des progrès	進歩する	make progress
プログレセ **progresser** 動	進歩する；進行する	progress, make progress
プロジェ ★**projet** 男	計画	plan
Quels sont vos projets pour les vacances ?	休みのご予定はいかがですか	What are your vacation plans ?
プロロンジェ **prolonger** 動	延長する，延ばす	extend
プロムナド ★**promenade** 女	散歩	walk
faire une promenade	散歩する	go for a walk
プロムネ ★**promener** 動	散歩させる	take for a walk
promener le chien	犬を散歩させる	take the dog for a walk
— ★**se promener** 代動	散歩する	go for a walk
プロメス ★**promesse** 女	約束	promise

promettre – protection

仏	日	英
faire une promesse	約束する	make a promise
tenir sa promesse	約束を守る	keep one's promise
プロメトル ★**promettre** 動	約束する	promise
Je lui ai promis un cadeau.	彼(女)に贈り物を約束した	I promised him [her] a present.
C'est promis.	約束したよ	That's a promise.
プロノンセ ★**prononcer** 動	発音する	pronounce
— **se prononcer** 代動	発音される	be pronounced
Comment ça se prononce ?	それはどう発音しますか	How is that pronounced?
プロノンスィアスィヨン **prononciation** 女	発音	pronunciation
プロポルスィヨン **proportion** 女	割合	proportion
プロポ **propos** 男	発言, 話	talk
à propos	ところで	by the way
プロポゼ **proposer** 動	申し出る, 提案する	suggest, offer
プロプル ★**propre** 形	1. 清潔な	clean
une serviette propre	清潔なタオル	a clean towel
	2. 自分自身の	own
J'ai ma propre voiture.	私は自分の車がある	I have my own car.
プロプリエテール **propriétaire** 名	所有者；地主, 家主	owner; landlord, landlady
プロテクスィヨン **protection** 女	保護	protection

267

protéger–puisque

仏		日	英
プロテジェ **protéger**	動	保護する	protect
プロテステ **protester**	動	抗議する	protest
プルヴェ **prouver**	動	証明する	prove
プロヴェルブ **proverbe**	男	ことわざ	proverb
プロヴァーンス ★**province**	女	地方	province
プリュダン ★**prudent**	形	用心深い；賢明な	careful; wise
プリュダーント — **prudente**		（女性形）	
Soyez prudent !		気をつけて	Be careful!
Il est prudent de réserver.		予約した方が賢明だ	It's wise to reserve.
プスィコロジ **psychologie**	女	心理学	psychology
ピュブリック ★**public**¹	形	公の	public
ピュブリック — **publique**		（女性形）	
ピュブリック **public**²	男	公衆；観客，聴衆	public; audience
ピュブリカスィヨン **publication**	女	出版	publication, publishing
ピュブリスィテ ★**publicité**	女	広告	advertising, advertisement
ピュブリエ ★**publier**	動	出版する	publish
ピュイ ★**puis**	副	それから	then
Je vais à Nice puis à Cannes.		ニースに行って，それからカンヌに行きます	I'm going to Nice then to Cannes.
ピュイスク ★**puisque**	接	（既知の理由）…だから	

puissance – quantité

仏	日	英
— **puisqu'**	(il(s), elle(s), on, un(e) の前)	
Puisqu'il pleut, je prendrai un taxi.	雨だからタクシーに乗る	Since it's raining, I'll take a taxi.
ピュイサーンス **puissance** 女	力, 強さ, 権力	power
ピュイサン **puissant** 形	強い, 強大な	powerful
ピュイサーント — **puissante**	(女性形)	
ピュル **pull** 男	セーター	sweater
ピュニール **punir** 動	罰する	punish
ピュール ★**pur** 形	純粋な, 澄んだ	pure
ピュール — **pure**	(女性形)	
ピジャマ **pyjama** 男	パジャマ	pajamas

Q, q

仏	日	英
ケ ★**quai** 男	プラットホーム	platform
カリテ ★**qualité** 女	質	quality
カン ★**quand¹** 副	(疑問)いつ	when
Quand partez-vous ?	いつ出かけますか	When are you leaving?
カン ★**quand²** 接	…するとき	when
Quand il fait beau, je me promène.	天気がいいときは散歩する	When the weather is fine, I go for a walk.
カンティテ ★**quantité** 女	量	quantity

269

仏	日	英
カランテヌ **quarantaine** 女	約40の	about forty
une quarantaine de personnes	約40人	about forty people
カラーント ★**quarante** 数	40 (の)	forty
カール ★**quart** 男	4分の1	quarter
un quart d'heure	15分	a quarter of an hour
Il est dix heures et quart.	10時15分だ	It's a quarter past ten.
Il est trois heures moins le quart.	3時15分前だ	It's a quarter to three.
カルティエ ★**quartier** 男	地区, 街, 界隈	area
le Quartier latin	カルチエ・ラタン	the Latin Quarter
Vous êtes du quartier ?	あなたは地元の方ですか	Do you live around here?
カトルズ ★**quatorze** 数	14 (の)	fourteen
カトルズィエム **quatorzième** 形	14番目の	fourteenth
カトル ★**quatre** 数	4 (の)	four
カトルヴァンディス ★**quatre-vingt-dix** 数	90 (の)	ninety
カトルヴァン ★**quatre-vingts** 数	80 (の)	eighty
カトリエム ★**quatrième** 形	4番目の	fourth
ク ★**que**¹ 接		
— qu'	(母音・無音のhの前)	
	1. …ということ	that

仏	日	英
Je crois que tu as raison.	君が正しいと思う	I think that you are right.
	2.《比較》…より	than, as
Je suis plus grand que toi.	僕は君より背が高い	I'm taller than you.
Je suis aussi grand que toi.	僕は君と背が同じだ	I'm as tall as you.
ne... que	…だけ	only
On ne vit qu'une fois.	人生は一度だけだ	You live only once.
☆**que**² 代	《関係》…ところの	that, which, whom
— qu'	《母音・無音のhの前》	
le livre que je lis	私が読んでいる本	the book that I'm reading
la femme que j'aime	私が愛している女性	the woman that I love
la chemise que j'ai achetée	私が買ったシャツ	the shirt I bought
ce que	…するところのもの	what
Fais ce que tu veux.	好きなようにしなさい	Do what you want.
☆**que**³ 代	《疑問》何を	what
— qu'	《母音・無音のhの前》	
Que faites-vous ?	何をしていますか	What are you doing?
Que faire ?	どうしよう	What should I do?
☆**que**⁴ 副	なんと…だろう	how; what a
— qu'	《母音・無音のhの前》	

quel – quelque chose

仏	日	英
Que c'est difficile !	なんて難しいんだ	How difficult it is!
★**quel** 形 _{ケル}	（男性単数形）	
— **quelle** _{ケル}	（女性単数形）	
— **quels** _{ケル}	（男性複数形）	
— **quelles** _{ケル}	（女性複数形）	
	1. 何, 誰, どんな	what, who, which
Quelle est cette fleur ?	それは何の花ですか	What is that flower?
Quel est l'auteur ?	作者は誰ですか	Who is the author?
Quel jour sommes-nous ?	今日は何曜日ですか	What day is it today?
Quelle heure est-il ?	何時ですか	What time is it?
Quel acteur préférez-vous ?	好きな俳優は誰ですか	Which actor do you prefer?
	2. なんという	what
Quelle surprise !	これは驚いた	What a surprise!
Quel beau temps !	なんていい天気だ	What lovely weather!
★**quelque** 形 _{ケルク}	1.（複数で）いくつかの	a few, some
J'ai quelques questions.	いくつか質問があります	I have a few questions.
	2.（単数で）いくらかの	some
il y a quelque temps	少し前	some time ago
★**quelque chose** 代 _{ケルクショーズ}	何か	something; anything

272

仏	日	英
Il faut faire quelque chose.	何かしなければ	We've got to do something.
J'ai quelque chose à faire.	すること がある	I have something to do.
quelque chose de 形男	何か…なもの	
quelque chose d'intéressant	何か面白いこと	something interesting
ケルクフォワ ★quelquefois 副	ときどき	sometimes
ケルクパール ★quelque part 副	どこか	somewhere
ケルカン ★quelqu'un 代	《疑問》誰か	somebody; anybody
Quelqu'un est venu te voir.	誰かが君に会いに来た	Somebody came to see you.
Il y a quelqu'un ?	誰かいますか	Is there anybody there?
quelqu'un de 形男	誰か…な人	
quelqu'un d'autre	誰か別の人	somebody else
クレル querelle 女	喧嘩, 口論, 論争	quarrel
ケスク ★qu'est-ce que 代	《疑問》何, 何を	what
Qu'est-ce que c'est ?	それは何ですか	What is it?
Qu'est-ce que tu fais ?	何をしているの	What are you doing?
ケスキ ★qu'est-ce qui 代	《疑問》何が	what
Qu'est-ce qui ne va pas ?	何がうまくいかないのですか	What's wrong?
ケスティヨン ★question 女	質問, 問題	question
J'ai une question.	質問があります	I have a question.

仏	日	英
Pas question !	問題外だ	No way!
★**queue** 〔クー〕 　　　女	尾, しっぽ ; 行列, 列	tail; line
faire la queue	並ぶ, 行列する	stand in line
★**qui**[1] 〔キ〕 　代	《疑問》1. 誰	who
Qui a fait ça ?	それをしたのは誰ですか	Who did that?
Qui êtes-vous ?	あなたは誰ですか	Who are you?
Qui est-ce ?	どなたですか	Who is it?
	2. 誰を	whom
Qui cherchez-vous ?	誰を探していますか	Who are you looking for?
	4.《前置詞と》	
A qui est ce livre ?	この本は誰のですか	Whose book is this?
De qui parlez-vous ?	誰の話をしていますか	Who are you talking about?
★**qui**[2] 〔キ〕 　代	《関係》1. …するところの	who, that, which
quelqu'un qui m'aime	私を愛してくれる人	somebody who loves me
le tableau qui est sur le mur	壁に掛かった絵	the picture that is on the wall
	2.《前置詞と》	
la personne à qui j'ai parlé	私が話をした人	the person I spoke to
ce qui	…するところのもの	what
Ce qui est important, c'est de continuer.	大事なのは続けることだ	What is important is to continue.

仏	日	英
キエスク ★**qui est-ce que** 代	《疑問》誰を	who
Qui est-ce que vous cherchez ?	誰を探していますか	Who are you looking for?
キエスキ ★**qui est-ce qui** 代	《疑問》誰が	who
Qui est-ce qui est venu ?	誰が来ましたか	Who came?
カンゼヌ **quinzaine** 女	約15	about fifteen
une quinzaine de personnes	15人ばかりの人	about fifteen people
une quinzaine (de jours)	2週間	two weeks
カーンズ ★**quinze** 数	15(の)	fifteen
カンズィエム ★**quinzième** 形	15番目の	fifteenth
キテ ★**quitter** 動	分かれる, 去る	leave
Je quitte le bureau à six heures.	私は6時に会社をでる	I leave the office at six.
Ne me quitte pas.	捨てないで	Don't leave me.
Ne quittez pas.	(電話で)お待ちください	Hold the line, please.
コワ ★**quoi**¹ 代	《疑問》1. 何, 何を	what
C'est quoi ?	それは何	What is it?
Tu fais quoi ?	何してるの	What are you doing?
	2.《前置詞の後》	what
A quoi penses-tu ?	何を考えているの	What are you thinking about?
Il n'y a pas de quoi.	どういたしまして	You're welcome.

仏	日	英
quoi de 形男	…な何か	
Quoi de neuf ?	何か変わったことはあるかい	What's new?
コワ **quoi²** 間投	何だって	what
コワク **quoique** 接	《接続法と》…とはいえ	though
— **quoiqu'**	(il(s), elle(s), on, un(e)の前)	
quoiqu'il fasse mauvais	天気が悪いのに	though the weather is bad
コティディヤン **quotidien** 形	毎日の	daily, everyday
コティディエヌ — **quotidienne**	《女性形》	

R, r

仏	日	英
ラクロシェ **raccrocher** 動	電話を切る	hang up
ラス **race** 女	人種	race
la race humaine	人類	the human race
ラスィヌ **racine** 女	根	root
ラコンテ ★**raconter** 動	物語る, 話をする	tell
raconter une histoire	話を聞かせる	tell a story
ラディオ ★**radio** 女	ラジオ	radio
à la radio	ラジオで	on the radio
ラフレシール **rafraîchir** 動	冷やす	cool (down)

rail – rapide

仏	日	英
ライユ **rail** 男	レール	rail
レザン ★**raisin** 男	ブドウ	grapes
une grappe de raisin	一房のブドウ	a bunch of grapes
レゾン ☆**raison** 女	理性 ; 理由	reason
la raison pour laquelle je suis en colère	私が怒っている理由	the reason why I'm angry
avoir raison	正しい	be right
Vous avez raison.	あなたの言うとおりだ	You're right.
レゾナーブル **raisonnable** 形	1. 思慮分別のある	sensible
	2. 手頃な, 妥当な	reasonable
un prix raisonnable	手頃な値段	a reasonable price
ラランティール **ralentir** 動	速度を落とす	slow down
ラマセ ★**ramasser** 動	1. 集める	collect
	2. 拾う	pick up
ラムネ **ramener** 動	1. 再び連れて行く	take back
	2. 連れ戻す	bring back
ラン ★**rang** 男	(横の)列	row
ランジェ ★**ranger** 動	1. 並べる	arrange
	2. 整理する, 片付ける	tidy, put away
ラピッド ☆**rapide** 形	速い, 素早い	fast, quick

仏	日	英
Prenez le train, c'est plus rapide.	電車で行った方が速い	Take the train, it's quicker.
rapidement ラピドマン 副	速く	fast, quickly
★**rappeler** ラプレ 動	1. 思い出させる	remind
Ça me rappelle mon enfance.	子供の頃を思い出す	It reminds me of my childhood.
	2. 再び電話する	call back
Je rappellerai plus tard.	後で電話する	I'll call back later.
— ★**se rappeler** 代動	思い出す	remember
Je ne me rappelle pas.	覚えていない	I don't remember.
★**rapport** ラポール 男	1. 報告, レポート	report
	2. 関係	link, connection
rapporter ラポルテ 動	再び持ってくる, 持ち帰る	bring back
rapprocher ラプロシェ 動	近づける	move closer
★**rare** ラール 形	珍しい, 稀な	rare
une fleur rare	珍しい花	a rare flower
rarement ラルマン 副	稀に, めったに…ない	rarely
Je regarde rarement la télé.	私はテレビをめったに見ない	I rarely watch TV.
se raser ス ラゼ 代動	（自分の）ひげをそる	shave
rasoir ラゾワール 男	かみそり	razor
rassembler ラサンブレ 動	集める, 集合させる	gather

rassurer – réaliser

仏	日	英
— se rassembler 代動	集まる	gather
ラスュレ rassurer 動	安心させる	reassure
— se rassurer 代動	安心する	reassure oneself
Rassurez-vous.	安心してください	Don't worry.
ラ rat 男	ネズミ	rat
ラテ ★rater 動	1. 乗り遅れる	miss
rater le train	列車に乗り遅れる	miss the train
	2. 失敗する	fail
rater son examen	試験に落ちる	fail one's exam
ラトラペ rattraper 動	追いつく	catch up with
ラヴィ ravi 形	大変うれしい	delighted
— ravie ラヴィ	《女性形》	
Je suis ravi de vous voir.	お会いできてうれしいです	I'm delighted to see you.
レイヨン rayon¹ 男	売り場	department
レイヨン rayon² 男	光線	ray
レアクスィヨン réaction 女	反応, 反響	reaction
レアジール réagir 動	反応する	react
レアリゼ réaliser 動	1. 実現させる	achieve
réaliser un rêve	夢を実現させる	make a dream come true

réalité – reconnaître

仏		日	英
		2. わかる, 気づく	realize
★réalité (レアリテ)	女	現実	reality
récemment (レサマン)	副	最近	recently
★récent (レサン)	形	最近の	recent
— récente (レサーント)		(女性形)	
réception (レセプスィヨン)	女	受領, 受付	reception
recette (ルセット)	女	レシピ	recipe
★recevoir (ルスヴォワール)	動	受ける ; 迎える	receive
réchauffer (レショフェ)	動	温め直す	reheat
★recherche (ルシェルシュ)	女	研究 ; 探すこと, 検索	research; search
un moteur de recherche		検索エンジン	a search engine
★rechercher (ルシェルシェ)	動	探す, 探究する	search for, seek
récit (レスィ)	男	物語, 話	story
récolte (レコルト)	女	収穫	harvest, crop
★recommander (ルコマンデ)	動	勧める, 推薦する	recommend
Qu'est-ce que vous recommandez ?		お勧めは何ですか	What do you recommend?
★recommencer (ルコマンセ)	動	再開する	start again
récompense (レコンパーンス)	女	ほうび, 報酬	reward
★reconnaître (ルコネトル)	動	…がそれとわかる	recognize

record–regarder

仏	日	英
Je l'ai reconnu à sa voix.	声で彼とわかった	I recognized him by his voice.
_{ルコール} **record** 　男	記録, レコード	record
_{レデュクスィヨン} **réduction** 　女	減少, 削減；値引き	reduction
_{レデュイール} **réduire** 　動	減らす	reduce
_{レエル} ★**réel** 　形	現実の, 実在の	real
— _{レエル} **réelle**	《女性形》	
_{レエルマン} **réellement** 　副	現実に, 実際に	really
_{ルフェール} ★**refaire** 　動	再びする, やり直す	do again, make again
refaire la même erreur	同じ間違いをする	make the same mistake again
_{レフレシール} ★**réfléchir** 　動	1. よく考える	think
Je vais réfléchir.	よく考えてみます	I'm going to think about it.
	2. 反射する	reflect
_{ルフラン} **refrain** 　男	反復句	refrain
_{レフリジェラトゥール} **réfrigérateur** 　男	冷蔵庫	refrigerator
_{ルフロワディール} **refroidir** 　動	冷ます, 冷やす；冷める	cool down; get cold
_{ルフュ} **refus** 　男	拒否	refusal
_{ルフュゼ} ★**refuser** 　動	拒む, 断る	refuse
_{ルガール} ★**regard** 　男	視線	look
_{ルガルデ} ★**regarder** 　動	1. 見る	look, look at, watch

régime – régulier

仏	日	英
Regarde !	見て	Look!
regarder la télévision	テレビを見る	watch TV
	2. 関わる	concern
Ça ne te regarde pas.	君には関係ない	It doesn't concern you.
régime [レジム] 男	1. ダイエット	diet
être au régime	ダイエット中である	be on a diet
	2. 体制, 制度	regime
★**région** [レジョン] 女	地方, 地域	region
régional [レジョナル] 形	地方の, 地域の	regional
— **régionale** [レジョナル]	(女性形)	
— **régionaux** [レジョノー]	(男性複数形)	
★**règle** [レーグル] 女	規則, ルール	rule
regret [ルグレ] 男	後悔;遺憾	regret
★**regretter** [ルグレテ] 動	1. 残念に思う	be sorry
Je regrette, je ne peux pas vous aider.	残念ですがお力になれません	I'm sorry, I can't help you.
	2. 後悔する	regret
Je regrette ce que j'ai fait.	私は自分の行いを後悔している	I'm sorry about what I did.
★**régulier** [レギュリエ] 形	定期的な;正規の	regular
— **régulière** [レギュリエール]	(女性形)	

282

仏	日	英
★**régulièrement** 副 (レギュリエルマン)	定期的に, 規則的に	regularly
rein 男 (ラン)	腎臓;《複数で》腰	kidney; small of the back
avoir mal aux reins	腰が痛い	have a backache
★**reine** 女 (レヌ)	女王	queen
rejeter 動 (ルジュテ)	拒絶する	reject
★**relation** 女 (ルラスィヨン)	関係	relation, relationship
★**relever** 動 (ルルヴェ)	(再び)起こす	raise
religieux 形 (ルリジュー)	宗教の, 宗教的な	religious
— **religieuse** (ルリジューズ)	《女性形》	
★**religion** 女 (ルリジョン)	宗教	religion
remarquable 形 (ルマルカーブル)	注目すべき	remarkable, outstanding
remarque 女 (ルマルク)	指摘, 注意	remark, comment
★**remarquer** 動 (ルマルケ)	注目する, 気づく	notice
Vous avez remarqué quelque chose ?	何か気がつきましたか	Did you notice anything?
rembourser 動 (ランブルセ)	返済する, 払い戻す	pay back
remède 男 (ルメド)	薬	remedy
remerciement 男 (ルメルスィマン)	感謝, 謝辞	thanks
★**remercier** 動 (ルメルスィエ)	感謝する	thank
Je vous remercie.	ありがとうございます	Thank you.

remettre – rendez-vous

仏	日	英
ルメトル ★**remettre** 動	元に戻す	put back
ルモンテ ★**remonter** 動	（助動詞はêtreまたはavoir）	
	再び上る	go [come] back up
ランプラセ ★**remplacer** 動	取り替える	replace
remplacer une ampoule	電球を取り替える	replace a light bulb
ランプリール ★**remplir** 動	1. 満たす	fill
remplir un verre d'eau	グラスを水で満たす	fill a glass with water
	2. 記入する	fill in
remplir un formulaire	用紙に記入する	fill in a form
ルミュエ ★**remuer** 動	1. 動かす	move
	2. かき混ぜる	stir
ルナール **renard** 男	キツネ	fox
ランコーントル **rencontre** 女	出会い, 遭遇	encounter, meeting
ランコントレ ★**rencontrer** 動	会う	meet
J'ai rencontré Marie en ville.	街でマリーに会った	I met Marie in town.
— ★**se rencontrer** 代動	出会う, 知り合う	meet
Nous nous sommes rencontrés à Paris.	私たちはパリで出会った	We met in Paris.
ランデヴー ★**rendez-vous** 男	会う約束	appointment
J'ai rendez-vous à deux heures.	2時に人と会う約束がある	I have an appointment at two o'clock.

仏	日	英
J'ai rendez-vous chez le dentiste.	歯医者の予約がある	I have an appointment at the dentist's.
ラーンドル ★**rendre** 動	1. 返す	give back, return
J'ai rendu le livre à la bibliothèque.	本を図書館に返した	I returned the book to the library.
	2. …を…にする	make
Je te rendrai heureuse.	君を幸せにする	I'll make you happy.
— ★**se rendre** 代動	行く	go
se rendre à Paris	パリに行く	go to Paris
ランセニュマン **renseignement** 男	情報	information
Je cherche des renseignements.	情報を集めている	I'm looking for information.
ラントレ ★**rentrée** 女	新学年, 新学期	the start of the school year
la rentrée des classes	新学年の開始	the start of the school year
ラントレ ★**rentrer** 動	《助動詞はêtre》	
	帰る	get back, go home
Je vais rentrer chez moi.	家に帰ります	I'm going home.
Elle rentre de Paris demain.	彼女は明日パリから帰る	She'll be back from Paris tomorrow.
ランヴェルセ **renverser** 動	1. ひっくり返す	knock over
	2. (車が)はねる	run over
レパーンドル **répandre** 動	1. こぼす, まき散らす	spill
	2. 広める	spread

réparation – repos

仏	日	英
レパラスィヨン **réparation** 女	修繕, 修理	repair
レパレ ★**réparer** 動	修理する	mend, repair, fix
ルパルティール ★**repartir** 動	《助動詞は être》	
	再び出発する	go off again
ルパ ★**repas** 男	食事	meal
ルパセ ★**repasser** 動	Ⅰ《助動詞は être》	
	また立ち寄る	drop in again
	Ⅱ《助動詞は avoir》	
	アイロンをかける	iron
レペテ ★**répéter** 動	繰り返す	repeat
Répétez après moi.	私の後について繰り返しなさい	Repeat after me.
レペティスィヨン **répétition** 女	繰り返し；リハーサル	repetition; rehearsal
レポーンドル ★**répondre** 動	答える, 返答する	answer
répondre à une question	質問に答える	answer a question
répondre au téléphone	電話に出る	answer the phone
レポーンス ★**réponse** 女	返事, 答え	answer
questions-réponses	質疑応答	questions and answers
la bonne réponse	正答	the right answer
ルポ ★**repos** 男	休息, 休み	rest

se reposer–restaurant

仏	日	英
スルポゼ **se reposer** 代動	休む	have a rest
ルプセ **repousser** 動	押し返す	push back
ルプラーンドル **★reprendre** 動	1. 再び手にする	take back
	2. 再開する	start again
ルプレザンテ **★représenter** 動	1. 表す	show
	2. 代表する	represent
レピュブリック **★république** 女	共和国	republic
la République française	フランス共和国	the French Republic
レゼルヴァスィヨン **★réservation** 女	予約	reservation
レゼルヴェ **★réserver** 動	予約する	reserve
レスペクテ **respecter** 動	尊敬する, 尊重する	respect
レスポンサビリテ **responsabilité** 女	責任	responsibility
レスポンサーブル **responsable¹** 形	責任がある	responsible, in charge
Il est responsable de l'accident.	彼は事故の責任がある	He is responsible for the accident.
レスポンサーブル **responsable²** 名	責任者, 担当者	person in charge
ルサンブレ **★ressembler** 動	(à)…に似ている	look like, resemble
Elle ressemble à sa mère.	彼女は母親に似ている	She looks like her mother.
ルスルス **ressource** 女	《複数で》資源	resource
レストラン **★restaurant** 男	レストラン	restaurant

287

reste – retarder

仏	日	英
manger au restaurant	レストランで食事する	eat out
★**reste** レスト 男	残り	rest
le reste du temps	それ以外の時間	the rest of the time
★**rester** レステ 動	《助動詞はêtre》	
	1. とどまる	stay
Je reste chez moi demain.	明日は家にいる	I'm staying at home tomorrow.
	2. …のままでいる	remain
rester debout	立ったままでいる	remain standing
	3. 残る	be left, remain
le temps qui reste	残された時間	the time that's left
	4.《非人称》	
Il reste du fromage.	チーズが残っている	There is some cheese left.
★**résultat** レズュルタ 男	結果	result
résumé レズュメ 男	要約	summary
★**retard** ルタール 男	遅れ	delay
Je suis en retard.	遅刻しました	I'm late.
Le train a du retard.	電車は遅れている	The train is late.
retarder ルタルデ 動	1. 遅らせる	delay
Le vol est retardé.	飛行機の便が遅れている	The flight is delayed.

仏	日	英
	2. 延期する	postpone
★retenir (ルトゥニール) 動	1. 引きとめる	hold up
Je ne vous retiendrai pas longtemps.	長く引きとめはしません	I won't keep you long.
	2. 予約する	reserve
	3. 覚える	remember
Retiens bien ceci.	次のことをよく覚えておきなさい	Remember this.
★retirer (ルティレ) 動	1. 脱ぐ	take off
retirer sa veste	上着を脱ぐ	take off one's jacket
	2. 取り上げる	take away
	3. (金を)引き出す	take out
★retour (ルトゥール) 男	帰ること, 戻ること	return
un billet aller-retour	往復切符	a return ticket
être de retour	帰っている	be back
★retourner (ルトゥルネ) 動	Ⅰ《助動詞は avoir》	
	裏返す	turn over
	Ⅱ《助動詞は être》	
	戻る	go back
retourner en France	フランスに戻る	go back to France
— **se retourner** 代動	振り向く	turn around

retraite – revenir

仏	日	英
ルトレト **retraite** 女	引退, 退職	retirement
prendre sa retraite	引退[退職]する	retire
ルトルヴェ ★**retrouver** 動	1. 見つけ出す	find
J'ai retrouvé mon parapluie.	傘が見つかった	I've found my umbrella.
	2. 再び会う, 再会する	meet again
Je vous retrouve ici.	ここで落ち合いましょう	I'll meet you here.
レユニヨン ★**réunion** 女	集会, 会議	meeting
être en réunion	会議中である	be at [in] a meeting
レユニール **réunir** 動	集める	gather, collect
レユスィール ★**réussir** 動	成功する	succeed
J'ai réussi à mon examen.	試験に受かった	I passed my exam.
レユスィット **réussite** 女	成功	success
レーヴ ★**rêve** 男	夢	dream
faire un rêve	夢を見る	have a dream
レヴェイユ **réveil** 男	目覚まし時計	alarm clock
レヴェイエ ★**réveiller** 動	(眠りから)起こす	wake up
― ★**se réveiller** 代動	目を覚ます	wake up
Je me réveille à sept heures.	私は7時に目を覚ます	I wake up at seven.
ルヴニール ★**revenir** 動	(助動詞は être)	

仏	日	英
	戻ってくる	come back
Je reviens tout de suite.	すぐに戻ってきます	I'll be right back.
ルヴニュ **revenu** 男	収入, 所得	income
レヴェ ★**rêver** 動	夢を見る	dream
J'ai rêvé de toi.	君の夢を見た	I dreamed about you.
ルヴォワール ★**revoir** 動	1. 再び見る, 会う	see again
J'espère vous revoir l'année prochaine.	来年またお会いしたいですね	I hope to see you again next year.
	2. 再検討する, 見直す	go over
レヴォリュスィヨン **révolution** 女	革命	revolution
la Révolution française	フランス革命	the French Revolution
ルヴュ **revue** 女	雑誌	magazine
レドショセ ★**rez-de-chaussée** 男	1階	first floor
au rez-de-chaussée	1階に	on the first floor
リュム **rhume** 男	風邪	cold
attraper un rhume	風邪をひく	catch a cold
リシュ ★**riche** 形	金持ちの	rich
リシェス **richesse** 女	富	wealth
リドー ★**rideau** 男	カーテン	curtain
リドー — **rideaux**	《複数形》	

ridicule – riz

仏	日	英
リディキュル **ridicule** 形	滑稽な；ばかげた	ridiculous
リヤン ★**rien** 代	1.《ne と》何も…ない	nothing
Rien n'est impossible.	不可能なことはない	Nothing is impossible.
Je ne vois rien.	何も見えない	I don't see anything.
Je n'ai rien vu.	何も見えなかった	I didn't see anything.
Il n'y a plus rien.	もう何もない	There is nothing left.
	2.《単独で》	
Rien.	何も	Nothing.
rien de 形·男	…なものは何もない	
Il n'y a rien d'intéressant.	何も面白いことがない	There is nothing interesting.
Ça ne fait rien.	かまいませんよ	It doesn't matter.
Ce n'est rien.	何でもありません	It's nothing.
De rien.	どういたしまして	You're welcome.
リール ★**rire**[1] 動	笑う	laugh
J'ai beaucoup ri.	大笑いした	I laughed a lot.
リール ★**rire**[2] 男	笑い	laughter
リスク **risque** 男	危険，リスク	risk
リヴィエール ★**rivière** 女	川	river
リ ★**riz** 男	米，ご飯，稲	rice

仏	日	英
manger du riz	米を食べる	eat rice
★robe (ロブ) 女	ドレス	dress
roche (ロシュ) 女	岩	rock
★roi (ロワ) 男	王	king
le roi de France	フランス王	the King of France
★rôle (ロール) 男	役, 役割	part, role
jouer un rôle	役を演じる	play a role
★roman (ロマン) 男	小説	novel
rompre (ローンプル) 動	(関係を)断つ, 別れる	split up
Ils ont rompu.	彼らは別れた	They have split up.
★rond (ロン) 形	丸い	round
— ronde (ロンド)	《女性形》	
une table ronde	丸いテーブル	a round table
★rose[1] (ローズ) 女	バラ	rose
rose[2] (ローズ) 形	ばら色の, ピンクの	pink
roue (ルー) 女	車輪	wheel
★rouge[1] (ルージュ) 形	赤い	red
rouge[2] (ルージュ) 男	赤	red
un rouge à lèvres	口紅	a lipstick

仏	日	英
ルジール **rougir** 動	赤くなる	turn red, blush
ルレ ★**rouler** 動	1. 車で走る	drive, go
En France, on roule à droite.	フランスは右側通行だ	They drive on the right side in France.
La voiture roulait très vite.	その車は猛スピードで走っていた	The car was going very fast.
	2. 転がる	roll
	3. 巻く	roll up
ルート ★**route** 女	1. 道路	road
un accident de la route	交通事故	a road accident
	2. 道筋	way
changer de route	進路を変える	change route
	3. 旅行	trip
Bonne route !	よいご旅行を	Have a good trip!
En route !	さあ，出発だ	Let's go!
ルー **roux** 形	赤茶色の，赤毛の	red, red-haired
ルス — **rousse**	《女性形》	
ロワイヤル **royal** 形	王の	royal
ロワイヤル — **royale**	《女性形》	
ロワイヨー — **royaux**	《男性複数形》	
リュバン **ruban** 男	リボン	ribbon

仏		日	英
リュ ★**rue**	女	通り	street
marcher dans la rue		通りを歩く	walk on the street
リュイヌ **ruine**	女	遺跡, 廃墟	ruin
リュイソー **ruisseau**	男	小川	stream
リュイソー — **ruisseaux**		《複数形》	
リュムール **rumeur**	女	うわさ	rumor
リュス **russe**[1]	男	ロシア語	Russian
リュス **russe**[2]	形	ロシアの	Russian
リュス **Russe**	名	ロシア人	Russian
リュスィ **Russie**	女	ロシア	Russia
リトム ★**rythme**	男	リズム	rhythm

S, s

サーブル ★**sable**	男	砂	sand
サック ★**sac**	男	かばん, 袋	bag
un sac à main		ハンドバッグ	a handbag
サクレ **sacré**	形	神聖な	sacred
サクレ — **sacrée**		《女性形》	
サクリフィス **sacrifice**	男	犠牲	sacrifice

sage – salé

仏	日	英
サージュ **sage** 形	おとなしい, 従順な	good, well-behaved
Sois sage !	いい子にしてなさい	Be good!
セニェ **saigner** 動	出血する	bleed
サン **sain** 形	健康な	healthy
セヌ — **saine**	《女性形》	
サン **saint** 形	聖なる, 神聖な	holy
サーント — **sainte**	《女性形》	
セズィール ★**saisir** 動	1. つかむ	grab
Il m'a saisi par le bras.	彼は私の腕をつかんだ	He grabbed my arm.
	2. 理解する	understand
セゾン ★**saison** 女	季節	season
Il fait froid pour la saison.	この季節にしては寒い	It's cold for the time of year.
サラド ★**salade** 女	サラダ	salad
サレール ★**salaire** 男	給料	salary
サラリエ **salarié** 名	サラリーマン, 従業員	salaried employee
サラリエ — **salariée**	《女性形》	
サル ★**sale** 形	汚い	dirty
Tu as les mains sales.	手が汚れているよ	You've got dirty hands.
サレ **salé** 形	塩辛い, 塩漬けの	salty, salted

296

仏	日	英
— **salée** サレ	《女性形》	
salir サリール	汚す [動]	dirty
★**salle** サル [女]	1. 部屋	room
la salle à manger	食堂	the dining room
la salle de bain(s)	浴室	the bathroom
la salle de séjour	居間	the living room
la salle de classe	教室	the classroom
	2. ホール, 会場	hall
une salle de concert	コンサートホール	a concert hall
★**salon** サロン [男]	応接室, 客間	living room
★**saluer** サリュエ [動]	挨拶する	greet
★**salut** サリュ [間投]	1. こんにちは	Hi!
	2. バイバイ	Bye!
★**samedi** サムディ [男]	土曜日	Saturday
sandwich サンドウィチ(シュ) [男]	サンドイッチ	sandwich
un sandwich au jambon	ハムサンドイッチ	a ham sandwich
★**sang** サン [男]	血	blood
★**sans** サン [前]	…のない, …なしに	without
un couple sans enfant	子供のない夫婦	a childless couple

santé – sauver

仏	日	英
sans hésiter	ためらいなしに	without hesitating
サンテ ★**santé** 女	健康	health
être en bonne santé	健康である	be in good health
A votre santé !	乾杯	Cheers!
サテリット **satellite** 男	衛星	satellite
サティスファクスィヨン **satisfaction** 女	満足	satisfaction
サティスフェール **satisfaire** 動	満足させる	satisfy
サティスフェ **satisfait** 形	満足した	satisfied
サティフェット — **satisfaite**	《女性形》	
ソース **sauce** 女	ソース	sauce
ソスィス **saucisse** 女	ソーセージ	sausage
ソフ ★**sauf** 前	…を除いて	except
tous les jours sauf le mardi	火曜日を除く毎日	every day except Tuesday
ソモン **saumon** 男	鮭	salmon
ソ **saut** 男	跳躍, ジャンプ	jump
ソテ ★**sauter** 動	跳ぶ, ジャンプする	jump
ソヴァージュ **sauvage** 形	野生の	wild
ソヴェ ★**sauver** 動	救う	save, rescue
Vous m'avez sauvé la vie.	あなたは私の命を救った	You saved my life.

savoir–scolaire

仏	日	英
— se sauver 代動	逃げる	run away
Sauvez-vous !	逃げなさい	Run!
サヴォワール ★savoir 動	1. 知っている	know
Oui, je sais.	はい，知ってます	Yes, I know.
Je ne sais pas.	知りません，わかりません	I don't know.
Je ne savais pas qu'il était malade.	彼が病気とは知らなかった	I didn't know that he was sick.
Savez-vous où il est ?	彼がどこにいるか知っていますか	Do you know where he is?
	2. …できる	be able to do, know how to do
Je sais nager.	私は泳げる	I can swim.
Je ne sais pas nager.	私は泳げない	I can't swim, I don't know how to swim.
サヴォン ★savon 男	石けん	soap
セヌ ★scène 女	1. 舞台	stage
entrer en scène	舞台に登場する	come on stage
	2. 場面，光景	scene
スィ scie 女	のこぎり	saw
スィヤーンス ★science 女	科学，学問	science
スィヤンティフィック ★scientifique¹ 形	科学の，科学的な	scientific
スィヤンティフィック ★scientifique² 名	科学者	scientist
スコレール scolaire 形	学校の	school

299

仏	日	英
l'année scolaire	教育年度, 学年度	the school year
sculpter スキュルテ 動	彫刻する	sculpt
sculpture スキュルテュール 女	彫刻	sculpture
★**se** ス 代	《3人称再帰代名詞》	
— **s'**	(母音・無音のhの前)	
	1. 彼(ら)自身を	himself, themselves
Il se lave.	彼は自分の体を洗っている	He is washing himself.
	2. 彼女(ら)自身を	herself, themselves
Elle se lave.	彼女は自分の体を洗っている	She is washing herself.
	3. それ(ら)自身を	itself, themselves
	4. お互いを	each other
Ils se connaissent.	彼らは知り合いだ	They know each other.
	5.《受け身》	
Cette voiture se vend bien.	この車はよく売れる	This car is selling well.
seau ソー 男	バケツ	bucket
— **seaux** ソー	(複数形)	
★**sec** セック 形	乾いた; 乾燥させた	dry; dried
— **sèche** セシュ	(女性形)	
★**sécher** セシェ 動	乾かす	dry

second – seize

仏		日	英
スゴン ★**second** 形		第2の，2番目の	second
スゴーンド — **seconde**		《女性形》	
スゴーンド ★**seconde** 女		秒	second
スクエ **secouer** 動		揺さぶる，振る	shake
secouer la tête		(同意・拒絶)首を振る	shake one's head, nod
スクリール **secourir** 動		救助する	rescue
スクール **secours** 男		救助，援助	help
Au secours !		助けて	Help!
スクレ ★**secret**[1] 形		秘密の	secret
スクレット — **secrète**		《女性形》	
スクレ ★**secret**[2] 男		秘密	secret
garder un secret		秘密を守る	keep a secret
スクレテール **secrétaire** 名		秘書	secretary
セクトゥール **secteur** 男		地区，部門	sector
セクスィヨン **section** 女		区分，部，部門	section
セキュリテ **sécurité** 女		安全，安心	security, safety
être en sécurité		安全である	be safe
サン **sein** 男		乳房	breast
セーズ ★**seize** 数		16 (の)	sixteen

仏	日	英
★**seizième** 形 (セズィエム)	16番目の	sixteenth
★**séjour** 男 (セジュール)	1. 滞在	stay
pendant mon séjour à Paris	パリ滞在中に	during my stay in Paris
	2. 居間	living room
la salle de séjour	居間	the living room
★**sel** 男 (セル)	塩	salt
sélection 女 (セレクスィヨン)	選択	selection
★**selon** 前 (スロン)	1. …によれば	according to
Selon la météo, il va pleuvoir.	天気予報では雨だ	According to the forecast, it's going to rain.
★**semaine** 女 (スメーヌ)	週	week
cette semaine	今週	this week
la semaine dernière	先週	last week
la semaine prochaine	来週	next week
semblable 形 (サンブラーブル)	似ている, 類似の	similar
dans un cas semblable	このような場合では	in such a case
★**sembler** 動 (サンブレ)	…のように見える	seem
Il semble fatigué.	彼は疲れているようだ	He seems tired.
★**sens**[1] 男 (サーンス)	1. 意味	meaning
le sens d'un mot	単語の意味	the meaning of a word

sens–sentir

仏	日	英
Ça n'a pas de sens.	それはナンセンスだ	It doesn't make sense.
en un sens	ある意味では	in a sense
	2. 感覚, センス	sense
avoir le sens de l'humour	ユーモアのセンスがある	have a sense of humor
★**sens**² サーンス 男	方向, 向き	direction
dans le sens des aiguilles d'une montre	時計回りの方向に	clockwise
un sens unique	一方通行路	a one-way street
sensation サンサスィヨン 女	感覚；センセーション	feeling; sensation
★**sentiment** サンティマン 男	感情	feeling
sentimental サンティマンタル 形	感情の, 愛情の	sentimental
— **sentimentale** サンティマンタル	《女性形》	
— **sentimentaux** サンティマントー	《男性複数形》	
★**sentir** サンティール 動	1. 感じる	feel
sentir le froid	寒さを感じる	feel the cold
sentir son cœur battre	胸が高鳴るのを感じる	feel one's heart beat
	2. におう	smell
Ça sent bon.	いいにおいがする	It smells nice.
Ça sent mauvais.	嫌なにおいがする	It smells bad.
— ★**se sentir** 代動	自分が…だと感じる	feel

303

séparation – serrer

仏	日	英
se sentir fatigué	疲れを感じる	feel tired
Je me sens bien.	気分がいい	I feel well.
Je ne me sens pas bien.	気分がよくない	I don't feel well.
Je me sens mieux.	気分がよくなった	I feel better.
séparation [セパラスィヨン] 女	分離, 別離	separation
★**séparer** [セパレ] 動	分ける, 分離する	separate
― **se séparer** 代動	別れる	separate, split up
Ils se sont séparés.	彼らは別れた	They have separated.
★**sept** [セット] 数	7 (の)	seven
★**septembre** [セプターンブル] 男	9月	September
★**septième** [セティエム] 形	7番目の	seventh
série [セリ] 女	ひと続き, シリーズ	series
une série télévisée	連続テレビ番組	a TV series
sérieusement [セリユズマン] 副	まじめに, 真剣に	seriously
★**sérieux** [セリユー] 形	まじめな, 真剣な	serious
― **sérieuse** [セリユーズ]	《女性形》	
Soyons sérieux.	真剣にやろう	Let's be serious.
serpent [セルパン] 男	ヘビ	snake
★**serrer** [セレ] 動	1. 握りしめる	grip

304

serrure – servir

仏	日	英
serrer la main à	…と握手する	shake hands with
	2 締める	tighten
セリュール **serrure** 囡	錠, 錠前	lock
セルヴール **serveur** 男	ウエーター	waiter
セルヴーズ **serveuse** 囡	ウエートレス	waitress
セルヴィス ★**service** 男	1. サービス(料)	service
service compris	サービス料込み	service included
	2. 手助け, 世話	favor
Je peux vous demander un service ?	お願いがあります	Can I ask you a favor?
セルヴィエット ★**serviette** 囡	1. タオル	towel
	2. ナプキン	napkin
	3. 書類かばん	briefcase
セルヴィール ★**servir** 動	1. 食事[飲み物]を出す	serve
servir le déjeuner	昼食を出す	serve lunch
	2. …の役に立つ	be useful
Ça ne sert à rien.	何の役にも立たない	It's useless.
Ça sert à quoi ?	何に使うのですか	What's it for?
— ★**se servir** 代動	1. 《de》…を使う	use
se servir d'un ordinateur	コンピュータを使う	use a computer

seuil – si

仏	日	英
	2.(料理等を)自分で取る	help oneself
Servez-vous.	ご自由にお取りください	Help yourself.
seuil 男 [スイユ]	敷居	doorstep, doorway
★**seul** 形 [スル]	唯一の；ひとりの	only; alone
— **seule** [スル]	《女性形》	
le seul moyen	唯一の方法	the only way
une seule fois	一度だけ	only once
J'étais seul à la maison.	私はひとりで家にいた	I was alone at home.
vivre seul	ひとり暮らしをする	live alone
se sentir seul	さみしく思う	feel lonely
★**seulement** 副 [スルマン]	ただ…だけ	only
J'ai seulement dix euros.	10ユーロしかない	I only have ten euros.
sévère 形 [セヴェール]	厳しい	strict
sexe 男 [セクス]	性, セックス	sex
★**si**¹ 接 [スィ]	《仮定・条件を表す》	
— **s'**	《ilとilsの前》	
	1. もし…なら	if
S'il fait beau, je sortirai.	晴れたら外出しよう	If it's fine, I'll go out.
S'il faisait beau, je sortirais.	晴れだったら外出するのに	If it were fine, I would go out.

仏	日	英
S'il avait fait beau, je serais sorti.	晴れだったら外出したのに	If it had been fine, I would have gone out.
	うし か どう か	if
Je ne sais pas si c'est vrai.	それが本当か知らない	I don't know if it's true.
même si	たとえ…でも	even if
L'événement aura lieu même s'il pleut.	雨が降っても行事は行われる	The event will take place even if it rains.
si 半過去	…しませんか	
Si on allait au cinéma ?	映画を見に行こうよ	How about going to a movie?
★**si**² スィ 副	1.（否定の打ち消し）いいえ	yes
Tu ne viens pas ? – Si !	「来ないの」「行くよ」	You're not coming? – Yes, I am!
Tu ne viens pas ? – Mais si !	「来ないの」「もちろん行く」	Aren't you coming? – Of course I am.
	2. これほど, とても	so
Je suis si fatigué !	くたくただ	I'm so tired!
Ce n'est pas si simple.	そう単純ではない	It's not so simple.
si... que	とても…なので…だ	so... that
Il parle si bas qu'on ne l'entend pas.	彼は声がとても小さいので聞こえない	He speaks so low that you can't hear him.
★**siècle** スィエクル 男	世紀	century
au vingt et unième siècle	21世紀に	in the twenty-first century
siège スィエージュ 男	椅子, 座席	seat
★**sien** スィヤン 代	《leと》《男性単数形》	

signal – sinon

仏	日	英
— **sienne** スィエヌ	(la と)(女性単数形)	
— **siens** スィヤン	(les と)(男性複数形)	
— **siennes** スィエヌ	(les と)(女性複数形)	
	1. 彼のもの	his
	2. 彼女のもの	hers
signal スィニャル 男	合図, 信号	signal
— **signaux** スィニョー	(複数形)	
signature スィニャテュール 女	署名	signature
★**signe** スィーニュ 男	しるし, 合図, 記号	sign
signer スィニェ 動	署名する, サインする	sign
signifier スィニフィエ 動	意味する	mean
★**silence** スィラーンス 男	沈黙, 無言	silence
silencieux スィランスィユー 形	無言の, 静かな	silent
— **silencieuse** スィランスィユーズ	(女性形)	
★**simple** サーンプル 形	簡単な, 簡素な	simple
★**simplement** サンプルマン 副	簡単に, 単純に ; 単に	simply; just
sincère サンセール 形	誠実な	sincere
singe サーンジュ 男	サル	monkey
sinon スィノン 接	そうでなければ	otherwise

308

situation – sœur

仏	日	英
Je dois partir, sinon je serai en retard.	出かけないと遅刻だ	I must leave, otherwise I'll be late.
★**situation** 女 (スィテュアスィヨン)	状況	situation
situé 形 (スィテュエ)	位置した	situated
— **située**	《女性形》	
L'hôtel est situé au bord de la mer.	ホテルは海辺にある	The hotel is situated by the sea.
★**six** 数 (スィス)	6 (の)	six
six jours (スィジュール)	6日	six days
six ans (スィザン)	6年	six years
★**sixième** 形 (スィズィエム)	6番目の	sixth
★**ski** 男 (スキ)	スキー	ski, skiing
faire du ski	スキーをする	go skiing
★**social** 形 (ソスィヤル)	社会の	social
— **sociale** (ソスィヤル)	《女性形》	
— **sociaux** (ソスィヨー)	《男性複数形》	
★**société** 女 (ソスィエテ)	社会；会社	society; company
★**sœur** 女 (スール)	姉, 妹	sister
J'ai une sœur.	姉[妹]がいます	I have a sister.
une grande sœur	姉	an older sister
une petite sœur	妹	a younger sister

309

仏	日	英
★**soi** 代 (ソワ)	自分(自身), それ自身	one, oneself; itself
(不特定の主語を受ける)		
On ne pense qu'à soi.	人は自分のことしか考えない	People only think about themselves.
soie 女 (ソワ)	絹	silk
★**soif** 女 (ソワフ)	のどの渇き	thirst
avoir soif	のどが渇いている	be thirsty
J'ai soif.	のどが渇いた	I'm thirsty.
★**soigner** 動 (ソワニェ)	1. 世話をする, 手入れする	look after
	2. 手当てする	treat
soi-même 代 (ソワメム)	自分自身	oneself
★**soin** 男 (ソワン)	1. 入念さ, 細心の注意	care
avec soin	ていねいに	carefully
	2. (複数で)治療, 手当て	treatment
★**soir** 男 (ソワール)	夕方, 晩	evening
le soir	晩に	in the evening
ce soir	今晩	this evening
demain soir	明日の晩	tomorrow evening
à sept heures du soir	午後7時に	at seven o'clock in the evening
A ce soir !	今晩会いましょう	See you tonight!

soirée – sommet

仏	日	英
ソワレ ★soirée 女	晩；夜のパーティ	evening; party
toute la soirée	一晩中	all evening
Bonne soirée !	（別れ際に）よい晩を	Have a nice evening!
ソワサーント ★soixante 数	60（の）	sixty
ソワサントディス ★soixante-dix 数	70（の）	seventy
ソル sol 男	地面，地表；床	ground; floor
ソルダ ★soldat 男	兵士	soldier
ソルド soldes 男複	特売，セール	sale
ソレイユ ★soleil 男	太陽	sun
Il fait du soleil.	天気がいい	It's sunny.
Il y a du soleil.	天気がいい	It's sunny.
ソリド ★solide 形	丈夫な；固体の	strong; solid
ソリュースィヨン solution 女	解答，解決（法）	solution
ソーンブル ★sombre 形	暗い	dark
Il fait sombre.	暗い	It's dark.
ソム ★somme 女	金額	sum
ソメイユ ★sommeil 男	睡眠	sleep
avoir sommeil	眠い	be sleepy
ソメ sommet 男	頂，山頂；サミット	summit

311

son – sorte

仏	日	英
★**son**¹ [ソン] 形	《所有》《男性単数形》	
— **sa** [サ]	《女性単数形》	
— **son** [ソン]	《母音・無音のhで始まる女性名詞の前》	
— **ses** [セ]	《男女複数形》	
	1. 彼の	his
Il aime sa femme.	彼は妻を愛している	He loves his wife.
	2. 彼女の	her
Elle aime son mari.	彼女は夫を愛している	She loves her husband.
	3. その	its
le chien et son maître	犬とその主人	the dog and its master
★**son**² [ソン] 男	音	sound
sondage [ソンダージュ] 男	調査	survey
un sondage d'opinion	世論調査	an opinion poll
★**sonner** [ソネ] 動	鳴る	ring, strike
Le téléphone sonne.	電話が鳴っている	The telephone is ringing.
sonnette [ソネット] 女	呼び鈴, ベル	bell
sort [ソール] 男	境遇；運命	lot; fate
tirer au sort	くじを引く	draw lots
★**sorte** [ソルト] 女	種類	kind, sort

312

sortie – soudain

仏	日	英
une sorte de	一種の…	a kind of
toutes sortes de	あらゆる種類の	all kinds of
★sortie ソルティ 女	出口	exit
une sortie de secours	非常口	an emergency exit
★sortir ソルティール 動	I《助動詞は être》	
	1. 外に出る，外出する	go out, come out
Ma mère est sortie.	母は外出中です	My mother is gone out.
Sors d'ici !	ここから出て行け！	Get out of here!
	2. 出かける，遊びに行く	go out (for pleasure)
Ils sortent beaucoup.	彼らはよく外出する	They go out a lot.
Ils sortent ensemble depuis deux ans.	彼らは2年前から付き合っている	They've been going out together for two years.
	II《助動詞は avoir》	
	取り出す，外に出す	take out
sortir les mains de sa poche	両手をポケットから出す	take one's hands out of one's pocket
sot ソ 形	ばかな	silly
— **sotte** ソット	（女性形）	
souci ススィ 男	心配	worry
★soudain[1] スダン 形	突然の	sudden
— **soudaine** スデヌ	（女性形）	

313

仏	日	英
スダン **soudain²** 副	突然に	suddenly
スーフル **souffle** 男	息	breath
スフレ **souffler** 動	1. (風が)吹く	blow
Le vent souffle.	風が吹く	The wind blows.
	2. 吹き消す	blow out
スフランス **souffrance** 女	苦しみ	suffering
スフリール ★**souffrir** 動	苦しむ	suffer
スエテ **souhaiter** 動	願う, 望む	wish
Je vous souhaite une bonne année.	新年おめでとうございます	I wish you a Happy New Year.
スルヴェ **soulever** 動	持ち上げる	lift
スリニェ **souligner** 動	下線を引く；強調する	underline; emphasize
スメトル **soumettre** 動	委ねる	submit
スプソン **soupçon** 男	疑い, 疑念	suspicion
スプソネ **soupçonner** 動	疑いを抱く	suspect
スープ ★**soupe** 女	スープ	soup
manger de la soupe	スープを飲む(食べる)	drink [eat] soup
スルス ★**source** 女	泉；源	spring; source
スルスィ **sourcil** 男	まゆ, まゆ毛	eyebrow
スール **sourd** 形	耳が不自由な	deaf

仏	日	英
スルド — sourde	《女性形》	
スリール ★sourire¹ 動	ほほえむ	smile
Il m'a souri.	彼は私にほほえんだ	He smiled at me.
スリール ★sourire² 男	微笑, ほほえみ	smile
スリ souris 女	マウス	mouse
スー ★sous 前	…の下に[で]	under
Le chat est sous la table.	猫はテーブルの下にいる	The cat is under the table
Je suis sorti sous la pluie.	雨の中を外出した	I went out in the rain.
ストゥニール ★soutenir 動	支える, 支持する	support
スティヤン soutien 男	支持	support
ス ヴニール ★se souvenir 代動	(de)…を覚えている	remember
Je me souviens de cette chanson.	この歌を覚えている	I remember this song.
Je m'en souviens.	そのことを覚えている	I remember that.
スヴニール ★souvenir 男	1. 思い出, 記憶	memory
	2. おみやげ	souvenir
un souvenir de Paris	パリのおみやげ	a souvenir from Paris
スヴァン ★souvent 副	しばしば, よく	often
Vous venez souvent ici ?	よくここに来ますか	Do you come here often?
très souvent	とてもよく	very often

315

spécial – stage

仏	日	英
☆**spécial** 形 スペスィヤル	特別な	special
— **spéciale** スペスィヤル	《女性形》	
— **spéciaux** スペスィヨー	《男性複数形》	
spécialement 副 スペスィヤルマン	特別に，特に	specially
spécialiste 名 スペスィヤリスト	専門家	specialist
spécialité 女 スペスィヤリテ	専門；名物，特産品	specialty
la spécialité du chef	シェフの自慢料理	the chef's specialty
spectacle 男 スペクタクル	ショー，見せ物	show
spectateurs 男複 スペクタトゥール	観客	audience
☆**sport** 男 スポール	スポーツ	sport
faire du sport	スポーツをする	play sports
Qu'est-ce que vous faites comme sport ?	どんなスポーツをしますか	What kind of sports do you play?
sportif¹ 形 スポルティフ	スポーツの	sports
— **sportive** スポルティーヴ	《女性形》	
un club sportif	スポーツクラブ	a sports club
sportif² 名 スポルティフ	スポーツ選手	sportsman
— **sportive** スポルティーヴ	《女性形》	sportswoman
stade 男 スタド	スタジアム	stadium
stage 男 スタージュ	研修	internship, (training) course

仏	日	英
スタスィヨン ★**station** 囡	(地下鉄の)駅	station
une station de métro	地下鉄の駅	a subway station
スタスィヨヌマン **stationnement** 男	駐車	parking
スタテュ **statue** 囡	彫像, 像	statue
ステック ★**steak** 男	ステーキ	steak
un steak frites	フライドポテト添えステーキ	steak and French fries
ストリュクテュール **structure** 囡	構造	structure
ステュピド **stupide** 形	ばかげた	stupid
スティル ★**style** 男	スタイル	style
スティロ ★**stylo** 男	ペン	pen
un stylo à bille	ボールペン	a ballpoint pen
スュクセ ★**succès** 男	成功	success
スュクル ★**sucre** 男	砂糖	sugar
スュクレ **sucré** 形	甘い	sweet
スュクレ — **sucrée**	《女性形》	
スュッド ★**sud** 男	南	south
le sud de la France	南フランス	the South of France
スュウール **sueur** 囡	汗	sweat
スュフィール ★**suffire** 動	十分である	be enough, suffice

suffisant–sujet

仏	日	英
Un kilo suffit.	1キロで十分だ	One kilo is enough.
Ça suffit !	もうたくさんだ	That's enough!
	《非人称》	
Il suffit d'attendre.	待つだけでいい	All you have to do is wait.
suffisant [スュフィザン] 形	十分な	sufficient
— **suffisante** [スュフィザーント]	《女性形》	
suggérer [スュグジェレ] 動	提案する；暗示する	suggest
Suisse[1] [スュイス] 女	スイス	Switzerland
suisse [スュイス] 形	スイスの	Swiss
Suisse[2] [スュイス] 名	スイス人	Swiss man, Swiss woman
★**suite** [スュィット] 女	続き, その後	rest
la suite de l'histoire	話の続き	the rest of the story
★**suivant** [スュイヴァン] 形	次の	next, following
— **suivante** [スュイヴァーント]	《女性形》	
la page suivante	次のページ	the next page
★**suivre** [スュィーヴル] 動	後に続く	follow
Suivez-moi.	ついて来てください	Follow me.
« A suivre »	「(連載物が)続く」	"To be continued"
★**sujet** [スュジェ] 男	主題, テーマ；主語	subject

318

仏	日	英
un sujet de conversation	話題	a topic of conversation
super 形 (スュペール)	すばらしい, すごい	great
C'est super !	すばらしい	It's great!
★**supérieur** 形 (スュペリュール)	上の；高等な	upper; higher
— **supérieure** (スュペリュール)	《女性形》	
la lèvre supérieure	上唇	upper lip
l'enseignement supérieur	高等教育	higher education
★**supermarché** 男 (スュペルマルシェ)	スーパーマーケット	supermarket
supplément 男 (スュプレマン)	追加料金	extra charge
supplémentaire 形 (スュプレマンテール)	追加の, 補足の	additional, extra
faire des heures supplémentaires	残業する	do overtime
supporter 動 (スュポルテ)	我慢する, 耐える	stand
Je ne supporte plus mon mari.	夫にはもう我慢できない	I can't stand my husband any more.
supposer 動 (スュポゼ)	推測する	suppose
Je suppose que tu es contre.	君は反対なのだろう	I suppose you are against it.
★**sur** 前 (スュール)	1. …の上に	on, over
Il y a un chat sur le toit.	屋根の上に猫がいる	There is a cat on the roof.
	2. …について	about
un livre sur Napoléon	ナポレオンに関する本	a book about Napoleon

319

仏	日	英
	3. …のうち	out of
une personne sur huit	8人のうち1人	one person out of eight
J'ai eu douze sur vingt.	20点満点で12点取った	I got twelve out of twenty.
★**sûr** スュール 形	確かな；安全な	sure; safe
— **sûre** スュール	(女性形)	
C'est sûr.	それは確かだ	It's certain.
Tu es sûr ?	確かなの	Are you sure?
Je suis sûr qu'il viendra.	彼はきっと来ると思う	I'm sure he will come.
dans un endroit sûr	安全な場所に	in a safe place
bien sûr	もちろん	of course
sûrement スュルマン 副	確かに，きっと	most probably
surface スュルファス 女	表面	surface
surprendre スュルプラーンドル 動	驚かせる	surprise
surpris スュルプリ 形	驚いた	surprised
— **surprise** スュルプリーズ	(女性形)	
Je suis surpris de te voir.	これは奇遇だ	I'm surprised to see you.
★**surprise** スュルプリーズ 女	驚き	surprise
★**surtout** スュルトゥ 副	特に，とりわけ	above all, especially
J'aime surtout les romans historiques.	私は特に歴史小説が好きだ	I like especially historical novels.

surveiller–tableau

仏		日	英
スュルヴェイエ **surveiller**	動	監視する, 見張る	watch, keep an eye on
スュルヴィーヴル **survivre**	動	生き残る	survive
スュスパンドル **suspendre**	動	つるす；中断する	hang; suspend
サンボル **symbole**	男	象徴	symbol
サンパ **sympa**	形	《不変》感じのよい	nice
C'est un type sympa.		あいつはいいやつだ	He's a nice guy.
サンパティック ★**sympathique**	形	感じのよい	nice
サンディカ **syndicat**	男	組合, 労働組合	trade union
スィステム ★**système**	男	体系；制度；装置	system

T, t

タバ **tabac**	男	たばこ	tobacco
ターブル ★**table**	女	1. テーブル, 食卓	table
A table !		ご飯ですよ	Dinner is ready!
se mettre à table		食卓につく	sit down to eat
		2. 表	table
la table des matières		目次	the (table of) contents
タブロー ★**tableau**	男	絵	picture, painting
タブロー — **tableaux**		《複数形》	

仏	日	英
タブリエ **tablier** 男	エプロン	apron
タシュ **tache** 女	染み	stain
ターシュ **tâche** 女	仕事, 任務	task, job
タシェ **tâcher** 動	…しようと努める	try to do
tâcher de comprendre	理解しようと努める	try to understand
タイユ ★**taille** 女	1. (服の)サイズ	size
Quelle taille faites-vous ?	あなたのサイズはいくつですか?	What size are you?
	2. 身長	height
un homme de grande taille	背の高い男性	a tall man
	3. 腰回り, ウエスト	waist
ス テール ★**se taire** 代動	黙る, 沈黙を守る	stop talking, be quiet
Tais-toi !	黙りなさい	Be quiet!
タラン ★**talent** 男	才能	talent
avoir du talent	才能がある	have talent
タロン **talon** 男	かかと, ヒール	heel
タンブール **tambour** 男	太鼓, ドラム	drum
タンディク ★**tandis que** 接句	…している間に	while
Ils s'amusent tandis que nous travaillons.	私たちが働いているのに彼らは遊んでいる	They are having fun while we are working.
タン ★**tant** 副	非常に, そんなに	so much

仏	日	英
Il mange tant !	彼はすごく食べる	He eats so much!
tant de	多くの, たくさんの	so many, so much
tant d'amis	多くの友人	so many friends
Tant mieux !	それはよかった	That's good!
Tant pis !	(残念だが)仕方ない	Too bad!
ターント ★**tante** 女	おば	aunt
タペ **taper** 動	1. たたく, ぶつ	hit
taper des mains	手をたたく	clap one's hands
	2. タイプする	type
タピ **tapis** 男	じゅうたん, カーペット	rug, carpet
タール ★**tard** 副	遅く；夜遅くに	late
Couche-toi, il est tard.	遅いから寝なさい	Go to bed, it's late.
Il est trop tard.	遅過ぎる	It's too late.
plus tard	あとで	later
A plus tard !	またあとで会いましょう	See you later.
se coucher tard	寝るのが遅い	go to bed late
タルデ **tarder** 動	遅れる	be a long time
Elle ne va pas tarder.	彼女はもうじき来ます	She won't be long.
タリフ **tarif** 男	料金	price, rate, fare

仏	日	英
tas タ 男	山積み	pile
un tas de sable	砂山	a pile of sand
★**tasse** タース 女	カップ	cup
une tasse de thé	1杯の紅茶	a cup of tea
une tasse à thé	ティーカップ	a teacup
taux トー 男	比率, 割合	rate
le taux de change	為替レート	the exchange rate
taxe タクス 女	税	tax
une boutique hors taxes	免税店	a duty-free shop
★**taxi** タクスィ 男	タクシー	taxi
★**te** トゥ 代		
— t'	(母音・無音のhの前)	
	1. 君を	you
Je te crois.	君を信じる	I believe you.
Je t'aime.	愛している	I love you.
	2. 君に	to you
Je te le donne.	それを君にあげよう	I'm giving it to you.
	3.(再帰代名詞)	
Va te laver les mains.	手を洗っておいで	Go and wash your hands.

仏	日	英
★tel [テル] 形	《男性単数形》	
telle [テル]	《女性単数形》	
— tels [テル]	《男性複数形》	
— telles [テル]	《女性複数形》	
	1. そのような	such
un tel homme	そのような男	such a man
une telle chose	そのようなこと	such a thing
de tels gens	そのような人々	such people
de telles choses	そのようなこと	such things
★télé [テレ] 女	テレビ	TV
à la télé	テレビで	on TV
★téléphone [テレフォヌ] 男	電話	telephone
Il est au téléphone.	彼は電話中だ	He is on the phone.
On vous demande au téléphone.	あなたに電話です	You are wanted on the phone.
passer un coup de téléphone	電話する	make a phone call
★téléphoner [テレフォネ] 動	電話する	phone, make a phone call
téléphoner à	…に電話する	call
★télévision [テレヴィズィヨン] 女	テレビ	television
regarder la télévision	テレビを見る	watch television

tellement – tendance

仏	日	英
Qu'est-ce qu'il y a à la télévision ?	テレビで何をやっていますか	What's on TV?
★tellement テルマン 副	とても, 非常に	so
Il est tellement gentil.	彼はとても親切だ	He is so nice.
température タンペラテュール 女	気温, 温度；体温	temperature
tempête タンペト 女	暴風雨, 嵐	storm
temple ターンプル 男	神殿, 寺院	temple
★temps タン 男	1. 時間	time
Le temps, c'est de l'argent.	時は金なり	Time is money.
Je n'ai pas le temps.	時間がない	I don't have time.
Il est temps de partir.	出かける時間だ	It's time to go.
Combien de temps faut-il pour y aller ?	そこに行くのにどれくらい時間がかかりますか	How long does it take to go there?
Depuis combien de temps attendez-vous ?	どれくらい待っていますか	How long have you been waiting?
	2. 天気, 天候	weather
Quel temps fait-il ?	どんな天気ですか	What's the weather like?
Il fait beau temps.	天気がいい	The weather is fine.
de temps en temps ドゥタン ザンタン	ときどき	from time to time
en même temps	同時に	at the same time
tout le temps	いつも	all the time
tendance タンダーンス 女	性向；傾向	trend, tendency

326

tendre – tenue

仏	日	英
ターンドル ★**tendre**[1] 動	1. 張る, 伸ばす	stretch
	2. 差し出す	hold out
tendre la main à	…に手を差し出す	hold out one's hand to
ターンドル ★**tendre**[2] 形	柔らかな；優しい	tender
トゥニール ★**tenir** 動	1. 手に持つ, 握る	hold
tenir un enfant par la main	子どもの手を引く	hold a child by the hand
	2. …を…に保つ	keep
tenir les yeux fermés	目を閉じたままでいる	keep one's eyes shut
Tenez !	1. (注意を引く)ほら	Look!
	2. (差し出して)どうぞ	Here you are.
Tiens !	1. (驚いて)おや	Oh!
	2. (注意を引く)ほら	Look!
	3. (差し出して)どうぞ	Here you are.
テニス ★**tennis** 男	テニス	tennis
jouer au tennis	テニスをする	play tennis
ターント **tente** 女	テント	tent
タンテ **tenter** 動	1. 試みる	attempt
	2. 気をそそる	tempt
トゥニュ **tenue** 女	服装	outfit, clothes

327

仏	日	英
la tenue de sport	スポーツウエア	sports gear
terme テルム 男	1. 言葉, 用語	word, term
	2. 期限, 期日	time limit, deadline
★**terminer** テルミネ 動	終える, 終了する	finish
★**terrain** テラン 男	1. 土地	land
	2. …場, グラウンド	ground
un terrain de golf	ゴルフ場	a golf course
terrasse テラス 女	(カフェの)テラス	terrace
★**terre** テール 女	1. 地球；世界	earth
	2. 陸；地面	land; ground
par terre	地面に；床に	on the ground [floor]
terreur テルール 女	恐怖	terror
★**terrible** テリーブル 形	恐ろしい, すさまじい	terrible
un accident terrible	恐ろしい事故	a terrible accident
★**tête** テット 女	頭	head
J'ai mal à la tête.	頭が痛い	I have a headache.
★**texte** テクスト 男	原文, 本文	text
★**thé** テ 男	茶, 紅茶	tea
prendre le thé	お茶を飲む	have tea

théâtre – tirer

仏	日	英
un thé au lait	ミルクティー	a tea with milk
un thé au citron	レモンティー	a lemon tea
テアートル ★**théâtre** 男	1. 演劇, 芝居	drama
faire du théâtre	芝居をする	do drama
	2. 劇場	theater
テーム **thème** 男	テーマ, 主題	theme
テオリ **théorie** 女	理論	theory
ティケ ★**ticket** 男	切符, チケット	ticket
un ticket de métro	地下鉄の切符	a subway ticket
ティエド **tiède** 形	ぬるい, 生暖かい	lukewarm, warm
ティヤン ★**tien** 代	《leと》《男性単数形》	
テイエヌ — **tienne**	《laと》《女性単数形》	
ティヤン — **tiens**	《lesと》《男性複数形》	
テイエヌ — **tiennes**	《lesと》《女性複数形》	
	君のもの	yours
Ma voiture est plus vieille que la tienne.	私の車は君の車より古い	My car is older than yours.
ターンブル ★**timbre** 男	切手	stamp
ティミド **timide** 形	内気な	shy
ティレ ★**tirer** 動	1. 引く, 引っ張る	pull, draw

329

tiroir–tomber

仏	日	英
tirer les rideaux	カーテンを引く	draw the curtains
	2. シュートする	shoot
tirer au but	ゴールにシュートする	shoot at the goal
tiroir ティロワール 男	引き出し	drawer
★**titre** ティトル 男	題名, タイトル	title
★**toi** トワ 代	君	you
avec toi	君といっしょに	with you
C'est toi ?	君かい	Is that you?
Et toi ?	君はどうなの	How about you?
C'est à toi ?	これは君のなの	Is this yours?
Assieds-toi.	すわって	Sit down.
★**toilette** トワレット 女	1. 洗面	washing
	2.（複数で）トイレ	bathroom, restroom
aller aux toilettes	トイレに行く	go to the bathroom
toi-même トワメム 代	君自身	yourself
★**toit** トワ 男	屋根	roof
★**tomate** トマット 女	トマト	tomato
tombe トーンブ 女	墓	grave
★**tomber** トンベ 動	（助動詞はêtre）	

330

仏	日	英
	1. 落ちる, 降る	fall
L'avion est tombé dans la mer.	飛行機は海に落ちた	The plane fell into the sea.
	2. 倒れる, 転ぶ	fall over
Attention, tu vas tomber.	危ない, 転ぶよ	Careful, you're going to fall.
★ton¹ [トン] 形	《所有》《男性単数形》	
— ta [タ]	《女性単数形》	
— ton [トン]	《母音・無音のhで始まる単数女性名詞の前》	
— tes [テ]	《男女複数形》	
	君の	your
ton papa	君のパパ	your dad
ta maman	君のママ	your mom
ton école	君の学校	your school
★ton² [トン] 男	語調, 口調	tone of voice
tonnerre [トネール] 男	雷鳴	thunder
★tort [トール] 男	誤り, 間違い	fault
avoir tort	間違っている	be wrong
★tôt [ト] 副	早く	early
se lever tôt	早起きする	get up early
tôt le matin	朝早く	early in the morning

total – tourisme

仏	日	英
★**total** トタル 形	全体の, 完全な	total
— **totale** トタル	(女性形)	
— **totaux** トトー	(男性複数形)	
totalement トタルマン 副	完全に, 全く	totally
★**toucher** トゥシェ 動	さわる	touch
Ne me touchez pas.	私にさわらないで	Don't touch me.
★**toujours** トゥジュール 副	1. いつも	always
Il est toujours en retard.	彼はいつも遅刻する	He is always late.
	2. 相変わらず, まだ	still
Il pleut toujours.	まだ雨が降っている	It's still raining.
★**tour**[1] トゥール 女	塔, タワー	tower
la Tour Eiffel	エッフェル塔	the Eiffel Tower
★**tour**[2] トゥール 男	1. 順番	turn
C'est mon tour.	私の番だ	It's my turn.
A qui le tour ?	誰の番ですか	Whose turn is it?
	2. 一周, 一回り	
faire le tour du monde	世界を一周する	go around the world
le Tour de France	ツール・ド・フランス	the Tour de France
tourisme トゥリスム 男	観光, 観光旅行	tourism

332

touriste–tout

仏	日	英
touriste [トゥリスト] 名	観光客	tourist
★**tourner** [トゥルネ] 動	1. 曲がる	turn
tourner à gauche [droite]	左[右]に曲がる	turn left [right]
	2. 回る, 回転する	turn
★**tout**[1] [トゥ]	《男性単数形》	
— **toute** [トゥト]	《女性単数形》	
— **tous** [トゥ]	《男性複数形》	
— **toutes** [トゥト]	《女性複数形》	
形	1. 全部の, すべての	all
tout l'argent	全部のお金	all the money
toute la classe	クラス全員	all the class
tous les garçons	男子全員	all the boys
toutes les filles	女子全員	all the girls
tous mes amis	私の友人全員	all my friends
tous les deux	両方とも, 2人とも	both
	2. 毎…	every
tous les jours	毎日	every day
toutes les semaines	毎週	every week
tous les deux jours	1日おき	every other day

333

仏	日	英
tous les quatre ans	4年に1度	every four years

★tout² 代 《単数形》

仏	日	英
	すべて, 全部	everything, all
Tout va bien.	すべて順調だ	Everything is fine.
C'est tout.	それだけです	That's all.
Elle sait tout.	彼女は何でも知っている	She knows everything.
On ne peut pas tout faire.	何でもできるわけではない	You can't do everything.
du tout	全然, 全く	
Je ne sais pas du tout.	全然わかりません	I don't know at all.

— **tous** 《男性複数形》

— **toutes** 《女性複数形》

仏	日	英
	すべての人[物]	all
Tous sont arrivés.	全員が着いた	They have all arrived.
Je les connais tous.	私は彼らを全員知っている	I know all of them.
Je les connais toutes.	私は彼女らを全員知っている	I know all of them.
Nous aimons tous la musique.	私たちはみんな音楽が好きだ	We all love music.
tous ensemble	みんなで一緒に	all together

★tout³ 副 全く, とても very, quite

— **toute** 《子音・有声のhで始まる形容詞女性単数形の前》

toutefois – traditionnel

仏	日	英
— **toutes** トゥト	《子音・有声のhで始まる形容詞女性複数形の前》	
Il est tout content.	彼はとても満足している	He is very happy.
Ils sont tout contents.	彼らはとても満足している	They are very happy.
Elle est toute contente.	彼女はとても満足している	She is very happy.
Elle est tout étonnée.	彼女はとても驚いている	She is very surprised.
tout à coup トゥタクー	突然	suddenly
tout à fait トゥタフェ	全く；その通り	quite; aboslutely
C'est tout à fait exact.	全くその通りです	That's quite right.
tout à l'heure トゥタルール	1. もうすぐ	later, in a moment
Je reviendrai tout à l'heure.	すぐに戻ってきます	I'll come back later.
A tout à l'heure !	またあとで	See you later.
	2. ついさっき	a little while ago
Il est sorti tout à l'heure.	彼はさっき出て行った	He went out a little while ago.
tout de suite	すぐに	immediately, at once
J'arrive tout de suite.	すぐに行きます	I'll be right there.
toutefois 副 トゥトフォワ	しかしながら	however
trace 女 トラス	足跡, 跡	track, mark
★**tradition** 女 トラディスィヨン	伝統	tradition
traditionnel 形 トラディスィヨネル	伝統的な	traditional

traduction – transparent

仏		日	英
— traditionnelle [トラディスィヨネル]		（女性形）	
traduction [トラデュクスィヨン]	女	翻訳	translation
traduire [トラデュイール]	動	翻訳する	translate
tragédie [トラジェディ]	女	悲劇	tragedy
tragique [トラジック]	形	悲劇的な	tragic
★train [トラン]	男	列車	train
prendre le train		列車に乗る	take the train
traitement [トレトマン]	男	待遇, 扱い；治療	treatment
traiter [トレテ]	動	扱う；治療する	treat
tranche [トラーンシュ]	女	薄切り	slice
une tranche de pain		パン1切れ	a slice of bread
★tranquille [トランキル]	形	静かな	quiet
une rue tranquille		静かな通り	a quiet street
Soyez tranquille.		安心してください	Don't worry.
Laisse-moi tranquille !		ほっといて	Leave me alone!
tranquillement [トランキルマン]	副	静かに；心安らかに	quietly
transformer [トランスフォルメ]	動	変える	change
transparent [トランスパラン]	形	透明な	transparent
— transparente [トランスパラーント]		（女性形）	

336

仏	日	英
トランスポール **transport** 男	運送, 運搬	transportation
un moyen de transport	交通手段	a means of transportation
トランスポルテ **transporter** 動	運ぶ, 輸送する	carry, transport
トラヴァイユ ★**travail** 男	労働, 仕事, 勉強；職	work; job
トラヴォー — **travaux**	(複数形)工事, 道路工事	work, roadwork
avoir du travail	仕事がある	have work to do
Je cherche du travail.	職を探している	I'm looking for a job.
トラヴァイエ ★**travailler** 動	働く；勉強する	work
travailler en usine	工場で働く	work in a factory
J'ai bien travaillé à l'école.	学校でよく勉強した	I studied hard in school.
トラヴァイユール **travailleur** 名	労働者	worker
トラヴァイユーズ — **travailleuse**	(女性形)	
トラヴェルセ ★**traverser** 動	1. 渡る, 横切る	cross
traverser la rue	道路を渡る	cross the road
	2. 通る, 通過する	go [come] through
トレーズ ★**treize** 数	13(の)	thirteen
トレズィエム ★**treizième** 形	13番目の	thirteenth
トランブルマン **tremblement** 男	震え, 振動	trembling
un tremblement de terre	地震	an earthquake

仏	日	英
トランブレ **trembler** 動	震える	tremble
トランテヌ **trentaine** 女	約30	about thirty
une trentaine de personnes	約30人	about thirty people
トラーント ★**trente** 数	30(の)	thirty
トレ ★**très** 副	とても	very
très bien	とてもよい	very good
J'ai très faim.	とても空腹だ	I'm very hungry.
トレゾール **trésor** 男	宝, 宝物	treasure
トリアーングル **triangle** 男	3角形	triangle
トリコロール **tricolore** 形	3色の	three-colored
le drapeau tricolore	三色旗(仏国旗)	the French flag
トリメストル **trimestre** 男	学期；四半期	term
トリスト ★**triste** 形	悲しい	sad
Elle a l'air triste.	彼女は悲しそうだ	She looks sad.
トリステス **tristesse** 女	悲しみ	sadness
トロワ ★**trois** 数	3(の)	three
トロワズィエム ★**troisième** 形	3番目の	third
トロンペ ★**tromper** 動	だます	deceive
― ★**se tromper** 代動	間違える	make a mistake

338

仏	日	英
Tu te trompes.	君は間違っている	You are wrong.
se tromper de train	電車を間違える	get the wrong train
★trop トロ 副	あまりに, 過度に	too, too much
C'est trop cher.	値段が高すぎる	It's too expensive.
Tu manges trop.	君は食べ過ぎだ	You eat too much.
J'ai trop mangé.	食べ過ぎた	I ate too much.
trop de	あまりに多くの	too many, too much
J'ai bu trop de vin.	ワインを飲み過ぎた	I drank too much wine.
Il y a trop de voitures.	車が多すぎる	There are too many cars.
trop... pour 不定詞	…には…過ぎる	too... to
C'est trop beau pour être vrai.	話がうますぎて本当とは思えない	It's too good to be true.
trottoir トロトワール 男	歩道	sidewalk
★trou トルー 男	穴	hole
★trouver トルヴェ 動	1. 見つける	find
trouver un emploi	仕事を見つける	find a job
	2. 思う	think, find
J'ai trouvé ce film génial.	この映画をすばらしいと思った	I found this movie was wonderful
Comment trouvez-vous ce film ?	この映画をどう思いますか	What do you think of this movie?
Je trouve que c'est super !	最高だと思う	I think it's great!

仏	日	英
Vous trouvez ?	そう思いますか	Do you think so?
— ★se trouver 代動	…にいる, ある	be
Où se trouve la gare ?	駅はどこですか	Where is the station?
★tu 代	君は	you
Tu viens ?	来るかい	Are you coming?
tube 男 テュブ	チューブ, 管	tube
★tuer 動 テュエ	殺す	kill
tutoyer 動 テュトワィェ	tuで話す	say "tu" to somebody
★type 男 ティップ	型, タイプ	type, kind
typique 形 ティピック	典型的な	typical

U, u

仏	日	英
★un[1] 冠 アン	ある, 1つの, 1人の	a
— une ユヌ	(女性形)	
un livre	1冊の本	a book
une bouteille	1本の瓶	a bottle
★un[2] 数 アン	1 (の)	one
— une ユヌ	(女性形)	
un euro	1ユーロ	one euro

仏	日	英
Un et un font deux.	1足す1は2	One and one are two.
アン ★un³　代	1つ, 1人	one
ユヌ — une	(女性形)	
un de mes amis	私の友人の1人	one of my friends
ユニフォルム uniforme　男	制服	uniform
ユニヨン union　女	連合	union
l'Union européenne	欧州連合	the European Union
ユニク unique　形	唯一の	only
Elle est fille unique.	彼女は一人娘だ	She is an only child.
ユニクマン uniquement　副	ただ, 単に	only
ユニテ unité　女	単一性, 統一 ; 単位	unity; unit
ユニヴェール ★univers　男	宇宙	universe
ユニヴェルスィテ ★université　女	大学	university
aller à l'université	大学に行く	go to university
ユルジャーンス urgence　女	緊急 ; 急患	urgency; emergency
ユルジャン urgent　形	緊急の	urgent
ユルジャーント — urgente	(女性形)	
ユザージュ usage　男	使用 ; 用途 ; 慣例	use; custom
ユズィヌ ★usine　女	工場	factory

仏	日	英
ユティル ★utile 形	役立つ, 有益な	useful
ユティリゼ ★utiliser 動	使う	use

V, v

仏	日	英
ヴァカーンス ★vacances 女複	休暇, バカンス	vacation
être en vacances	休暇中である	be on vacation
partir en vacances	休暇に出かける	go on vacation
passer de bonnes vacances	楽しい休暇を過ごす	have a good vacation
Bonnes vacances !	楽しい休暇を	Have a good vacation!
ヴァシュ ★vache 女	雌牛	cow
ヴァグ vague¹ 女	波	wave
ヴァグ vague² 形	漠然とした	vague
ヴァン vain 形	効果のない, 無駄な	useless
ヴェヌ — vaine	(女性形)	
ヴァーンクル vaincre 動	1. 負かす, 打ち破る	defeat
	2. 克服する	overcome
ヴェセル vaisselle 女	(集合的に)食器	dishes
faire la vaisselle	皿洗いをする	do the dishes
ヴァルール ★valeur 女	価値, 値打ち	value

仏	日	英
ヴァリーズ ★**valise** 女	スーツケース	suitcase
ヴァレ **vallée** 女	谷	valley
ヴァロワール ★**valoir** 動	…の価値がある	be worth
Ça vaut combien ?	いくらですか	How much is it?
Il vaut mieux 不定詞	…する方がよい	
Il vaut mieux attendre.	待った方がいい	It's better to wait.
ヴァプール **vapeur** 女	蒸気	steam
ヴァリエ **varier** 動	変化する, 異なる	vary
ヴァーズ **vase** 男	花びん	vase
ヴァスト **vaste** 形	広い, 広大な	vast, huge
ヴォー **veau** 男	子牛, 子牛の肉	calf, veal
ヴォー — **veaux**	《複数形》	
ヴェイキュル **véhicule** 男	車, 乗り物	vehicle
ヴェイユ **veille** 女	《la veille》前日, 前夜	the day before
la veille de l'examen	試験の前日	the day before the exam
la veille de Noël	クリスマスイブ	Christmas Eve
ヴェロ ★**vélo** 男	自転車	bicycle
ヴァンドゥール **vendeur** 名	店員, 販売員	salesclerk
ヴァンドゥーズ — **vendeuse**	《女性形》	

vendre – vérité

仏	日	英
ヴァーンドル ★**vendre** 動	売る	sell
« A vendre »	「売り物」	"For sale"
ヴァンドルディ ★**vendredi** 男	金曜日	Friday
ヴニール ★**venir** 動	《助動詞は être》	
	来る, 行く	come
Je viens du Japon.	私は日本から来た	I'm from Japan.
Viens me voir.	遊びに来て	Come and see me.
venir de 不定詞	…したばかりである	
Il vient d'arriver.	彼は着いたばかりだ	He has just arrived.
ヴァン ★**vent** 男	風	wind
Il y a du vent.	風が吹いている	It's windy.
ヴァーント ★**vente** 女	販売	sale
ヴァーントル ★**ventre** 男	腹, 腹部	stomach
J'ai mal au ventre.	腹が痛い	I have a stomachache.
ヴェルブ **verbe** 男	動詞	verb
ヴェリフィエ **vérifier** 動	確かめる, 確認する	check
ヴェリタブル ★**véritable** 形	本物の	real, genuine
cuir véritable	本革	genuine leather
ヴェリテ ★**vérité** 女	真理, 真実	truth

verre – vidéo

仏	日	英
	dire la vérité	真実を言う	tell the truth
ヴェール ★**verre** 男	1. グラス	glass
un verre de vin	グラス1杯のワイン	a glass of wine
	2. ガラス	glass
ヴェール ★**vers** 前	1. …の方に	toward
vers Paris	パリの方へ	toward Paris
	2. (時間)…の頃に	about
vers six heures	6時頃に	about six o'clock
ヴェルセ **verser** 動	つぐ, 注ぐ	pour
ヴェルスィヨン **version** 女	版, バージョン	version
ヴェール ★**vert** 形	緑の	green
ヴェルト — **verte**	(女性形)	
ヴェスト **veste** 女	上着, ジャケット	jacket
ヴェトマン ★**vêtements** 男複	衣服, 服	clothes
ヴィヤーンド ★**viande** 女	肉	meat
manger de la viande	肉を食べる	eat meat
ヴィクトワール **victoire** 女	勝利	victory
ヴィド ★**vide** 形	空の	empty
ヴィデオ **vidéo** 形	(不変)ビデオの	video

345

vider–village

仏	日	英
un jeu vidéo	テレビゲーム	a video game
vider ヴィデ 動	空にする, あける	empty
★**vie** ヴィ 女	生命 ; 人生 ; 暮らし	life
être en vie	生きている	be alive
gagner sa vie	生計を立てる	earn one's living
Qu'est-ce que vous faites dans la vie ?	お仕事は何ですか	What do you do for a living?
C'est la vie!	仕方がない	That's life!
vieillard ヴィエイヤール 男	(男の)老人	old man
vieillesse ヴィエイエス 女	老年, 老い	old age
vieillir ヴィエイール 動	年を取る, 老いる	grow old
★**vieux** ヴィユー 形	古い ; 年を取った	old
— **vieil** ヴィエイユ	《母音・無音のhで始まる男性名詞の前》	
— **vieille** ヴィエイユ	《女性単数形》	
— **vieux** ヴィユー	《男性複数形》	
— **vieilles** ヴィエイユ	《女性複数形》	
un vieux château	古い城	an old castle
un vieil homme	老人	an old man
une vieille maison	古い家	an old house
village ヴィラージュ 男	村	village

346

仏	日	英
★**ville** ヴィル 女	都市, 都会 ; 町	city, town
la ville de Paris	パリ市	the city of Paris
aller en ville	町に出る	go into town
★**vin** ヴァン 男	ワイン	wine
boire du vin	ワインを飲む	drink wine
le vin rouge [blanc]	赤[白]ワイン	red [white] wine
vinaigre ヴィネーグル 男	酢	vinegar
★**vingt** ヴァン 数	20 (の)	twenty
vingtaine ヴァンテヌ 女	約20	about twenty
une vingtaine de personnes	約20人	about twenty people
★**vingtième** ヴァンティエム 形	20番目の	twentieth
violence ヴィヨラーンス 女	暴力	violence
★**violent** ヴィヨラン 形	乱暴な, 激しい	violent
— **violente** ヴィヨラーント	《女性形》	
★**violon** ヴィヨロン 男	バイオリン	violin
virgule ヴィルギュル 女	コンマ	comma
★**visage** ヴィザージュ 男	顔	face
★**visite** ヴィズィト 女	1. 訪問	visit
rendre visite à	(人を)訪れる	visit somebody

347

visiter–vocabulaire

仏	日	英
J'ai rendu visite à ma grand-mère.	祖母の家を訪れた	I visited my grandmother.
	2. 見学, 見物	tour
Nous avons fait la visite du château.	私たちは城を見学した	We went on a tour of the castle.
★**visiter** ヴィズィテ 動	(場所を)訪れる, 見学する	visit
Je vais visiter le château de Versailles.	ベルサイユ宮殿を見に行きます	I'm going to visit the Palace of Versailles.
visiteur ヴィズィトゥール 名	見物客, 訪問者	visitor
— **visiteuse** ヴィズィトゥーズ	《女性形》	
★**vite** ヴィット 副	1. 速く, すばやく	fast, quick, quickly
Elle court vite.	彼女は走るのが速い	She runs fast.
Vite !	早くして	Quick!
	2. すぐに	soon
Elle a vite compris.	彼女はすぐに理解した	She soon understood.
★**vitesse** ヴィテス 女	速さ, スピード	speed
vivant ヴィヴァン 形	生きている	alive
— **vivante** ヴィヴァーント	《女性形》	
★**vivre** ヴィーヴル 動	生きる, 暮らす	live
vivre longtemps	長生きする	live for a long time
vivre à la campagne	田舎で暮らす	live in the country
vocabulaire ヴォカビュレール 男	語彙	vocabulary

仏	日	英
vœu ヴー 男	願い	wish
vœux ヴー	(複数形)	
faire un vœu	願いごとをする	make a wish
Meilleurs vœux !	ご多幸を(新年の挨拶)	Best wishes!
★**voici** ヴォワスィ 前	1. ここに…がある	here is [are]
Voici Paul.	こちらがポールです	Here is Paul.
Me voici.	私はここにいる	Here I am.
	2. (時間)…前に	ago
voici une heure	1時間前に	an hour ago
voie ヴォワ 女	道, 道路	way
★**voilà** ヴォワラ 前	1. そこ[ここ]に…がある	there is [are]; here is [are]
Voilà ma sœur.	私の姉[妹]です	This is my sister.
Voilà le printemps.	春が来た	Here comes spring.
Voilà le CD que vous cherchiez.	これがお探しのCDです	Here's the CD you were looking for.
Le voilà.	彼が来た	There he is.
	2. (手渡して)どうぞ	Here you are.
	3. そのとおりだ	That's it.
	4. (時間)…前に	ago
voilà une heure	1時間前に	an hour ago

voir–vol

仏	日	英
ヴォワール ★**voir** 　　動	1. 見る, 見える	see
D'ici, on voit la mer.	ここから海が見える	From here, you can see the sea.
aller voir un film	映画を見に行く	go to see a movie
J'ai vu quelqu'un venir.	誰かが来るのが見えた	I saw somebody coming.
	2. 会う	see
aller voir un ami	友人に会いに行く	go to see a friend
	3. わかる	see
Je vois.	なるほど	I see.
Je vois ce que tu veux dire.	言いたいことはわかる	I see what you mean.
— **se voir** 　　代動	互いに会う	see each other
Ils se voient souvent.	彼らはよく会う	They see a lot of each other.
ヴォワザン ★**voisin** 　　名	隣人	neighbor
ヴォワズィヌ — **voisine**	《女性形》	
ヴォワテュール ★**voiture** 　　女	自動車	car
en voiture	自動車で	by car
ヴォワ ★**voix** 　　女	声	voice
à haute voix	大声で	aloud
ヴォル ★**vol**¹ 　　男	飛行, 飛行便	flight
ヴォル **vol**² 　　男	盗み	theft

volant–vôtre

仏	日	英
volant ヴォラン 男	自動車のハンドル	steering wheel
★**voler**¹ ヴォレ 動	飛ぶ	fly
★**voler**² ヴォレ 動	盗む	steal
On m'a volé mon sac.	カバンを盗まれた	I had my bag stolen.
★**voleur** ヴォルール 名	泥棒	thief
— **voleuse** ヴォルーズ	《女性形》	
Au voleur !	泥棒だ	Stop thief!
★**volonté** ヴォロンテ 女	意志	will
★**volontiers** ヴォロンティエ 副	喜んで	gladly, with pleasure
Volontiers !	喜んで	With pleasure!
volume ヴォリュム 男	体積；音量；巻	volume
voter ヴォテ 動	投票する	vote
★**votre** ヴォトル 形	《所有》あなた(方)の；君たちの	your
— **vos** ヴォ	《複数形》	
votre famille	あなたの家族	your family
vos enfants	あなたの子どもたち	your children
★**vôtre** ヴォトル 代	《le [la]と》《単数形》	
— **vôtres** ヴォトル	《lesと》《複数形》	
	1. あなた(方)のもの	yours

351

仏	日	英
une maison comme la vôtre	あなたの家のような家	a house like yours
	2. 君たちのもの	yours
★**vouloir** [ヴロワール] 動	1. 欲しい，…したい	want
Je ne veux rien.	何も欲しくない	I don't want anything.
Tu veux venir avec nous ?	私たちと一緒に来たいかい	Do you want to come with us?
Encore un peu de thé ? – Je veux bien.	「紅茶のお代わりはいかが」『いただきます』	More tea? – Yes, please.
	2.《vouloir + 接続法》	
Je veux que tu viennes tout de suite.	君にすぐ来て欲しい	I want you to come at once.
	3.《条件法》	
Je voudrais une glace, s'il vous plaît.	アイスクリームをください	I would like some ice cream, please.
Je voudrais parler à M. Martin, s'il vous plaît.	(電話で)マルタンさんをお願いします	I would like to speak to Mr. Martin, please.
	4. …してもらえませんか	
Voulez-vous fermer la fenêtre ?	窓を閉めてもらえませんか	Would you mind closing the window?
vouloir dire	意味する	mean
Qu'est-ce que ça veut dire ?	それはどういう意味ですか	What does that mean?
★**vous** [ヴー] 代	あなた(方)；君たち	you
Vous avez raison.	あなたは正しい	You are right.
Je vous enverrai un e-mail.	あなたにメールを送ります	I'll send you an e-mail
J'irai avec vous.	あなたと行きます	I'll go with you.

仏	日	英
Taisez-vous !	静かにしなさい	Be quiet!
ヴメム ★**vous-même** 代	あなた自身	yourself
ヴメム ★**vous-mêmes** 代	あなた(方)自身；君たち自身	yourselves
ヴヴォワイエ **vouvoyer** 動	vousで話す	say "vous" to somebody
ヴォワヤージュ ★**voyage** 男	旅, 旅行	trip, journey
partir en voyage	旅行に出かける	go on a trip
Bon voyage !	よいご旅行を	Have a good trip!
ヴォワヤジェ ★**voyager** 動	旅行する	travel
ヴォワヤジュール ★**voyageur** 名	旅行者, (列車等の)乗客	traveler, passenger
ヴォワヤジューズ — **voyageuse**	《女性形》	
ヴレ ★**vrai** 形	本当の；本物の	true; real
ヴレ — **vraie**	《女性形》	
C'est vrai ?	本当ですか	Really?
Ce n'est pas vrai !	それは違います	That's not true!
ヴレマン ★**vraiment** 副	本当に	really
Vraiment ?	本当ですか	Really?
ヴュ ★**vue** 女	1. 視力, 視覚	sight, eyesight
	2. 眺め, 見晴らし	view
une chambre avec vue sur la mer	海が見える部屋	a room with a sea view

仏		日	英

W, w

ヴェセ **WC**	男·複	トイレ	restroom
ウィケンド ★**week-end**	男	週末	weekend
ce week-end		今週末に	this weekend
Bon week-end !		よい週末を	Have a nice weekend!

Y, y

イ ★**y**	代	1. そこに	there
J'y vais demain.		明日そこに行く	I'm going there tomorrow.
		2.《à+名詞の代わり》	
J'y pense souvent.		よくそのことを考える	I think about it a lot.
ヤウルト **yaourt**	男	ヨーグルト	yoghurt
イユー ★**yeux**	男·複	《œilの複数形》	eyes

Z, z

ゼロ ★**zéro**	男	ゼロ	zero
ゾーヌ **zone**	女	地帯, 地区, 地域	zone, area
ゾオ **zoo**	男	動物園	zoo

354

動 詞 活 用 表

重要な不規則動詞と、注意が必要な規則動詞の活用を表にしました。動詞はアルファベット順に並んでいます。一部省略した時制もあります。

動詞の活用をより効果的に覚えるために、色で示した動詞の活用形の音声（原則として命令法を除く）を無料でダウンロードできるようにしましたので、ご利用ください。また、紙面の都合で載せることができなかった動詞の活用表も無料ダウンロードできます。

詳しくは小学館外国語辞典のウェブサイト「小学館ランゲージワールド」(www.l-world.shogakukan.co.jp)で『プログレッシブ トライリンガル 仏日英・日仏英辞典』のページをご覧ください。

acheter	現在分詞 achetant	過去分詞 acheté	
現在	j'achète nous achetons	tu achètes vous achetez	il achète ils achètent
半過去	j'achetais nous achetions	tu achetais vous achetiez	il achetait ils achetaient
単純未来	j'achèterai nous achèterons	tu achèteras vous achèterez	il achètera ils achèteront
条件法現在	j'achèterais nous achèterions	tu achèterais vous achèteriez	il achèterait ils achèteraient
接続法現在	j'achète nous achetions	tu achètes vous achetiez	il achète ils achètent
命令法	achète	achetons	achetez

agir	現在分詞 agissant	過去分詞 agi	
現在	j'agis nous agissons	tu agis vous agissez	il agit ils agissent
半過去	j'agissais nous agissions	tu agissais vous agissiez	il agissait ils agissaient
単純未来	j'agirai nous agirons	tu agiras vous agirez	il agira ils agiront
条件法現在	j'agirais nous agirions	tu agirais vous agiriez	il agirait ils agiraient
接続法現在	j'agisse nous agissions	tu agisses vous agissiez	il agisse ils agissent
命令法	agis	agissons	agissez

aller	現在分詞 allant	過去分詞 allé	
現在	je vais nous allons	tu vas vous allez	il va ils vont
半過去	j'allais nous allions	tu allais vous alliez	il allait ils allaient
単純未来	j'irai nous irons	tu iras vous irez	il ira ils iront
条件法現在	j'irais nous irions	tu irais vous iriez	il irait ils iraient
接続法現在	j'aille nous allions	tu ailles vous alliez	il aille ils aillent
命令法	va (yの前はvas)	allons	allez

appeler	現在分詞 appelant	過去分詞 appelé	
現在	j'appelle nous appelons	tu appelles vous appelez	il appelle ils appellent
半過去	j'appelais nous appelions	tu appelais vous appeliez	il appelait ils appelaient
単純未来	j'appellerai nous appellerons	tu appelleras vous appellerez	il appellera ils appelleront
条件法現在	j'appellerais nous appellerions	tu appellerais vous appelleriez	il appellerait ils appelleraient
接続法現在	j'appelle nous appelions	tu appelles vous appeliez	il appelle ils appellent
命令法	appelle	appelons	appelez

apprendre	現在分詞 apprenant	過去分詞 appris	
現在	j'apprends nous apprenons	tu apprends vous apprenez	il apprend ils apprennent
半過去	j'apprenais nous apprenions	tu apprenais vous appreniez	il apprenait ils apprenaient
単純未来	j'apprendrai nous apprendrons	tu apprendras vous apprendrez	il apprendra ils apprendront
条件法現在	j'apprendrais nous apprendrions	tu apprendrais vous apprendriez	il apprendrait ils apprendraient
接続法現在	j'apprenne nous apprenions	tu apprennes vous appreniez	il apprenne ils apprennent
命令法	apprends	apprenons	apprenez

s'asseoir	現在分詞 s'asseyant (別形) s'assoyant 過去分詞 assis		
現在	je m'assieds	tu t'assieds	il s'assied
	nous nous asseyons	vous vous asseyez	ils s'asseyent
現在(別形)	je m'assois	tu t'assois	il s'assoit
	nous nous assoyons	vous vous assoyez	ils s'assoient
半過去	je m'asseyais	tu t'asseyais	il s'asseyait
	nous nous asseyions	vous vous asseyiez	ils s'asseyaient
半過去(別形)	je m'assoyais	tu t'assoyais	il s'assoyait
	nous nous assoyions	vous vous assoyiez	ils s'assoyaient
命令法	assieds-toi	asseyons-nous	asseyez-vous
命令法(別形)	assois-toi	assoyons-nous	assoyez-vous

attendre	現在分詞 attendant 過去分詞 attendu		
現在	j'attends	tu attends	il attend
	nous attendons	vous attendez	ils attendent
半過去	j'attendais	tu attendais	il attendait
	nous attendions	vous attendiez	ils attendaient
単純未来	j'attendrai	tu attendras	il attendra
	nous attendrons	vous attendrez	ils attendront
条件法現在	j'attendrais	tu attendrais	il attendrait
	nous attendrions	vous attendriez	ils attendraient
接続法現在	j'attende	tu attendes	il attende
	nous attendions	vous attendiez	ils attendent
命令法	attends	attendons	attendez

avoir	現在分詞 ayant 過去分詞 eu		
現在	j'ai	tu as	il a
	nous avons	vous avez	ils ont
半過去	j'avais	tu avais	il avait
	nous avions	vous aviez	ils avaient
単純未来	j'aurai	tu auras	il aura
	nous aurons	vous aurez	ils auront
条件法現在	j'aurais	tu aurais	il aurait
	nous aurions	vous auriez	ils auraient
接続法現在	j'aie	tu aies	il ait
	nous ayons	vous ayez	ils aient
命令法	aie	ayons	ayez

battre	現在分詞 battant	過去分詞 battu	
現在	je bats nous battons	tu bats vous battez	il bat ils battent
半過去	je battais nous battions	tu battais vous battiez	il battait ils battaient
単純未来	je battrai nous battrons	tu battras vous battrez	il battra ils battront
条件法現在	je battrais nous battrions	tu battrais vous battriez	il battrait ils battraient
接続法現在	je batte nous battions	tu battes vous battiez	il batte ils battent
命令法	bats	battons	battez

boire	現在分詞 buvant	過去分詞 bu	
現在	je bois nous buvons	tu bois vous buvez	il boit ils boivent
半過去	je buvais nous buvions	tu buvais vous buviez	il buvait ils buvaient
単純未来	je boirai nous boirons	tu boiras vous boirez	il boira ils boiront
条件法現在	je boirais nous boirions	tu boirais vous boiriez	il boirait ils boiraient
接続法現在	je boive nous buvions	tu boives vous buviez	il boive ils boivent
命令法	bois	buvons	buvez

choisir	現在分詞 choisissant	過去分詞 choisi	
現在	je choisis nous choisissons	tu choisis vous choisissez	il choisit ils choisissent
半過去	je choisissais nous choisissions	tu choisissais vous choisissiez	il choisissait ils choisissaient
単純未来	je choisirai nous choisirons	tu choisiras vous choisirez	il choisira ils choisiront
条件法現在	je choisirais nous choisirions	tu choisirais vous choisiriez	il choisirait ils choisiraient
接続法現在	je choisisse nous choisissions	tu choisisses vous choisissiez	il choisisse ils choisissent
命令法	choisis	choisissons	choisissez

commencer	現在分詞 commençant	過去分詞 commencé	
現在	je commence	tu commences	il commence
	nous commençons	vous commencez	ils commencent
半過去	je commençais	tu commençais	il commençait
	nous commencions	vous commenciez	ils commençaient
単純未来	je commencerai	tu commenceras	il commencera
	nous commencerons	vous commencerez	ils commenceront
条件法現在	je commencerais	tu commencerais	il commencerait
	nous commencerions	vous commenceriez	ils commenceraient
接続法現在	je commence	tu commences	il commence
	nous commencions	vous commenciez	ils commencent
命令法	commence	commençons	commencez

comprendre	現在分詞 comprenant	過去分詞 compris	
現在	je comprends	tu comprends	il comprend
	nous comprenons	vous comprenez	ils comprennent
半過去	je comprenais	tu comprenais	il comprenait
	nous comprenions	vous compreniez	ils comprenaient
単純未来	je comprendrai	tu comprendras	il comprendra
	nous comprendrons	vous comprendrez	ils comprendront
条件法現在	je comprendrais	tu comprendrais	il comprendrait
	nous comprendrions	vous comprendriez	ils comprendraient
接続法現在	je comprenne	tu comprennes	il comprenne
	nous comprenions	vous compreniez	ils comprennent
命令法	comprends	comprenons	comprenez

conduire	現在分詞 conduisant	過去分詞 conduit	
現在	je conduis	tu conduis	il conduit
	nous conduisons	vous conduisez	ils conduisent
半過去	je conduisais	tu conduisais	il conduisait
	nous conduisions	vous conduisiez	ils conduisaient
単純未来	je conduirai	tu conduiras	il conduira
	nous conduirons	vous conduirez	ils conduiront
条件法現在	je conduirais	tu conduirais	il conduirait
	nous conduirions	vous conduiriez	ils conduiraient
接続法現在	je conduise	tu conduises	il conduise
	nous conduisions	vous conduisiez	ils conduisent
命令法	conduis	conduisons	conduisez

connaître	現在分詞 connaissant	過去分詞 connu	
現在	je connais	tu connais	il connaît
	nous connaissons	vous connaissez	ils connaissent
半過去	je connaissais	tu connaissais	il connaissait
	nous connaissions	vous connaissiez	ils connaissaient
単純未来	je connaîtrai	tu connaîtras	il connaîtra
	nous connaîtrons	vous connaîtrez	ils connaîtront
条件法現在	je connaîtrais	tu connaîtrais	il connaîtrait
	nous connaîtrions	vous connaîtriez	ils connaîtraient
接続法現在	je connaisse	tu connaisses	il connaisse
	nous connaissions	vous connaissiez	ils connaissent
命令法	connais	connaissons	connaissez

courir	現在分詞 courant	過去分詞 couru	
現在	je cours	tu cours	il court
	nous courons	vous courez	ils courent
半過去	je courais	tu courais	il courait
	nous courions	vous couriez	ils couraient
単純未来	je courrai	tu courras	il courra
	nous courrons	vous courrez	ils courront
条件法現在	je courrais	tu courrais	il courrait
	nous courrions	vous courriez	ils courraient
接続法現在	je coure	tu coures	il coure
	nous courions	vous couriez	ils courent
命令法	cours	courons	courez

croire	現在分詞 croyant	過去分詞 cru	
現在	je crois	tu crois	il croit
	nous croyons	vous croyez	ils croient
半過去	je croyais	tu croyais	il croyait
	nous croyions	vous croyiez	ils croyaient
単純未来	je croirai	tu croiras	il croira
	nous croirons	vous croirez	ils croiront
条件法現在	je croirais	tu croirais	il croirait
	nous croirions	vous croiriez	ils croiraient
接続法現在	je croie	tu croies	il croie
	nous croyions	vous croyiez	ils croient
命令法	crois	croyons	croyez

descendre	現在分詞 descendant	過去分詞 descendu	
現在	je descends	tu descends	il descend
	nous descendons	vous descendez	ils descendent
半過去	je descendais	tu descendais	il descendait
	nous descendions	vous descendiez	ils descendaient
単純未来	je descendrai	tu descendras	il descendra
	nous descendrons	vous descendrez	ils descendront
条件法現在	je descendrais	tu descendrais	il descendrait
	nous descendrions	vous descendriez	ils descendraient
接続法現在	je descende	tu descendes	il descende
	nous descendions	vous descendiez	ils descendent
命令法	descends	descendons	descendez

devenir	現在分詞 devenant	過去分詞 devenu	
現在	je deviens	tu deviens	il devient
	nous devenons	vous devenez	ils deviennent
半過去	je devenais	tu devenais	il devenait
	nous devenions	vous deveniez	ils devenaient
単純未来	je deviendrai	tu deviendras	il deviendra
	nous deviendrons	vous deviendrez	ils deviendront
条件法現在	je deviendrais	tu deviendrais	il deviendrait
	nous deviendrions	vous deviendriez	ils deviendraient
接続法現在	je devienne	tu deviennes	il devienne
	nous devenions	vous deveniez	ils deviennent
命令法	deviens	devenons	devenez

devoir	現在分詞 devant	過去分詞 dû (dus, due, dues)	
現在	je dois	tu dois	il doit
	nous devons	vous devez	ils doivent
半過去	je devais	tu devais	il devait
	nous devions	vous deviez	ils devaient
単純未来	je devrai	tu devras	il devra
	nous devrons	vous devrez	ils devront
条件法現在	je devrais	tu devrais	il devrait
	nous devrions	vous devriez	ils devraient
接続法現在	je doive	tu doives	il doive
	nous devions	vous deviez	ils doivent
命令法	dois	devons	devez

dire	現在分詞 disant	過去分詞 dit	
現在	je dis nous disons	tu dis vous dites	il dit ils disent
半過去	je disais nous disions	tu disais vous disiez	il disait ils disaient
単純未来	je dirai nous dirons	tu diras vous direz	il dira ils diront
条件法現在	je dirais nous dirions	tu dirais vous diriez	il dirait ils diraient
接続法現在	je dise nous disions	tu dises vous disiez	il dise ils disent
命令法	dis	disons	dites

dormir	現在分詞 dormant	過去分詞 dormi	
現在	je dors nous dormons	tu dors vous dormez	il dort ils dorment
半過去	je dormais nous dormions	tu dormais vous dormiez	il dormait ils dormaient
単純未来	je dormirai nous dormirons	tu dormiras vous dormirez	il dormira ils dormiront
条件法現在	je dormirais nous dormirions	tu dormirais vous dormiriez	il dormirait ils dormiraient
接続法現在	je dorme nous dormions	tu dormes vous dormiez	il dorme ils dorment
命令法	dors	dormons	dormez

écrire	現在分詞 écrivant	過去分詞 écrit	
現在	j'écris nous écrivons	tu écris vous écrivez	il écrit ils écrivent
半過去	j'écrivais nous écrivions	tu écrivais vous écriviez	il écrivait ils écrivaient
単純未来	j'écrirai nous écrirons	tu écriras vous écrirez	il écrira ils écriront
条件法現在	j'écrirais nous écririons	tu écrirais vous écririez	il écrirait ils écriraient
接続法現在	j'écrive nous écrivions	tu écrives vous écriviez	il écrive ils écrivent
命令法	écris	écrivons	écrivez

entendre	現在分詞 entendant	過去分詞 entendu	
現在	j'entends	tu entends	il entend
	nous entendons	vous entendez	ils entendent
半過去	j'entendais	tu entendais	il entendait
	nous entendions	vous entendiez	ils entendaient
単純未来	j'entendrai	tu entendras	il entendra
	nous entendrons	vous entendrez	ils entendront
条件法現在	j'entendrais	tu entendrais	il entendrait
	nous entendrions	vous entendriez	ils entendraient
接続法現在	j'entende	tu entendes	il entende
	nous entendions	vous entendiez	ils entendent
命令法	entends	entendons	entendez

être	現在分詞 étant	過去分詞 été	
現在	je suis	tu es	il est
	nous sommes	vous êtes	ils sont
半過去	j'étais	tu étais	il était
	nous étions	vous étiez	ils étaient
単純未来	je serai	tu seras	il sera
	nous serons	vous serez	ils seront
条件法現在	je serais	tu serais	il serait
	nous serions	vous seriez	ils seraient
接続法現在	je sois	tu sois	il soit
	nous soyons	vous soyez	ils soient
命令法	sois	soyons	soyez

faire	現在分詞 faisant	過去分詞 fait	
現在	je fais	tu fais	il fait
	nous faisons	vous faites	ils font
半過去	je faisais	tu faisais	il faisait
	nous faisions	vous faisiez	ils faisaient
単純未来	je ferai	tu feras	il fera
	nous ferons	vous ferez	ils feront
条件法現在	je ferais	tu ferais	il ferait
	nous ferions	vous feriez	ils feraient
接続法現在	je fasse	tu fasses	il fasse
	nous fassions	vous fassiez	ils fassent
命令法	fais	faisons	faites

falloir	現在分詞　なし　　過去分詞　fallu		
現在	il faut		
半過去	il fallait		
単純未来	il faudra		
条件法現在	il faudrait		
接続法現在	il faille		
命令法	なし		

finir	現在分詞　finissant　　過去分詞　fini		
現在	je finis nous finissons	tu finis vous finissez	il finit ils finissent
半過去	je finissais nous finissions	tu finissais vous finissiez	il finissait ils finissaient
単純未来	je finirai nous finirons	tu finiras vous finirez	il finira ils finiront
条件法現在	je finirais nous finirions	tu finirais vous finiriez	il finirait ils finiraient
接続法現在	je finisse nous finissions	tu finisses vous finissiez	il finisse ils finissent
命令法	finis	finissons	finissez

lever	現在分詞　levant　　過去分詞　levé		
現在	je lève nous levons	tu lèves vous levez	il lève ils lèvent
半過去	je levais nous levions	tu levais vous leviez	il levait ils levaient
単純未来	je lèverai nous lèverons	tu lèveras vous lèverez	il lèvera ils lèveront
条件法現在	je lèverais nous lèverions	tu lèverais vous lèveriez	il lèverait ils lèveraient
接続法現在	je lève nous levions	tu lèves vous leviez	il lève ils lèvent
命令法	lève	levons	levez

lire	現在分詞 lisant	過去分詞 lu	
現在	je lis nous lisons	tu lis vous lisez	il lit ils lisent
半過去	je lisais nous lisions	tu lisais vous lisiez	il lisait ils lisaient
単純未来	je lirai nous lirons	tu liras vous lirez	il lira ils liront
条件法現在	je lirais nous lirions	tu lirais vous liriez	il lirait ils liraient
接続法現在	je lise nous lisions	tu lises vous lisiez	il lise ils lisent
命令法	lis	lisons	lisez

manger	現在分詞 mangeant	過去分詞 mangé	
現在	je mange nous mangeons	tu manges vous mangez	il mange ils mangent
半過去	je mangeais nous mangions	tu mangeais vous mangiez	il mangeait ils mangeaient
単純未来	je mangerai nous mangerons	tu mangeras vous mangerez	il mangera ils mangeront
条件法現在	je mangerais nous mangerions	tu mangerais vous mangeriez	il mangerait ils mangeraient
接続法現在	je mange nous mangions	tu manges vous mangiez	il mange ils mangent
命令法	mange	mangeons	mangez

mettre	現在分詞 mettant	過去分詞 mis	
現在	je mets nous mettons	tu mets vous mettez	il met ils mettent
半過去	je mettais nous mettions	tu mettais vous mettiez	il mettait ils mettaient
単純未来	je mettrai nous mettrons	tu mettras vous mettrez	il mettra ils mettront
条件法現在	je mettrais nous mettrions	tu mettrais vous mettriez	il mettrait ils mettraient
接続法現在	je mette nous mettions	tu mettes vous mettiez	il mette ils mettent
命令法	mets	mettons	mettez

mourir	現在分詞 mourant	過去分詞 mort	
現在	je meurs	tu meurs	il meurt
	nous mourons	vous mourez	ils meurent
半過去	je mourais	tu mourais	il mourait
	nous mourions	vous mouriez	ils mouraient
単純未来	je mourrai	tu mourras	il mourra
	nous mourrons	vous mourrez	ils mourront
条件法現在	je mourrais	tu mourrais	il mourrait
	nous mourrions	vous mourriez	ils mourraient
接続法現在	je meure	tu meures	il meure
	nous mourions	vous mouriez	ils meurent
命令法	meurs	mourons	mourez

naître	現在分詞 naissant	過去分詞 né	
現在	je nais	tu nais	il naît
	nous naissons	vous naissez	ils naissent
半過去	je naissais	tu naissais	il naissait
	nous naissions	vous naissiez	ils naissaient
単純未来	je naîtrai	tu naîtras	il naîtra
	nous naîtrons	vous naîtrez	ils naîtront
条件法現在	je naîtrais	tu naîtrais	il naîtrait
	nous naîtrions	vous naîtriez	ils naîtraient
接続法現在	je naisse	tu naisses	il naisse
	nous naissions	vous naissiez	ils naissent
命令法	nais	naissons	naissez

ouvrir	現在分詞 ouvrant	過去分詞 ouvert	
現在	j'ouvre	tu ouvres	il ouvre
	nous ouvrons	vous ouvrez	ils ouvrent
半過去	j'ouvrais	tu ouvrais	il ouvrait
	nous ouvrions	vous ouvriez	ils ouvraient
単純未来	j'ouvrirai	tu ouvriras	il ouvrira
	nous ouvrirons	vous ouvrirez	ils ouvriront
条件法現在	j'ouvrirais	tu ouvrirais	il ouvrirait
	nous ouvririons	vous ouvririez	ils ouvriraient
接続法現在	j'ouvre	tu ouvres	il ouvre
	nous ouvrions	vous ouvriez	ils ouvrent
命令法	ouvre	ouvrons	ouvrez

partir	現在分詞 partant	過去分詞 parti	
現在	je pars nous partons	tu pars vous partez	il part ils partent
半過去	je partais nous partions	tu partais vous partiez	il partait ils partaient
単純未来	je partirai nous partirons	tu partiras vous partirez	il partira ils partiront
条件法現在	je partirais nous partirions	tu partirais vous partiriez	il partirait ils partiraient
接続法現在	je parte nous partions	tu partes vous partiez	il parte ils partent
命令法	pars	partons	partez

payer	現在分詞 payant	過去分詞 payé	
現在	je paie nous payons	tu paies vous payez	il paie ils paient
現在（別形）	je paye nous payons	tu payes vous payez	il paye ils payent
単純未来	je paierai nous paierons	tu paieras vous paierez	il paiera ils paieront
単純未来(別形)	je payerai nous payerons	tu payeras vous payerez	il payera ils payeront
命令法	paie	payons	payez
命令法（別形）	paye	payons	payez

plaire	現在分詞 plaisant	過去分詞 plu	
現在	je plais nous plaisons	tu plais vous plaisez	il plaît ils plaisent
半過去	je plaisais nous plaisions	tu plaisais vous plaisiez	il plaisait ils plaisaient
単純未来	je plairai nous plairons	tu plairas vous plairez	il plaira ils plairont
条件法現在	je plairais nous plairions	tu plairais vous plairiez	il plairait ils plairaient
接続法現在	je plaise nous plaisions	tu plaises vous plaisiez	il plaise ils plaisent
命令法	plais	plaisons	plaisez

pleuvoir	現在分詞 pleuvant　過去分詞 plu
現在	il pleut
半過去	il pleuvait
単純未来	il pleuvra
条件法現在	il pleuvrait
接続法現在	il pleuve
命令法	なし

pouvoir	現在分詞 pouvant　過去分詞 pu		
現在	je peux nous pouvons	tu peux vous pouvez	il peut ils peuvent
半過去	je pouvais nous pouvions	tu pouvais vous pouviez	il pouvait ils pouvaient
単純未来	je pourrai nous pourrons	tu pourras vous pourrez	il pourra ils pourront
条件法現在	je pourrais nous pourrions	tu pourrais vous pourriez	il pourrait ils pourraient
接続法現在	je puisse nous puissions	tu puisses vous puissiez	il puisse ils puissent
命令法	なし		

préférer	現在分詞 préférant　過去分詞 préféré		
現在	je préfère nous préférons	tu préfères vous préférez	il préfère ils préfèrent
半過去	je préférais nous préférions	tu préférais vous préfériez	il préférait ils préféraient
単純未来	je préférerai nous préférerons	tu préféreras vous préférerez	il préférera ils préféreront
条件法現在	je préférerais nous préférerions	tu préférerais vous préféreriez	il préférerait ils préféreraient
接続法現在	je préfère nous préférions	tu préfères vous préfériez	il préfère ils préfèrent
命令法	préfère	préférons	préférez

prendre	現在分詞 prenant	過去分詞 pris	
現在	je prends	tu prends	il prend
	nous prenons	vous prenez	ils prennent
半過去	je prenais	tu prenais	il prenait
	nous prenions	vous preniez	ils prenaient
単純未来	je prendrai	tu prendras	il prendra
	nous prendrons	vous prendrez	ils prendront
条件法現在	je prendrais	tu prendrais	il prendrait
	nous prendrions	vous prendriez	ils prendraient
接続法現在	je prenne	tu prennes	il prenne
	nous prenions	vous preniez	ils prennent
命令法	prends	prenons	prenez

recevoir	現在分詞 recevant	過去分詞 reçu	
現在	je reçois	tu reçois	il reçoit
	nous recevons	vous recevez	ils reçoivent
半過去	je recevais	tu recevais	il recevait
	nous recevions	vous receviez	ils recevaient
単純未来	je recevrai	tu recevras	il recevra
	nous recevrons	vous recevrez	ils recevront
条件法現在	je recevrais	tu recevrais	il recevrait
	nous recevrions	vous recevriez	ils recevraient
接続法現在	je reçoive	tu reçoives	il reçoive
	nous recevions	vous receviez	ils reçoivent
命令法	reçois	recevons	recevez

rire	現在分詞 riant	過去分詞 ri	
現在	je ris	tu ris	il rit
	nous rions	vous riez	ils rient
半過去	je riais	tu riais	il riait
	nous riions	vous riiez	ils riaient
単純未来	je rirai	tu riras	il rira
	nous rirons	vous rirez	ils riront
条件法現在	je rirais	tu rirais	il rirait
	nous ririons	vous ririez	ils riraient
接続法現在	je rie	tu ries	il rie
	nous riions	vous riiez	ils rient
命令法	ris	rions	riez

répondre	現在分詞 répondant	過去分詞 répondu	
現在	je réponds nous répondons	tu réponds vous répondez	il répond ils répondent
半過去	je répondais nous répondions	tu répondais vous répondiez	il répondait ils répondaient
単純未来	je répondrai nous répondrons	tu répondras vous répondrez	il répondra ils répondront
条件法現在	je répondrais nous répondrions	tu répondrais vous répondriez	il répondrait ils répondraient
接続法現在	je réponde nous répondions	tu répondes vous répondiez	il réponde ils répondent
命令法	réponds	répondons	répondez

savoir	現在分詞 sachant	過去分詞 su	
現在	je sais nous savons	tu sais vous savez	il sait ils savent
半過去	je savais nous savions	tu savais vous saviez	il savait ils savaient
単純未来	je saurai nous saurons	tu sauras vous saurez	il saura ils sauront
条件法現在	je saurais nous saurions	tu saurais vous sauriez	il saurait ils sauraient
接続法現在	je sache nous sachions	tu saches vous sachiez	il sache ils sachent
命令法	sache	sachons	sachez

sentir	現在分詞 sentant	過去分詞 senti	
現在	je sens nous sentons	tu sens vous sentez	il sent ils sentent
半過去	je sentais nous sentions	tu sentais vous sentiez	il sentait ils sentaient
単純未来	je sentirai nous sentirons	tu sentiras vous sentirez	il sentira ils sentiront
条件法現在	je sentirais nous sentirions	tu sentirais vous sentiriez	il sentirait ils sentiraient
接続法現在	je sente nous sentions	tu sentes vous sentiez	il sente ils sentent
命令法	sens	sentons	sentez

servir	現在分詞 servant	過去分詞 servi	
現在	je sers nous servons	tu sers vous servez	il sert ils servent
半過去	je servais nous servions	tu servais vous serviez	il servait ils servaient
単純未来	je servirai nous servirons	tu serviras vous servirez	il servira ils serviront
条件法現在	je servirais nous servirions	tu servirais vous serviriez	il servirait ils serviraient
接続法現在	je serve nous servions	tu serves vous serviez	il serve ils servent
命令法	sers	servons	servez

sortir	現在分詞 sortant	過去分詞 sorti	
現在	je sors nous sortons	tu sors vous sortez	il sort ils sortent
半過去	je sortais nous sortions	tu sortais vous sortiez	il sortait ils sortaient
単純未来	je sortirai nous sortirons	tu sortiras vous sortirez	il sortira ils sortiront
条件法現在	je sortirais nous sortirions	tu sortirais vous sortiriez	il sortirait ils sortiraient
接続法現在	je sorte nous sortions	tu sortes vous sortiez	il sorte ils sortent
命令法	sors	sortons	sortez

tenir	現在分詞 tenant	過去分詞 tenu	
現在	je tiens nous tenons	tu tiens vous tenez	il tient ils tiennent
半過去	je tenais nous tenions	tu tenais vous teniez	il tenait ils tenaient
単純未来	je tiendrai nous tiendrons	tu tiendras vous tiendrez	il tiendra ils tiendront
条件法現在	je tiendrais nous tiendrions	tu tiendrais vous tiendriez	il tiendrait ils tiendraient
接続法現在	je tienne nous tenions	tu tiennes vous teniez	il tienne ils tiennent
命令法	tiens	tenons	tenez

valoir	現在分詞 valant	過去分詞 valu	
現在	je vaux nous valons	tu vaux vous valez	il vaut ils valent
半過去	je valais nous valions	tu valais vous valiez	il valait ils valaient
単純未来	je vaudrai nous vaudrons	tu vaudras vous vaudrez	il vaudra ils vaudront
条件法現在	je vaudrais nous vaudrions	tu vaudrais vous vaudriez	il vaudrait ils vaudraient
接続法現在	je vaille nous valions	tu vailles vous valiez	il vaille ils vaillent
命令法	vaux	valons	valez

vendre	現在分詞 vendant	過去分詞 vendu	
現在	je vends nous vendons	tu vends vous vendez	il vend ils vendent
半過去	je vendais nous vendions	tu vendais vous vendiez	il vendait ils vendaient
単純未来	je vendrai nous vendrons	tu vendras vous vendrez	il vendra ils vendront
条件法現在	je vendrais nous vendrions	tu vendrais vous vendriez	il vendrait ils vendraient
接続法現在	je vende nous vendions	tu vendes vous vendiez	il vende ils vendent
命令法	vends	vendons	vendez

venir	現在分詞 venant	過去分詞 venu	
現在	je viens nous venons	tu viens vous venez	il vient ils viennent
半過去	je venais nous venions	tu venais vous veniez	il venait ils venaient
単純未来	je viendrai nous viendrons	tu viendras vous viendrez	il viendra ils viendront
条件法現在	je viendrais nous viendrions	tu viendrais vous viendriez	il viendrait ils viendraient
接続法現在	je vienne nous venions	tu viennes vous veniez	il vienne ils viennent
命令法	viens	venons	venez

vivre	現在分詞 vivant	過去分詞 vécu	
現在	je vis nous vivons	tu vis vous vivez	il vit ils vivent
半過去	je vivais nous vivions	tu vivais vous viviez	il vivait ils vivaient
単純未来	je vivrai nous vivrons	tu vivras vous vivrez	il vivra ils vivront
条件法現在	je vivrais nous vivrions	tu vivrais vous vivriez	il vivrait ils vivraient
接続法現在	je vive nous vivions	tu vives vous viviez	il vive ils vivent
命令法	vis	vivons	vivez

voir	現在分詞 voyant	過去分詞 vu	
現在	je vois nous voyons	tu vois vous voyez	il voit ils voient
半過去	je voyais nous voyions	tu voyais vous voyiez	il voyait ils voyaient
単純未来	je verrai nous verrons	tu verras vous verrez	il verra ils verront
条件法現在	je verrais nous verrions	tu verrais vous verriez	il verrait ils verraient
接続法現在	je voie nous voyions	tu voies vous voyiez	il voie ils voient
命令法	vois	voyons	voyez

vouloir	現在分詞 voulant	過去分詞 voulu	
現在	je veux nous voulons	tu veux vous voulez	il veut ils veulent
半過去	je voulais nous voulions	tu voulais vous vouliez	il voulait ils voulaient
単純未来	je voudrai nous voudrons	tu voudras vous voudrez	il voudra ils voudront
条件法現在	je voudrais nous voudrions	tu voudrais vous voudriez	il voudrait ils voudraient
接続法現在	je veuille nous voulions	tu veuilles vous vouliez	il veuille ils veuillent
命令法	veuille	voulons	veuillez

不規則動詞活用形対応表

重要な不規則動詞の活用形と不定詞の対応を以下の表にしました。左側が動詞の活用形（アルファベット順）、右側が対応する不定詞です。

活用形	不定詞	活用形	不定詞	活用形	不定詞
agi	agir	faille	falloir	senti	sentir
aie	avoir	fais	faire	serai	être
aient	avoir	faisons	faire	servi	servir
aies	avoir	faites	faire	soient	être
aille	aller	fallu	falloir	sois	être
aillent	aller	fasse	faire	soit	être
ait	avoir	faudra	falloir	soyez	être
appris	apprendre	ferai	faire	soyons	être
assis	asseoir	fini	finir	su	savoir
aurai	avoir	font	faire	tenons	tenir
ayant	avoir	irai	aller	tenu	tenir
ayez	avoir	lu	lire	tiendrai	tenir
ayons	avoir	mis	mettre	tienne	tenir
battu	battre	mort	mourir	tiennent	tenir
bu	boire	né	naître	vaille	valoir
compris	comprendre	ouvert	ouvrir	valu	valoir
conduit	conduire	parti	partir	vécu	vivre
connu	connaître	peuvent	pouvoir	vendu	vendre
couru	courir	peux	pouvoir	venons	venir
cru	croire	plu[1]	plaire	venu	venir
descendu	descendre	plu[2]	pleuvoir	verrai	voir
devenu	devenir	pourrai	pouvoir	veuille	vouloir
devons	devoir	pouvons	pouvoir	veulent	vouloir
disons	dire	prenne	prendre	veux	vouloir
dit	dire	prennent	prendre	viendrai	venir
dites	dire	prenons	prendre	vienne	venir
dois	devoir	pris	prendre	viennent	venir
doivent	devoir	pu	pouvoir	viens	venir
dormi	dormir	puisse	pouvoir	voient	voir
dû	devoir	reçu	recevoir	vois	voir
écrit	écrire	rendu	rendre	voudrai	vouloir
entendu	entendre	répondu	répondre	voulons	vouloir
étant	être	ri	rire	voulu	vouloir
été	être	sache	savoir	voyons	voir
eu	avoir	saurai	savoir	vu	voir

日仏英辞典

Dictionnaire japonais-français-anglais

愛-会う

日	仏	英
あ		
ai **愛**	アムール amour 男	love
aikon **アイコン**	イコヌ icône 女	icon
aisatsusuru **挨拶する**	ディール ボンジュール dire bonjour	say hello
aizu **合図**	スィーニュ signe 男	signal, sign
aisukuriimu **アイスクリーム**	グラス glace 女	ice cream
aisukoohii **アイスコーヒー**	カフェ グラセ café glacé 男	iced coffee
aisuru **愛する**	エメ aimer	love
aita **開いた**	ウヴェール ouvert	open
aita **空いた** 〔暇な〕	リーブル libre	free
aida **間** 〔間隔〕	アンテルヴァル intervalle 男	interval
〔2つの間〕	アーントル entre	between
〔3つ以上の間〕	パルミ parmi	among
〔時間の間〕	パンダン pendant	during
aite **相手** 〔仲間〕	パルトネール partenaire 名	partner
aidea **アイデア**	イデ idée 女	idea
au **会う**	ヴォワール voir	see
	ランコントレ rencontrer	meet

日	仏	英
ao **青**	ブルー bleu 男	blue
aoi **青い**	ブルー bleu	blue
aka **赤**	ルージュ rouge 男	red
akai **赤い**	ルージュ rouge	red
akachan **赤ちゃん**	ベベ bébé 男	baby
akari **明かり**	リュミエール lumière 女	light
agaru **上がる**	モンテ monter	go up, rise
akarui **明るい**	クレール clair	light, bright
akawain **赤ワイン**	ヴァン ルージュ vin rouge 男	red wine
aki **秋**	オトヌ automne 男	fall
akini **秋に**	アン ノトヌ en automne	in fall
akirakana **明かな**	クレール clair	clear
akirakani **明らかに**	クレルマン clairement	clearly
akirameru **諦める**	ルノンセ ア renoncer à	give up
akiru **飽きる**	アン ナヴォワール アセ ドゥ en avoir assez de	be tired of
aku **開く**	ウヴリール スヴリール ouvrir, s'ouvrir	open
akushu **握手**	ポワニェ ド マン poignée de main 女	handshake
akushusuru **握手する**	セレ ラ マン ア serrer la main à	shake hands with
akusesarii **アクセサリー**	アクセソワール accessoire 男	accessory

アクセント−アジアで

日	仏	英
akusento **アクセント**	アクサン accent 男	accent
akuma **悪魔**	ディャーブル diable 男	devil
akeru **開ける**	ウヴリール ouvrir	open
akeru **空ける** 〔空にする〕	ヴィデ vider	empty
ageru **上げる** 〔手を〕	ルヴェ lever	raise
ageru **揚げる**	フェール フリール faire frire	deep-fry
ago **あご**	マショワール mâchoire 女	jaw
〔下あご〕	マントン menton 男	chin
asa **朝**	マタン matin 男	morning
〔朝に〕	ル マタン le matin	in the morning
asai **浅い**	プー プロフォン peu profond	shallow
asatte **あさって**	アプレドマン après-demain	the day after tomorrow
asahayaku **朝早く**	ト ル マタン tôt le matin	early in the morning
ashi **足**	ピエ pied 男	foot
ashi **脚**	ジャーンブ jambe 女	leg
aji **味**	グー goût 男	taste
ajia **アジア**	アズィ Asie 女	Asia
ajiajin **アジア人**	アズィアティック Asiatique 名	Asian
ajiade **アジアで**	アン ナズィ en Asie	in Asia

アジアの－あたたかい

日	仏	英
ajiano **アジアの**	アズィアティック asiatique	Asian
ajiae **アジアへ**	アン ナズィ en Asie	to Asia
ashita **明日**	ドゥマン demain	tomorrow
ashita no asa **明日の朝**	ドゥマン マタン demain matin	tomorrow morning
ashita no gogo **明日の午後**	ドゥマン アプレミディ demain après-midi	tomorrow afternoon
ashita no ban **明日の晩**	ドゥマン ソワール demain soir	tomorrow evening
ajiwau **味わう**	グテ goûter	taste
asu **明日**	ドゥマン demain	tomorrow
azukaru **預かる**	ガルデ garder	keep
azukeru **預ける**	レセ laisser	leave
ase **汗**	スュウール sueur 女	sweat
ase o kaku **汗をかく**	スュエ suer	sweat
asoko **あそこ**	ラバ là-bas	over there
asobi **遊び**	ジュー jeu 男	play
asobu **遊ぶ**	ジュエ jouer	play
ataeru **与える**	ドネ donner	give
atatakai 〔気候〕 **あたたかい**	ドゥー doux	warm
	イル フェ ドゥー Il fait doux.	It's mild.
〔飲食物〕	ショー chaud	hot

あ

あたためる－集まり

日	仏	英
atatameru **あたためる**	chauffer	heat
adana **あだ名**	surnom 男	nickname
atama **頭**	tête 女	head
atama ga ii **頭がいい**	intelligent	smart, intelligent
atama ga itai **頭が痛い**	avoir mal à la tête	have a headache
atarashii **新しい**	nouveau	new
〔新品の〕	neuf	new
atarimae **当たり前**　〔当然〕	normal	natural
achikochini **あちこちに**	çà et là	here and there
atsui **厚い**	épais	thick
atsui **暑い**	chaud	hot
〔気温が〕	Il fait chaud.	It's hot.
〔人が〕	avoir chaud	be hot
atsui **熱い**	chaud	hot
atsusa **厚さ**	épaisseur 女	thickness
atsusa **暑さ**	chaleur 女	heat
atsusa **熱さ**	chaleur 女	heat
attomaaku **アットマーク**	arobase 女	at sign
atsumari **集まり**	réunion 女	meeting

集まる−あなた

日	仏	英
atsumaru **集まる**	ス ラサンブレ se rassembler	gather
atsumeru **集める**	ラサンブレ rassembler	gather
atsuryoku **圧力**	プレスィヨン pression 女	pressure
atenisuru **当てにする**	コンテ スュール compter sur	count on
ateru **当てる** 〔推測〕	ドゥヴィネ deviner	guess
ato **跡**	トラス trace 女	trace
ato **後** 〔…の後〕	アプレ après	after
atode **後で**	アプレ après	later
	プリュ タール plus tard	later
adobaisu **アドバイス**	コンセィユ conseil 男	advice
adobaisusuru **アドバイスする**	コンセィエ conseiller	advise
adoresu **アドレス**	アドレス adresse 女	address
ana **穴**	トルー trou 男	hole
anaunsaa **アナウンサー**	プレザンタトゥール présentateur 名	announcer
anata **あなた**	ヴー vous	you
〔…は〕	ヴー vous	you
〔…を〕	ヴー vous	you
〔…に〕	ヴー vous	you
〔…の〕	ヴォトル votre	your

あなた方 – アフリカ人

日	仏	英
anatagata **あなた方**	vous	you
〔…は〕	vous	you
〔…を〕	vous	you
〔…に〕	vous	you
〔…の〕	votre	your
anatagatajishin **あなた方自身**	vous-mêmes	yourselves
anatajishin **あなた自身**	vous-même	yourself
ani **兄**	grand frère 男	older brother
anime **アニメ**	dessin animé 男	cartoon
ane **姉**	grande sœur 女	older sister
ano **あの**	ce	that
anotoki **あの時**	alors	then
	à ce moment-là	at that time
ahiru **アヒル**	canard 男	duck
abunai **危ない**	dangereux	dangerous
abunai **危ない！**	Attention !	Watch out!
abura **油**	huile 女	oil
afurika **アフリカ**	Afrique 女	Africa
afurukajin **アフリカ人**	Africain 名	African

アフリカの－謝る

日	仏	英
afurikano **アフリカの**	アフリカン africain	African
afureru **あふれる**	デボルデ déborder	overflow
amai **甘い**	スュクレ sucré	sweet
amari **余り**	レスト reste 男	rest
amarinimo **あまりにも**	トロ trop	too
amaru **余る**　〔残る〕	レステ rester	remain
ami **網**	フィレ filet 男	net
amu **編む**	トリコテ tricoter	knit
ame **雨**	プリュイ pluie 女	rain
ame **飴**	ボンボン bonbon 男	candy
ame ga furu **雨が降る**	プルヴォワール pleuvoir	rain
amerika **アメリカ**〔合衆国〕	レ ゼタズュニ les Etats-Unis 男・複	the United States
amerikajin **アメリカ人**	アメリカン Américain 名	American
amerikade **アメリカで**	オ ゼタズュニ aux Etats-Unis	in the United States
amerikano **アメリカの**	アメリカン américain	American
amerikae **アメリカへ**	オ ゼタズュニ aux Etats-Unis	to the United States
ayamari **誤り**	フォート faute 女	mistake, error
ayamaru **誤る**	ス トロンペ se tromper	make a mistake
ayamaru **謝る**	セクスキュゼ s'excuser	apologize

あ

洗う−歩く

日	仏	英
arau 洗う	ラヴェ laver	wash
arakaruto アラカルト	アラカルト à la carte	à la carte
arashi 嵐	タンペット tempête 女	storm
arasuji 粗筋	レズュメ résumé 男	summary
arabia アラビア	アラビ Arabie 女	Arabia
arabiago アラビア語	アラブ arabe 男	Arabic
arabujin アラブ人	アラブ Arabe 名	Arab
arabuno アラブの	アラブ arabe	Arab
arawasu 表す 〔表現〕	エクスプリメ exprimer	express
arawareru 現れる	アパレートル apparaître	appear
ari アリ	フルミ fourmi 女	ant
arigatoo ありがとう	メルスィ Merci.	Thank you.
aru ある 〔持つ〕	アヴォワール avoir	have
〔存在〕	エートル être	be
	エグズィステ exister	exist
aru ある 〔或る〕	アン セルタン un certain	a certain
aruite 歩いて	ア ピエ à pied	on foot
aruiwa あるいは	ウ ou	or
aruku 歩く	マルシェ marcher	walk

日	仏	英
arukooru **アルコール**	アルコル alcool 男	alcohol
arubamu **アルバム**	アルボム album 男	album
arufabetto **アルファベット**	アルファベ alphabet 男	alphabet
are **あれ**	サ ça	that
awa **泡**	ビュル bulle 女	bubble
awaseru 〔結合〕 **合わせる**	ジョワーンドル joindre	put together
an **案**	プラン plan 男	plan
an'ina **安易な**	ファスィル facile	easy
ankisuru **暗記する**	アプラーンドル パル クール apprendre par cœur	learn by heart
ankooru **アンコール！**	ビス Bis !	Encore!
anshinsuru **安心する**	ス ラスュレ se rassurer	be relieved
anzen **安全**	セキュリテ sécurité 女	safety, security
anzenna **安全な**	スュール sûr	safe
antee **安定**	スタビリテ stabilité 女	stability
anteeshita **安定した**	スターブル stable	stable
antena **アンテナ**	アンテヌ antenne 女	antenna
anna **あんな**	コム サ comme ça	like that
annaisho **案内書**	ギド guide 男	guidebook
annaisuru **案内する**	ギデ guider	guide

い

日	仏	英
i 胃	エストマ estomac 男	stomach
ii いい　〔良い〕	ボン bon	good
iie いいえ	ノン non	no
ii desuyo いいですよ　〔同意〕	ダコール D'accord.	All right.
ii nioi da いいにおいだ	サ サン ボン Ça sent bon.	It smells nice.
iimeeru Eメール	イメル e-mail 男	e-mail
iiwake 言い訳	エクスキューズ excuse 女	excuse
iu 言う	ディール dire	say
ie 家　〔住宅〕	メゾン maison 女	house
ie ni iru 家にいる　〔在宅〕	エートル ア ラ メゾン être à la maison	be home
〔ずっといる〕	レステ ア ラ メゾン rester à la maison	stay at home
ie ni kaeru 家に帰る	ラントレ ア ラ メゾン rentrer à la maison	go home
igai 以外　〔除く〕	ソフ sauf	except
	エクセプテ excepté	except
igaku 医学	メドゥスィヌ médecine 女	medicine
ikari 怒り	コレール colère 女	anger
ikita 生きた	ヴィヴァン vivant	living

日	仏	英
ikinari **いきなり**	ブリュスクマン brusquement	suddenly
igirisu **イギリス**	アングルテール Angleterre 女	England
igirisujin **イギリス人**	アングレ Anglais 名	Englishman
igirisude **イギリスで**	アン ナングルテール en Angleterre	in England
igirisuno **イギリスの**	アングレ anglais	English
igirisue **イギリスへ**	アン ナングルテール en Angleterre	to England
ikiru **生きる**	ヴィーヴル vivre	live
iki o suru **息をする**	レスピレ respirer	breathe
iku **行く**	アレ aller	go
ikutsu **いくつ** 〔数〕	コンビヤン ドゥ combien de	how many
ikutsukano **いくつかの**	ケルク quelques	some
ikura **いくら** 〔値段〕	コンビヤン combien	how much
ikura desuka **いくらですか**	セ コンビヤン C'est combien ?	How much is it?
ike **池**	エタン étang 男	pond
iken **意見**	アヴィ avis 男	opinion
igo **以後** 〔今後〕	デゾルメ désormais	from now on
ikoo **行こう**	アロンズィ Allons-y !	Let's go!
ishi **石**	ピエール pierre 女	stone
ishi **意志**	ヴォロンテ volonté 女	will

意識 – 炒める

日	仏	英
ishiki **意識**	conscience 女	consciousness
isha **医者**	médecin 男	doctor
isha ni iku **医者に行く**	aller chez le médecin	go to the doctor's
ijoo **以上** 〔…以上の〕	plus de	more than
ijoona **異常な**	anormal	abnormal
isu **椅子**	chaise 女	chair
〔ひじ掛け椅子〕	fauteuil 男	armchair
izumi **泉**	fontaine 女	spring
izen **以前**	avant	before
izen **依然**	toujours	still
isogashii **忙しい**	occupé	busy
isogu **急ぐ**	se dépêcher	hurry up
ison **依存**	dépendance 女	dependence
isonsuru **依存する**	dépendre de	depend on
ita **板** 〔木の〕	planche 女	board
itai **痛い！**	Aïe !	Ouch!
idaina **偉大な**	grand	great
itami **痛み**	douleur 女	pain
itameru **炒める**	faire sauter	fry

イタリア — 1年

日	仏	英
itaria **イタリア**	イタリ Italie 女	Italy
itariago **イタリア語**	イタリヤン italien 男	Italian
itariajin **イタリア人**	イタリヤン Italien 名	Italian
itariade **イタリアで**	アン ニタリ en Italie	in Italy
itariano **イタリアの**	イタリヤン italien	Italian
itariae **イタリアへ**	アン ニタリ en Italie	to Italy
itarutokorode **至る所で**	パルトゥー partout	everywhere
ichi **1**	アン un	one
ichi **市**	マルシェ marché 男	market
ichi **位置**	ポズィスィヨン position 女	position
ichigatsu **1月**	ジャンヴィエ janvier 男	January
ichigatsuni **1月に**	アン ジャンヴィエ en janvier	in January
ichigo **イチゴ**	フレーズ fraise 女	strawberry
ichiji **1時** 〔時刻〕	ユヌール une heure	one o'clock
ichido **1度**	ユヌ フォワ une fois	once
ichinichi **1日**	アン ジュール un jour	a day
ichinichiokini **1日おきに**	トゥ レ ドゥ ジュール tous les deux jours	every other day
ichinichijuu **1日中**	トゥット ラ ジュルネ toute la journée	all day (long)
ichinen **1年**	アン ナン un an	a year

1年おきに－行ってきます

日	仏	英
ichinenokini **1年おきに**	トゥ レ ドゥ ザン tous les deux ans	every other year
ichinenjuu **1年中**	トゥト ラネ toute l'année	all year round
ichiba **市場**	マルシェ marché 男	market
ichiban **一番** 〔番号〕	ニュメロ アン numéro 1	No. 1
ichibu **一部** 〔一部分〕	ユヌ パルティ une partie	a part
ichimai **1枚**	ユヌ フイユ une feuille	a sheet
itsu **いつ**	カン quand	when
itsuka **いつか** 〔ある日〕	アン ジュール un jour	one day
ikkai **1階**	レドショセ rez-de-chaussée 男	first floor
ikkaini **1階に**	オ レドショセ au rez-de-chaussée	on the first floor
itsukara **いつから**	ドゥピュイ カン depuis quand	since when; how long
isshuukan **1週間**	ユヌ スメーヌ une semaine	a week
isshuno **一種の**	ユヌ ソルト ドゥ une sorte de	a kind of
isshun **一瞬**	アン モマン un moment	a moment
isshoni **一緒に**	アンサーンブル ensemble	together
issoku **一足**	ユヌ ペール ドゥ une paire de	a pair of
itsutsu **5つ**	サーンク cinq	five
ittsui **一対**	ユヌ ペール ドゥ une paire de	a pair of
ittekimasu **行ってきます**	オルヴォワール Au revoir !	Bye!

日	仏	英
itsudemo **いつでも**	n'importe quand	anytime
ippai **いっぱい**〔充満〕	plein	full
ippai **1杯**〔コップ〕	un verre de	a glass of
〔グラス〕	un verre de	a glass of
〔カップ〕	une tasse de	a cup of
ippantekina **一般的な**	général	general
ippanni **一般に**	généralement	generally
	en général	in general
ippoippo **一歩一歩**	pas à pas	step by step
itsumade **いつまで**	jusqu'à quand	until when
itsumo **いつも**〔常に〕	toujours	always
〔通常〕	d'habitude	usually
itsumonoyooni **いつものように**	comme d'habitude	as usual
ito **糸**	fil 男	thread
ito **意図**	intention 女	intention
ido **井戸**	puits 男	well
idoo **移動**	déplacement 男	movement
idoosuru **移動する**	se déplacer	move
itoko **いとこ**	cousin 名	cousin

田舎 – イヤリング

日	仏	英
inaka **田舎**	カンパーニュ campagne 女	country
田舎で	ア ラ カンパーニュ à la campagne	in the country
inu **犬**	シャン chien 男	dog
ine **稲**	リ riz 男	rice
inochi **命**	ヴィ vie 女	life
inori **祈り**	プリエール prière 女	prayer
inoru **祈る**	プリエ prier	pray
ifuku **衣服**	ヴェトマン vêtements 男・複	clothes
ima **今**	マントナン maintenant	now
ima **居間**	サル ドゥ セジュール salle de séjour 女	living room
ima ikimasu **今行きます**	ジャリーヴ J'arrive !	I'm coming!
imano **今の**	アクチュエル actuel	present
imi **意味**	サーンス sens 男	meaning
imisuru **意味する**	スィニフィエ signifier	mean
imin **移民** 〔外国からの〕	イミグレ immigré 名	immigrant
imeeji **イメージ**	イマージュ image 女	image
imooto **妹**	プティット スール petite sœur 女	younger sister
iyahon **イヤホン**	エクトゥール écouteurs 男・複	earphones
iyaringu **イヤリング**	ブークル ドレイユ boucle d'oreille 女	earring

いよいよ－印象

日	仏	英
iyoiyo **いよいよ**	アンファン enfin	at last
irai **以来** 〔…以来〕	ドゥピュイ depuis	since
irai **依頼**	ドゥマーンド demande 女	request
iraisuru **依頼する**	ドゥマンデ ア demander à	ask
iriguchi **入り口**	アントレ entrée 女	entrance
iru **いる** 〔存在〕	エートル エグズィステ être, exister	be, exist
iru **要る** 〔…を必要とする〕	アヴォワール ブゾワン ドゥ avoir besoin de	need
Iruka **イルカ**	ドファン dauphin 男	dolphin
irui **衣類**	ヴェトマン vêtements 男複	clothes
iremono **入れ物**	レスィピヤン récipient 男	container
ireru **入れる**	メトル mettre	put
iro **色**	クルール couleur 女	color
iroirona **色々な**	ディフェラン différents	various
iwa **岩**	ロシュ roche 女	rock
iwau **祝う**	フェテ fêter	celebrate
inku **インク**	アーンクル encre 女	ink
insatsu **印刷**	アンプレスィヨン impression 女	printing
insatsusuru **印刷する**	アンプリメ imprimer	print
inshoo **印象**	アンプレスィヨン impression 女	impression

い

インターネットー受け入れる

日	仏	英
intaanetto **インターネット**	アンテルネット Internet 男	Internet
intaanettode **インターネットで**	スュル アンテルネット sur Internet	on the Internet
intai **引退**	ルトレト retraite 女	retirement
indo **インド**	アンド Inde 女	India
indojin **インド人**	アンディヤン Indien 名	Indian
indono **インドの**	アンディヤン indien	Indian
infuruenza **インフルエンザ**	グリップ grippe 女	flu

う

uirusu **ウイルス**	ヴィリュス virus 男	virus
ue **上** 〔…の上に〕	スュル sur	on
ue **餓え**	ファン faim 女	hunger
ueetaa **ウエーター**	セルヴール serveur 男	waiter
ueetoresu **ウエートレス**	セルヴーズ serveuse 女	waitress
uesuto **ウエスト**	タイユ taille 女	waist
ueru **植える**	プランテ planter	plant
uo **魚**	ポワソン poisson 男	fish
ukabu **浮かぶ**	フロテ flotter	float
ukeireru **受け入れる** 〔受諾〕	アクセプテ accepter	accept

受け取る−疑い

日	仏	英
uketoru **受け取る**	ルスヴォワール recevoir	receive
ukeru **受ける**　〔受け取る〕	ルスヴォワール recevoir	receive
〔試験を〕	パセ passer	take
ugokasu **動かす**	ルミュエ remuer	move
ugoki **動き**	ムヴマン mouvement 男	movement
ugoku **動く**	ブジェ bouger	move
usagi **ウサギ**　〔飼育用〕	ラパン lapin	rabbit
ushi **牛**	ブフ bœuf 男	ox
〔雌牛〕	ヴァシュ vache 女	cow
ushinau **失う**	ペルドル perdre	lose
usui **薄い**　〔厚さ〕	マーンス mince	thin
usetsusuru **右折する**	トゥルネ　ア　ドロワット tourner à droite	turn right
uso **嘘**	マンソーンジュ mensonge 男	lie
usoda **嘘だ！**	セパ　ヴレ C'est pas vrai !	I don't believe it!
usotsuki **嘘つき**	マントゥール menteur 名	liar
uso o tsuku **嘘をつく**	マンティール mentir	lie
uta **歌**	シャンソン chanson 女	song
utau **歌う**	シャンテ chanter	sing
utagai **疑い**　〔疑念〕	ドゥト doute 男	doubt

う

395

疑いなく－馬

日	仏	英
〔嫌疑〕	soupçon 男 (スプソン)	suspicion
utagainaku **疑いなく**	sans aucun doute (サン ゾカン ドゥト)	without a doubt
utagau **疑う** 〔疑念〕	douter de (ドゥテ ドゥ)	doubt
〔嫌疑〕	soupçonner (スプソネ)	suspect
uchi **内** 〔内部〕	intérieur 男 (アンテリュール)	inside
uchi **家** 〔住居〕	maison 女 (メゾン)	house, home
uchikina **内気な**	timide (ティミド)	shy
uchuu **宇宙**	univers 男 (ユニヴェール)	universe
utsu **打つ**	frapper (フラペ)	hit
utsukushii **美しい**	beau (ボー)	beautiful
utsukushisa **美しさ**	beauté 女 (ボテ)	beauty
utsusu **写す** 〔書き写す〕	copier (コピエ)	copy
utsusu **移す**	déplacer (デプラセ)	move
utsuru **移る** 〔移動〕	se déplacer (ス デプラセ)	move
ude **腕**	bras 男 (ブラ)	arm
udedokee **腕時計**	montre 女 (モーントル)	watch
udewa **腕輪**	bracelet 男 (ブラスレ)	bracelet
ubau **奪う** 〔盗み取る〕	voler (ヴォレ)	rob
uma **馬**	cheval 男 (シュヴァル)	horse

日	仏	英
うまい [上手な]	bon (ボン)	good
[おいしい]	bon (ボン)	good
うまく	bien (ビヤン)	well
生まれ	naissance 女 (ネサーンス)	birth
生まれる	naître (ネートル)	be born
海	mer 女 (メール)	sea
産む [出産]	avoir (アヴォワール)	have
埋める	enterrer (アンテレ)	bury
敬う	respecter (レスペクテ)	respect
裏 […の裏に]	derrière (デリエール)	behind
裏切り	trahison 女 (トライゾン)	betrayal
裏切る	trahir (トライール)	betray
うらやましい	envieux (アンヴィユー)	envious
うらやむ	envier (アンヴィエ)	envy
売る	vendre (ヴァーンドル)	sell
うるさい	bruyant (ブリュイヤン)	noisy
うれしい	être content (エートル コンタン)	be happy
売れる	se vendre (ス ヴァーンドル)	sell
上着	veste 女 (ヴェスト)	jacket

噂 - エアコン

日	仏	英
uwasa 噂	リュムール rumeur 女	rumor
un うん　〔返事〕	ウイ oui	yeah
un 運	シャーンス chance 女	luck
un ga ii 運がいい	アヴォワール ドゥ ラ シャーンス avoir de la chance	be lucky
unten 運転　〔車〕	コンデュイット conduite 女	driving
untenshu 運転手	コンデュクトゥール conducteur 名	driver
〔タクシーなどの〕	ショフール chauffeur 男	driver
untensuru 運転する	コンデュイール conduire	drive
unten menkyoshoo 運転免許証	ペルミ　ドゥ コンデュイール permis de conduire 男	driver's license
undoo 運動　〔身体の〕	エグゼルスィス exercice 男	exercise
〔社会的〕	ムヴマン mouvement 男	movement
unmee 運命	デスタン destin 男	destiny
un'yoku 運よく	ウルズマン heureusement	fortunately
unwaruku 運悪く	マルルズマン malheureusement	unfortunately

え

e 絵	タブロー tableau 男	picture
〔絵本の〕	イマージュ image 女	picture
eakon エアコン	クリマティズール climatiseur 男	air conditioner

永遠−衛星

日	仏	英
永遠 ee'en	エテルニテ éternité 女	eternity
永遠の ee'enno	エテルネル éternel	eternal
映画 eega	スィネマ cinéma 男	movie
〔個々の〕	フィルム film 男	movie
映画館 eegakan	スィネマ cinéma 男	movie theater
映画館に行く eegakan ni iku	アレ オ スィネマ aller au cinéma	go to the movies
映画を見る eega o miru	ヴォワール アン フィルム voir un film	see a movie
永久に eekyuuni	プール トゥジュール pour toujours	forever
影響 eekyoo	アンフリュアーンス influence 女	influence
影響する eekyoosuru	アンフリュアンセ influencer	influence
英語 eego	アングレ anglais 男	English
栄光 eekoo	グロワール gloire 女	glory
英国 eekoku	グランド ブルターニュ Grande-Bretagne 女	Great Britain
〔イングランド〕	アングルテール Angleterre 女	England
英国人 eekokujin	ブリタニック Britannique 名	British
英国の eekokuno	ブリタニック britannique	British
英語で eegode	アン ナングレ en anglais	in English
エイズ eizu	スィダ sida 男	AIDS
衛星 eesee	サテリット satellite 男	satellite

え

衛生 – エラー

日	仏	英
eesee 衛生	イジエヌ hygiène 女	hygiene
eezoo 映像	イマージュ image 女	image
eeyuu 英雄	エロ héros 男	hero
eeyoo 栄養	ニュトリスィヨン nutrition 女	nutrition
egaku 〔線で〕	デスィネ dessiner	draw
〔絵の具で〕	パーンドル peindre	paint
eki 〔鉄道の〕 駅	ガール gare 女	station
〔地下鉄の〕	スタスィヨン station 女	station
ekorojii エコロジー	エコロジ écologie 女	ecology
esukareetaa エスカレーター	エスカリエ メカニック escalier mécanique 男	escalator
eda 枝	ブランシュ branche 女	branch
efferutoo エッフェル塔	ラ トゥール エフェル la Tour Eiffel 女	the Eiffel Tower
enerugii エネルギー	エネルジ énergie 女	energy
ehagaki 絵葉書	カルト ポスタル carte postale 女	postcard
ebi 〔小エビ〕 エビ	クルヴェット crevette 女	prawn
〔ロブスター〕	オマール homard 男	lobster
epuron エプロン	タブリエ tablier 男	apron
ehon 絵本	リーヴル ディマージュ livre d'images 男	picture book
eraa エラー	エルール erreur 女	error

日	仏	英
偉い 〔偉大な〕 *erai*	グラン grand	great
選ぶ *erabu*	ショワズィール choisir	choose
襟 *eri*	コル col 男	collar
得る *eru*	オブトゥニール obtenir	get
エレベーター *erebeetaa*	アサンスール ascenseur 男	elevator
円 〔図形〕 *en*	セルクル cercle 男	circle
〔通貨〕	エン yen 男	yen
延期する *enkisuru*	ルポルテ reporter	postpone
演劇 *engeki*	テアートル théâtre 男	drama
エンジニア *enjinia*	アンジェニュール ingénieur 男	engineer
援助 *enjo*	エド aide 女	help, aid
援助する *enjosuru*	エデ aider	help, aid
演じる *enjiru*	ジュエ jouer	play
エンジン *enjin*	モトゥール moteur 男	engine
演説 *enzetsu*	ディスクール discours 男	speech
演奏会 *ensookai*	コンセール concert 男	concert
演奏する *ensoosuru*	ジュエ jouer	play
延長する *enchoosuru*	プロロンジェ prolonger	extend
エンドウ *endoo*	ポワ pois 男	pea

煙突 – 王女

日	仏	英
entotsu 煙突	cheminée 女 (シュミネ)	chimney
enpitsu 鉛筆	crayon 男 (クレイヨン)	pencil

お

日	仏	英
o 尾	queue 女 (クー)	tail
oi 甥	neveu 男 (ヌヴー)	nephew
oishii おいしい	bon (ボン)	good
	délicieux (デリシュー)	delicious
oitsuku 追いつく	rattraper (ラトラペ)	catch up with
oiru オイル	huile 女 (ユイル)	oil
oiru 老いる	vieillir (ヴィエイール)	grow old
oo 王	roi 男 (ロワ)	king
ookan 王冠	couronne 女 (クロヌ)	crown
oogi 扇	éventail 男 (エヴァンタイユ)	fan
oogon 黄金	or 男 (オール)	gold
oushi 雄牛	taureau 男 (トロー)	bull
ooji 王子	prince 男 (プランス)	prince
ooshuu 欧州	Europe 女 (ウロップ)	Europe
oojo 王女	princesse 女 (プランセス)	princess

402

応じる－オーストリア人

日	仏	英
oojiru **応じる** 〔答える〕	レポンドル ア répondre à	answer
〔承諾する〕	アクセプテ accepter	accept
oodansuru **横断する**	トラヴェルセ traverser	cross
oofukukippu **往復切符**	アレルトゥール aller-retour 男	round-trip ticket
ooyoo **応用**	アプリカスィヨン application 女	application
oeru **終える**	フィニール finir	end
ooi **多い**	ノンブルー nombreux	large, many
oou **覆う**	クヴリール couvrir	cover
ookami **狼**	ルー loup 男	wolf
ookii **大きい**	グラン grand	big
ookisa **大きさ**	グランドゥール grandeur 女	size
ookuno **多くの**	ボクー ドゥ beaucoup de	a lot of
ookesutora **オーケストラ**	オルケストル orchestre 男	orchestra
oogoede **大声で**	ア オート ヴォワ à haute voix	in a loud voice
oosutoraria **オーストラリア**	オーストラリ Australie 女	Australia
oosutorariajin **オーストラリア人**	オーストラリヤン Australien 名	Australian
oosutorariano **オーストラリアの**	オーストラリヤン australien	Australian
oosutoria **オーストリア**	オートリシュ Autriche 女	Austria
oosutoriajin **オーストリア人**	オートリシヤン Autrichien 名	Austrian

オーストリアの-起きる

日	仏	英
oosutoriano **オーストリアの**	オートリシャン autrichien	Austrian
oozeeno **大勢の**	ボクー ドゥ beaucoup de	a lot of
oodekoron **オーデコロン**	オ ドゥ コローニュ eau de Cologne 女	eau de cologne
ootobai **オートバイ**	モト moto 女	motorcycle
oodoburu **オードブル**	オルドゥーヴル hors-d'œuvre 男	hors d'oeuvre
oobun **オーブン**	フール four 男	oven
ooyakeno **公の**	ピュブリック public	public
oka **丘**	コリヌ colline 女	hill
okaasan **お母さん**	ママン maman 女	mom
oakaerinasai **お帰りなさい** 〔昼〕	ボンジュール Bonjour !	Hello!
〔夜〕	ボンソワール Bonsoir !	Good evening!
okashii **おかしい** 〔滑稽〕	ドロール drôle	funny
〔奇妙〕	ビザール bizarre	strange
okane **お金**	アルジャン argent 男	money
ogawa **小川**	リュイソー ruisseau 男	stream
okidokee **置き時計**	パンデュル pendule 女	clock
okiniirino **お気に入りの**	プレフェレ préféré	favorite
	ファヴォリ favori	favorite
okiru **起きる** 〔起床〕	ス ルヴェ se lever	get up

404

日	仏	英
〔出来事が〕	arriver (アリヴェ)	happen
億 oku 〔1億〕	cent millions (サン ミリヨン)	a hundred million
置く oku	mettre (メトル)	put
贈り物 okurimono	cadeau 男 (カドー)	present
送る okuru	envoyer (エンヴォワイエ)	send
贈る okuru	offrir (オフリール)	give
遅れ okure	retard 男 (ルタール)	delay
遅れる okureru	être en retard (エートル アン ルタール)	be late
起こす okosu 〔起床させる〕	réveiller (レヴェイエ)	wake (up)
怒っている okotteiru	être en colère (エートル アン コレール)	be angry
行い okonai	action 女 (アクスィヨン)	action
行う okonau	faire (フェール)	do
怒らせる okoraseru	mettre en colère (メトル アン コレール)	make angry
怒る okoru	se mettre en colère (ス メトル アン コレール)	get angry
起こる okoru	arriver (アリヴェ)	happen
お先にどうぞ osakinidoozo	Après vous. (アプレ ヴー)	After you.
幼い osanai	petit (プティ)	little
おじ oji	oncle 男 (オーンクル)	uncle
おじいさん ojiisan 〔祖父〕	grand-père 男 (グランペール)	grandfather

教える－落ち着く

日	仏	英
〔老人〕	ヴィエイヤール vieillard 男	old man
oshieru 教える	アンセニェ enseigner	teach
oshaberi おしゃべり	バヴァルダージュ bavardage 男	chat
oshaberisuru おしゃべりする	バヴァルデ bavarder	chat
oshaberina おしゃべりな	バヴァール bavard	talkative
osu 押す	プセ pousser	push
oseji お世辞	フラトリ flatterie 女	flattery
osen 汚染	ポリュスィヨン pollution 女	pollution
osoi 遅い 〔時間が〕	タール tard	late
〔速度が〕	ラン lent	slow
osou 襲う	アタケ attaquer	attack
osoku 遅く 〔時間〕	タール tard	late
〔速度〕	ラントマン lentement	slowly
osoraku 恐らく	プロバブルマン probablement	probably
osore 恐れ	プール peur 女	fear
osoreru 恐れる	クラーンドル craindre	fear
osoroshii 恐ろしい	テリーブル terrible	terrible
osowaru 教わる	アプラーンドル apprendre	learn
ochitsuku 落ち着く	ス カルメ se calmer	calm down

日	仏	英
ocha **お茶**	テ thé 男	tea
ochiru **落ちる**　〔落り〕	トンベ tomber	fall
otto **夫**	マリ mari 男	husband
otsuri **お釣り**	モネ monnaie 女	change
odeko **おでこ**	フロン front 男	forehead
oto **音**	ソン son 男	sound
otoosan **おとうさん**	パパ papa 男	dad
otooto **弟**	プティ フレール petit frère 男	younger brother
otoko **男**	オム homme 男	man
otokonoko **男の子**	ガルソン garçon 男	boy
otosu **落とす**	レセ トンベ laisser tomber	drop
otozureru **訪れる**　〔場所を〕	ヴィジィテ visiter	visit
〔人を〕	ランドル ヴィジィト ア rendre visite à	visit
ototoi **おととい**	アヴァンティエール avant-hier	the day before yesterday
ototoshi **おととし**	イリア ドゥーザン il y a deux ans	the year before last
otona **大人**	アデュルト adulte 名	adult
odori **踊り**	ダーンス danse 女	dance
odoru **踊る**	ダンセ danser	dance
odorokasu **驚かす**	エトネ étonner	surprise

驚き-おみやげ

日	仏	英
odoroki **驚き**	エトヌマン étonnement 男	surprise
odoroku **驚く**	セトネ s'étonner	be surprised
	エートル エトネ être étonné	be surprised
otootateru **音を立てる**	フェール デュ ブリュイ faire du bruit	make noise
onaka **お腹**	ヴァーントル ventre 男	stomach
onaji **同じ**	メム même	same
onegaishimasu **お願いします**	スィル ヴ プレ s'il vous plaît	please
oba **おば**	タント tante 女	aunt
obaasan **おばあさん** 〔祖母〕	グランメール grand-mère 女	grandmother
〔老婆〕	ヴィエイユ ファム vieille femme 女	old woman
ohayoo **おはよう**	ボンジュール Bonjour !	Good morning!
obi **帯**	サンテュール ceinture 女	belt
ofisu **オフィス**	ビュロー bureau 男	office
opera **オペラ**	オペラ opéra 男	opera
oboeteiru **覚えている**	ス スヴニール ドゥ se souvenir de	remember
oboeru **覚える**	ルトゥニール retenir	memorize
oboreru **溺れる**	ス ノワイエ se noyer	drown
omawarisan **お巡りさん！**	ムスィユー ラジャン Monsieur l'agent !	Officer!
omiyage **おみやげ**	スヴニール souvenir 男	souvenir

日	仏	英
omuretsu オムレツ	オムレット omelette 女	omelet
omedetoo おめでとう	フェリシタスィヨン Félicitations !	Congratulations!
omoi 重い	ルール lourd	heavy
omoi 思い	パンセ pensée 女	thought
omoidasu 思い出す	ス ラプレ se rappeler	remember
omoide 思い出	スヴニール souvenir	memory
omou 思う	パンセ penser	think
omosa 重さ	ポワ poids 男	weight
omoshiroi おもしろい〔知的に〕	アンテレサン intéressant	interesting
〔楽しい〕	アミュザン amusant	amusing
omocha おもちゃ	ジュエ jouet 男	toy
omona 主な	プランスィパル principal	main
omoni 主に	プランスィパルマン principalement	mainly
oya 親　〔両親〕	パラン parents 男複	parents
oyasumi おやすみ	Bonne nuit !	Good night!
oyayubi 親指　〔手の〕	プス pouce 男	thumb
oyu お湯	オ ショード eau chaude 女	hot water
oyogu 泳ぐ	ナジェ nager	swim
oyoso およそ	アンヴィロン environ	about

オランダ−音楽を聞く

日	仏	英
oranda **オランダ**	les Pays-Bas 男複	the Netherlands
ori **檻**	cage 女	cage
oriibu **オリーブ**	olive 女	olive
oriibuoiru **オリーブオイル**	huile d'olive 女	olive oil
oriru **降りる**〔乗り物から〕	descendre	get off
orinpikku **オリンピック**	les Jeux olympiques 男複	the Olympic Games
oru **折る**〔切り離す〕	casser	break
〔紙・布を〕	plier	fold
oree **お礼**	remerciement 男	thanks
oree o iu **お礼を言う**	remercier	thank
oreru **折れる**	se casser	break
orenji **オレンジ**〔果実〕	orange 女	orange
orenjijuusu **オレンジジュース**	jus d'orange 男	orange juice
orokana **愚かな**	sot	foolish
owari **終わり**	fin 女	end
owaru **終わる**	finir	end
ongaku **音楽**	musique 女	music
ongakuka **音楽家**	musicien 名	musician
ongaku o kiku **音楽を聞く**	écouter de la musique	listen to music

温度−海外で

日	仏	英
ondo **温度**	タンペラテュール température 女	temperature
onna **女**	ファム femme 女	woman
onnanoko **女の子**	フィーユ fille 女	girl

か

ka **科** 〔部門〕	デパルトマン département 男	department
ka **課** 〔学課〕	ルソン leçon 女	lesson
ka **蚊**	ムスティック moustique 男	mosquito
kaaten **カーテン**	リドー rideau 男	curtain
kaado **カード**	カルト carte 女	card
kaabu **カーブ** 〔曲線〕	クルブ courbe 女	curve
kaapetto **カーペット**	タピ tapis 男	carpet
gaarufurendo **ガールフレンド**	プティタミ petite amie 女	girlfriend
kai **会**	レユニヨン réunion 女	meeting
kai **階**	エタージュ étage 男	floor
kai **貝**	コキヤージュ coquillage 男	shellfish
kai **回**	フォワ fois 女	time
kaiin **会員**	マーンブル membre 男	member
kaigaide **海外で**	ア レトランジェ à l'étranger	abroad

411

海外へ－解釈

日	仏	英
kaigaie **海外へ**	アレトランジェ à l'étranger	abroad
kaigi **会議**	レユニヨン réunion 女	meeting
kaigichuu dearu **会議中である**	エートル アン レユニヨン être en réunion	be in a meeting
kaikyuu **階級**	クラス classe 女	class
kaiketsu **解決**	ソリューション solution 女	solution
kaiketsusuru **解決する**	レズードル résoudre	solve
gaiken **外見**	アパラーンス apparence 女	appearance
gaikoo **外交**	ディプロマスィ diplomatie 女	diplomacy
gaikookan **外交官**	ディプロマット diplomate 名	diplomat
gaikoku **外国**	ペイ エトランジェ pays étranger 男	foreign country
gaikokugo **外国語**	ラング エトランジェール langue étrangère 女	foreign language
gaikokujin **外国人**	エトランジェ étranger 名	foreigner
gaikokuno **外国の**	エトランジェ étranger	foreign
kaishisuru **開始する**	コマンセ commencer	begin, start
kaisha **会社**	ソスィエテ société 女	company
〔オフィス〕	ビューロー bureau 男	office
kaishain **会社員**	アンプロワイエ ドゥ ビューロー employé de bureau 名	office worker
kaisha ni iku **会社に行く**	アレ オ ビューロー aller au bureau	go to the office
kaishaku **解釈**	アンテルプレタスィヨン interprétation 女	interpretation

日	仏	英
kaishakusuru **解釈する**	アンテルプレテ interpréter	interpret
gaishutsusuru **外出する**	ソルティール sortir	go out
kaidan **階段**	エスカリエ escalier 男	stairs
kaichoo **会長**	プレズィダン président 男	president
kaitekina **快適な**	アグレアーブル agréable	comfortable
kaiten **回転**	トゥール tour 男	turn
kaitensuru **回転する**	トゥルネ tourner	turn
gaido **ガイド**	ギド guide 男	guide
kaitoo **解答**	レポーンス réponse 女	answer
kaitoosuru **解答する**	レポンドル répondre	answer
gaidobukku **ガイドブック**	ギド guide 男	guide
gaibu **外部**	エクステリュール extérieur 男	outside
kaibutsu **怪物**	モーンストル monstre 男	monster
kaimono **買い物**	アシャ achat 男	shopping
kaimono o suru **買い物をする**	フェール デ ザシャ faire des achats	do some shopping
〔日々の〕	フェール レ クルス faire les courses	do the shopping
kairaku **快楽**	プレズィール plaisir 男	pleasure
kaiwa **会話**	コンヴェルサスィヨン conversation 女	conversation
kau **買う**	アシュテ acheter	buy

飼う – 掛かる

日	仏	英
kau **飼う** 〔ペットを〕	アヴォワール avoir	have
kaesu **返す**	ラーンドル rendre	return
kaeri **帰り**	ルトゥール retour 男	return
kaeru **帰る** 〔家に〕	ラントレ rentrer	go home
kaeru **変える**	シャンジェ changer	change
kaeru **かえる** 〔交換〕	シャンジェ ランプラセ changer, remplacer	change, replace
kaeru **カエル**	グルヌイユ grenouille 女	frog
kao **顔**	ヴィザージュ visage 男	face
gaka **画家**	パーントル peintre 男	painter
kakaku **価格**	プリ prix 男	price
kagaku **科学**	スィヤーンス science 女	science
kagaku **化学**	シミ chimie 女	chemistry
kagakusha **科学者**	スィヤンティフィック scientifique 名	scientist
kagakutekina **科学的な**	スィヤンティフィック scientifique	scientific
kagakutekina **化学的な**	シミック chimique	chemical
kakato **かかと**	タロン talon 男	heel
kagami **鏡**	ミロワール miroir 男	mirror
kagayaku **輝く**	ブリエ briller	shine
kakaru **掛かる** 〔つり下がる〕	エートル アクロシェ être accroché	hang

かかる－確実な

日	仏	英
kakaru **かかる**　〔時間が〕	プランドル prendre	take
〔費用が〕	クテ couter	cost
kaki **カキ**　〔貝〕	ユイトル huître 安	oyster
kagi **鍵**	クレ clef 安	key
〔別綴り〕	クレ clé 安	key
kakitori **書き取り**	ディクテ dictée 安	dictation
kagiri **限り**	リミット limite 安	limit
kagiru **限る**	リミテ limiter	limit
kagi o kakeru **鍵を掛ける**	フェルメ ア クレ fermer à clef	lock
kaku **書く**	エクリール écrire	write
kaku **描く**　〔線で〕	デシネ dessiner	draw
〔彩色して〕	パーンドル peindre	paint
kaku **欠く**　〔…を欠く〕	マンケ ドゥ manquer de	lack
kaku **掻く**	グラテ gratter	scratch
kagu **家具**	ムブル meuble 男	furniture
kagu **嗅ぐ**	サンティール sentir	smell
gaku **額**　〔額縁〕	カドル cadre 男	frame
〔金額〕	ソム somme 安	sum
kakujitsuna **確実な**	セルタン certain	certain

学習－傘

日	仏	英
gakushuu 学習	エテュード étude 女	study
gakushuusuru 学習する	エテュディエ étudier	study
	アプラーンドル apprendre	learn
kakusu 隠す	カシェ cacher	hide
gakusee 学生	エテュディヤン étudiant 名	student
kakudaisuru 拡大する	アグランディール agrandir	enlarge
kakudo 角度	アーングル angle 男	angle
kakuninsuru 確認する	コンフィルメ confirmer	confirm
kakuno 核の	ニュクレエール nucléaire	nuclear
kakumee 革命	レヴォリュスィヨン révolution 女	revolution
kakureru 隠れる	ス カシェ se cacher	hide
kake 賭け	パリ pari 男	bet
kage 影	オーンブル ombre 女	shadow
kakeru 掛ける 〔つるす〕	アクロシェ accrocher	hang
kakeru 賭ける	パリエ parier	bet
kako 過去	パセ passé 男	past
kago かご	パニエ panier 男	basket
kakomu 囲む	アントゥレ entourer	surround
kasa 傘	パラプリュイ parapluie 男	umbrella

火災－風邪

日	仏	英
kasai **火災**	アンサンディ incendie 男	fire
kasanaru **重なる**	サンタセ s'entasser	be piled up
kasaneru **重ねる**	アンタセ entasser	pile up
kazari **飾り**	デコラスィヨン décoration 女	decoration
kazaru **飾る**	デコレ décorer	decorate
kazan **火山**	ヴォルカン volcan 男	volcano
kashi **菓子**	ガトー gâteau 男	cake
kaji **家事**	メナージュ ménage 男	housework
kaji **火事**	アンサンディ incendie 男	fire
kajida **火事だ！**	オ フー Au feu !	Fire!
kashikoi **賢い**	アンテリジャン intelligent	smart, intelligent
kashu **歌手**	シャントゥール chanteur 名	singer
kajuu **果汁**	ジュ ドゥ フリュイ jus de fruit 男	fruit juice
kasu **貸す**	プレテ prêter	lend
〔賃貸〕	ルエ louer	rent
kazu **数**	ノーンブル nombre 男	number
gasu **ガス**	ガーズ gaz 男	gas
kaze **風**	ヴァン vent 男	wind
kaze **風邪**	リュム rhume 男	cold

日	仏	英
kaze ga aru 風がある	イリヤ デュ ヴァン Il y a du vent.	It's windy.
kasegu 稼ぐ	ガニェ gagner	earn
kaze o hiiteiru 風邪をひいている	エートル アンリュメ être enrhumé	have a cold
kaze o hiku 風邪をひく	アトラペ アン リュム attraper un rhume	catch a cold
kazoeru 数える	コンテ compter	count
kazoku 家族	ファミーユ famille 女	family
gasorin ガソリン	エサーンス essence 女	gas
gasorin sutando ガソリンスタンド	スタスィヨンセルヴィス station-service 女	gas station
kata 肩	エポール épaule 女	shoulder
kata 型　〔型式〕	モデル modèle 男	model
katai 固い	デュール dur	hard
katachi 形	フォルム forme 女	form
katazukeru 片付ける	ランジェ ranger	put away
katana 刀	エペ épée 女	sword
katamichikippu 片道切符	アレ aller 男	one-way ticket
kataru 語る	ラコンテ raconter	talk
katarogu カタログ	カタログ catalogue 男	catalogue
kachi 価値	ヴァルール valeur 女	value
kachi 勝ち	ヴィクトワール victoire 女	victory

日	仏	英
katsu **勝つ**	ガニェ gagner	win
gakkarisuru **がっかりする**	エートル デスュ être déçu	be disappointed
gakki **学期** 〔3学期制〕	トリメストル trimestre 男	term
gakkyuu **学級**	クラース classe 女	class
gakkoo **学校**	エコル école 女	school
gakko ni iku **学校に行く**	アレ ア レコル aller à l'école	go to school
gasshoo **合唱**	クール chœur 男	chorus
katsute **かつて**	オトルフォワ autrefois	once
katsudoo **活動**	アクティヴィテ activité 女	activity
kappu **カップ** 〔茶碗〕	タス tasse 女	cup
〔賞杯〕	クープ coupe 女	cup
kappuru **カップル**	クープル couple 男	couple
katsura **かつら**	ペリュック perruque 女	wig
katee **家庭**	ファミーユ famille 女	family, home
kado **角**	コワン coin 男	corner
katorikkuno **カトリックの**	カトリック catholique	Catholic
kanashii **悲しい**	トリスト triste	sad
kanashimi **悲しみ**	トリステス tristesse 女	sadness
kanada **カナダ**	カナダ Canada 男	Canada

カナダ人－彼女ら

日	仏	英
kanadajin **カナダ人**	Canadien 名	Canadian
kanadade **カナダで**	au Canada	in Canada
kanadano **カナダの**	canadien	Canadian
kanadae **カナダへ**	au Canada	to Canada
kanazuchi **金づち**	marteau 男	hammer
kani **カニ**	crabe 男	crab
kane **金**	argent 男	money
kane **鐘**	cloche 女	bell
kanemochino **金持ちの**	riche	rich
kanoosee **可能性**	possibilité 女	possibility
kanoona **可能な**	possible	possible
kanojo **彼女**	elle	her
〔…は〕	elle	she
〔…を〕	la	her
〔…に〕	lui	her
〔…の〕	son	her
kanojojishin **彼女自身**	elle-même	herself
kanojora **彼女ら**	elles	them
〔…は〕	elles	they

日	仏	英
〔…を〕	les	them
〔に〕	leur	them
〔…の〕	leur	their
kanojorajishin 彼女ら自身	elles-mêmes	themselves
kabaa カバー	couverture 女	cover
kabau かばう	protéger	protect
kaban かばん	sac 男	bag
kahansuu 過半数	majorité 女	majority
kabin 花びん	vase 男	vase
kafeore カフェオレ	café au lait 男	coffee with milk
kapuseru カプセル	capsule 女	capsule
kaburu かぶる 〔頭に〕	mettre	put on
kabe 壁	mur 男	wall
kahee 貨幣	monnaie 女	money
kabocha カボチャ	citrouille 女	pumpkin
gaman 我慢	patience 女	patience
gamansuru 我慢する 〔耐える〕	supporter	bear
gamanzuyoi 我慢強い	patient	patient
kami 紙	papier 男	paper

日	仏	英
kami 髪	シュヴー cheveu 男	hair
kami 神	ディユー dieu 男	god
kamigata 髪型	コワフュール coiffure 女	hairstyle
kamisori かみそり	ラゾワール rasoir 男	razor
kaminari 雷	フードル foudre 女	thunder
kamu 〔かみつく〕	モルドル mordre	bite
kamera カメラ	アパレイユ フォト appareil photo 男	camera
〔ビデオ〕	カメラ caméra 女	camera
kameraman カメラマン	フォトグラフ photographe 名	photographer
kamen 仮面	マスク masque 男	mask
gamen 画面	エクラン écran 男	screen
kamo 鴨	カナール canard 男	duck
kamoku 科目	マティエール matière 女	subject
kayou 通う	アレ ア aller à	go to
kayoobi 火曜日	マルディ mardi 男	Tuesday
kayoobini 火曜日に	マルディ mardi	on Tuesday
kara から 〔…から〕	ドゥ de	from
	ア パルティール ドゥ à partir de	from
kara 殻	コキーユ coquille 女	shell

日	仏	英
karai 辛い	ピカン piquant	hot
karaoke カラオケ	カラオケ karaoké 男	karaoke
karashi 辛子	ムタルド moutarde 女	mustard
karasu カラス	コルボー corbeau 男	crow
garasu ガラス	ヴェール verre 男	glass
karada 体	コール corps 男	body
karate 空手	カラテ karaté 男	karate
karano 空の	ヴィド vide	empty
kari 狩り	シャス chasse 女	hunting
kariru 借りる	アンプランテ emprunter	borrow
〔賃借〕	ルエ louer	rent
karu 刈る 〔髪を〕	クペ couper	cut
karui 軽い	レジェ léger	light
kare 彼	リュイ lui	him
〔…は〕	イル il	he
〔…を〕	ル le	him
〔…に〕	リュイ lui	him
〔…の〕	ソン son	his
gareeji ガレージ	ガラージュ garage 男	garage

彼自身 – 為替

日	仏	英
karejishin 彼自身	リュイメム lui-même	himself
karera 彼ら	ウー eux	them
〔…は〕	イル ils	they
〔…を〕	レ les	them
〔…に〕	ルール leur	them
〔…の〕	ルール leur	their
karerajishin 彼ら自身	ウメム eux-mêmes	themselves
karendaa カレンダー	カランドリエ calendrier 男	calendar
kawa 川	リヴィエール rivière 女	river
〔大河〕	フルーヴ fleuve 男	river
kawa 皮 〔皮膚〕	ポー peau 女	skin
kawa 革 〔皮革〕	キュイール cuir 男	leather
kawaii かわいい	ジョリ joli	pretty
	ミニョン mignon	cute
kawaisoona かわいそうな	ポーヴル pauvre	poor
kawaita 乾いた	セック sec	dry
kawakasu 乾かす	セシェ sécher	dry
kawaku 乾く	セシェ sécher	dry
kawase 為替 〔外為〕	シャーンジュ change 男	exchange

日	仏	英
kawasereeto 為替レート	taux de change 男	exchange rate
kawatta 変わった	bizarre	strange
kawara 瓦	tuile 女	tile
kawaru 変わる	changer	change
gan がん 〔癌〕	cancer 男	cancer
kangae 考え	idée 女	idea
kangaeru 考える	penser	think
kankaku 間隔	intervalle 男	interval
kankyaku 観客	spectateur 名	audience
kankyoo 環境	environnement 男	environment
kankee 関係	rapport 男	relation
kangee 歓迎	accueil 男	welcome
kangeesuru 歓迎する	accueillir	welcome
kankoo 観光	tourisme 男	sightseeing
kankookyaku 観光客	touriste 名	tourist
kankoku 韓国	Corée du Sud 女	South Korea
kankokugo 韓国語	coréen 男	Korean
kankokujin 韓国人	Sud-Coréen 名	South Korean
kankokuno 韓国の	sud-coréen	South Korean

看護師 – 完全な

日	仏	英
kangoshi **看護師**　〔男性〕	アンフィルミエ infirmier 男	nurse
〔女性〕	アンフィルミエール infirmière 女	nurse
kansatsu **観察**	オプセルヴァスィヨン observation 女	observation
kansatsusuru **観察する**	オプセルヴェ observer	observe
kanshi **冠詞**	アルティクル article 男	article
kanji **感じ**　〔感覚〕	サンサスィヨン sensation 女	feeling
kanji **漢字**	カラクテール シノワ caractère chinois 男	Chinese character
ganjitsu **元日**	ル ジュール ドゥ ラン le jour de l'an 男	New Year's Day
kanshasuru **感謝する**	ルメルスィエ remercier	thank
kanja **患者**	パスィヤン patient 名	patient
kanjoo **感情**	サンティマン sentiment 男	feeling
kanjoo **勘定**　〔レストランの〕	アディスィヨン addition 女	check
〔ホテルなどの〕	ノト note 女	bill
kanjiru **感じる**	サンティール sentir	feel
kanshin **関心**	アンテレ intérêt 男	interest
kanseesuru **完成する**	アシュヴェ achever	complete
kansetsutekina **間接的な**	アンディレクト indirect	indirect
kansetsutekini **間接的に**	アンディレクトマン indirectement	indirectly
kanzenna **完全な**　〔完璧な〕	パルフェ parfait	perfect

完全に－完璧に

日	仏	英
〔そろった〕	コンプレ complet	complete
kanzenni 完全に　〔完璧に〕	パルフェトマン parfaitement	perfectly
〔全く〕	コンプレトマン complètement	completely
kansoo 感想　〔印象〕	アンプレスィヨン impression 女	impression
kansooshita 乾燥した	セック sec	dry
kansoosuru 乾燥する	セシェ sécher	dry
kantanna 簡単な	ファスィル facile	easy
kantanni 簡単に	ファスィルマン facilement	easily
kandoo 感動	エモスィヨン émotion 女	emotion
kandoosuru 感動する	エートル エミュ être ému	be moved
kandootekina 感動的な	エムヴァン émouvant	moving
kanningu カンニング	トリシュリ tricherie 女	cheating
kanningusuru カンニングする	トリシェ tricher	cheat
kannen 観念	イデ idée 女	idea
kanpai 乾杯！	ア ヴォトル サンテ A votre santé !	Bottoms up!
ganbatte がんばって！	ボン クラージュ Bon courage !	Good luck!
kanbyoosuru 看病する	ソワニェ soigner	nurse
kanpekina 完璧な	パルフェ parfait	perfect
kanpekini 完璧に	パルフェトマン parfaitement	perfectly

日	仏	英

き

ki 木 〔樹木〕	arbre 男 (アルブル)	tree
〔木材〕	bois 男 (ボワ)	wood
kiiboodo キーボード	clavier 男 (クラヴィエ)	keyboard
kiiro 黄色	jaune 男 (ジョーヌ)	yellow
kiiroi 黄色い	jaune (ジョーヌ)	yellow
kieru 消える	disparaître (ディスパレートル)	disappear
kioku 記憶	mémoire 女 (メモワール)	memory
kiokusuru 記憶する	retenir (ルトゥニール)	memorize
kion 気温	température 女 (タンペラテュール)	temperature
kikai 機会	occasion 女 (オカズィヨン)	opportunity
kikai 機械	machine 女 (マシーヌ)	machine
gikai 議会	parlement 男 (パルルマン)	assembly
kigatsuku 気がつく	remarquer (ルマルケ)	notice
kiki 危機	crise 女 (クリーズ)	crisis
kigyoo 企業	entreprise 女 (アントルプリーズ)	enterprise
kiku 聞く 〔意識して〕	écouter (エクテ)	listen to
〔自然に〕	entendre (アンターンドル)	hear

喜劇 – 奇跡

日	仏	英
喜劇 kigeki	コメディ comédie 女	comedy
危険 kiken	ダンジェ danger 男	danger
期限 kigen 〔締切〕	ダット リミット date limite 女	deadline
起源 kigen	オリジヌ origine 女	origin
危険な kikenna	ダンジュルー dangereux	dangerous
気候 kikoo	クリマ climat 男	climate
記号 kigoo	スィーニュ signe 男	sign
聞こえる kikoeru 〔主語は人〕	アンタンドル entendre	hear
記事 kiji	アルティクル article 男	article
儀式 gishiki	セレモニ cérémonie 女	ceremony
汽車 kisha	トラン train 男	train
技術 gijutsu	テクニック technique 女	technique
技術者 gijutsusha	アンジェニユール ingénieur 男	engineer
キス kisu	ベゼ baiser 男	kiss
傷 kizu	ブレスュール blessure 女	injury
キスする kisusuru	アンブラセ embrasser	kiss
犠牲 gisee	サクリフィス sacrifice 男	sacrifice
犠牲者 giseesha	ヴィクティム victime 女	victim
奇跡 kiseki	ミラークル miracle 男	miracle

429

奇跡的な-絹

日	仏	英
kisekitekina **奇跡的な**	ミラキュルー miraculeux	miraculous
kisetsu **季節**	セゾン saison 女	season
kiso **基礎**	バーズ base 女	base, foundation
kisoku **規則**	レーグル règle 女	rule
kita **北**	ノール nord 男	north
gitaa **ギター**	ギタール guitare 女	guitar
kitai **期待**	アタント attente 女	expectation
kitachoosen **北朝鮮**	コレ デュ ノール Corée du Nord 女	North Korea
kitachoosenno **北朝鮮の**	ノールコレアン nord-coréen	North Korean
kitanai **汚い**	サル sale	dirty
gichoo **議長**	プレズィダン président 男	chairperson
kichoona **貴重な**	プレスィユー précieux	precious, valuable
kissaten **喫茶店**	カフェ café 男	café
kitte **切手**	タンブル timbre 男	stamp
kitsune **キツネ**	ルナール renard 男	fox
kippu **切符**〔地下鉄・バス〕	ティケ ticket 男	ticket
〔鉄道〕	ビエ billet 男	ticket
kiniiru **気に入る**〔好き〕	エメ aimer	like
kinu **絹**	ソワ soie 女	silk

記念日－奇妙な

日	仏	英
kinenbi **記念日**	アニヴェルセール anniversaire 男	anniversary
kinoo **昨日**	イエール hier	yesterday
kinoo no asa **昨日の朝**	イエール マタン hier matin	yesterday morning
kinoo no gogo **昨日の午後**	イエール アプレミディ hier après-midi	yesterday afternoon
kinoo no ban **昨日の晩**	イエール ソワール hier soir	yesterday evening
kinoko **キノコ**	シャンピニョン champignon 男	mushroom
kibishii　〔人が〕	セヴェール sévère	strict, severe
kiboo **希望**	エスポワール espoir 男	hope
kiboosuru **希望する**	エスペレ espérer	hope
kihon **基本**	バーズ base 女	basis
kihontekina **基本的な**	フォンダマンタル fondamental	basic
kimari **決まり**	レーグル règle 女	rule
kimi **君**	トワ toi	you
〔…は〕	テュ tu	you
〔…を〕	トゥ te	you
〔…に〕	トゥ te	you
〔…の〕	トン ton	your
kimijishin **君自身**	トワメム toi-même	yourself
kimyoona **奇妙な**	エトラーンジュ étrange	strange

431

義務 − 救急車

日	仏	英
gimu **義務**	ドゥヴォワール devoir 男	duty
kimeru **決める**	デスィデ décider	decide
kimochi **気持ち**	サンティマン sentiment 男	feeling
gimon **疑問** 〔疑念〕	ドゥート doute 男	doubt
〔質問〕	ケスティヨン question 女	question
kyaku **客** 〔訪問客〕	アンヴィテ invité 名	guest
〔顧客〕	クリヤン client 名	customer
gyaku **逆**	コントレール contraire 男	opposite
kyakushitsu joomuin **客室乗務員**	オテス　ドゥ レール hôtesse de l'air 女	flight attendant
kyasshu kaado **キャッシュカード**	カルト　バンケール carte bancaire 女	cash card
kyaputen **キャプテン**	カピテヌ capitaine 男	captain
kyabetsu **キャベツ**	シュー chou 男	cabbage
kyanseru suru **キャンセルする**	アニュレ annuler	cancel
kyandee **キャンディー**	ボンボン bonbon 男	candy
kyanpu **キャンプ**	カンピン camping 男	camping
kyuu **9**	ヌフ neuf	nine
kyuuka **休暇**	ヴァカンス vacances 女複	vacation
kyuukachuu dearu **休暇中である**	エートル アン ヴァカンス être en vacances	be on vacation
kyuukyuusha **救急車**	アンビュラーンス ambulance 女	ambulance

日	仏	英
休憩 kyuukee 〔休息〕	repos 男 ルポ	rest
〔仕事の合間〕	pause 女 ポーズ	break
休憩する kyuukeesuru	se reposer ス ルポゼ	rest
	faire une pause フェール ユヌ ポーズ	have a break
急行 kyuukoo	express 男 エクスプレス	express
休日 kyuujitsu	jour de congé 男 ジュール ドゥ コンジェ	holiday
90 kyuujuu	quatre-vingt dix カトルヴァンディス	ninety
救助 kyuujo	secours 男 スクール	rescue
宮殿 kyuuden	palais 男 パレ	palace
急な kyuuna 〔突然の〕	soudain スダン	sudden
急に kyuuni	soudain スダン	suddenly
牛肉 gyuuniku	bœuf 男 ブフ	beef
牛乳 gyuunyuu	lait 男 レ	milk
キュウリ kyuuri	concombre 男 コンコーンブル	cucumber
給料 kyuuryoo	salaire 男 サレール	salary
今日 kyoo	aujourd'hui オジュルデュイ	today
行 gyoo	ligne 女 リーニュ	line
教育 kyooiku	enseignement 男 アンセニュマン	education
	éducation 女 エデュカスィヨン	education

教員 – 興味がある

日	仏	英
kyooin 教員	アンセニャン enseignant 名	teacher
kyooka 教科	マティエール matière 女	subject
kyookai 教会	エグリーズ église 女	church
kyookai ni iku 教会に行く	アレ　ア レグリーズ aller à l'église	go to church
kyookasho 教科書	マニュエル スコレール manuel scolaire 男	textbook
kyoogijoo 競技場	スタド stade 男	stadium
kyookun 教訓	ルソン leçon 女	lesson
kyooshi 教師	プロフェスール professeur 男	teacher
kyooshitsu 教室	サル　ドゥ　クラス (salle de) classe 女	classroom
kyooju 教授	プロフェスール professeur 男	professor
kyoosoo 競争	コンキュラーンス concurrence 女	competition
kyoosoo 競走	クルス course 女	race
kyoodai 兄弟	フレール frère 男	brother
kyootsuuno 共通の	コマン commun	common
kiyoona 器用な	アドロワ adroit	skillful
kyoo no gogo 今日の午後	セタプレミディ cet après-midi	this afternoon
kyoofu 恐怖	プール peur 女	fear
kyoomi 興味	アンテレ intérêt 男	interest
kyoomi ga aru 興味がある	サンテレセ　ア s'intéresser à	be interested in

興味深い−ギリシャ語

日	仏	英
kyoomibukai **興味深い**	アンテレサン intéressant	interesting
kyooyoo **教養**	キュルテュール culture 女	culture
kyooryoku **協力**	コオペラスィヨン coopération 女	cooperation
gyooretsu **行列**〔順番待ちの〕	フィル ダターント file d'attente 女	line
kyoowakoku **共和国**	レピュブリック république 女	republic
kyoka **許可**	ペルミスィヨン permission 女	permission
kyokasuru **許可する**	ペルメトル permettre	permit
kyokutanna **極端な**	エクストレム extrême	extreme
kyokutanni **極端に**	エクストレムマン extrêmement	extremely
kyonen **去年**	ラネ　デルニエール l'année dernière	last year
	ラン　デルニエ l'an dernier	last year
kyohi **拒否**	ルフュ refus 男	refusal
kyohisuru **拒否する**	ルフュゼ refuser	refuse
kyori **距離**	ディスターンス distance 女	distance
kirau **嫌う**	ヌ パ ゼメ ne pas aimer	not like
	デテステ détester	dislike
kiri **霧**	ブルイヤール brouillard 男	fog
girisha **ギリシャ**	グレス Grèce 女	Greece
girishago **ギリシャ語**	グレック grec 男	Greek

435

キリスト教の－金庫

日	仏	英
キリスト教の (kirisutokyoono)	chrétien (クレティヤン)	Christian
キリスト教徒 (kirisutokyooto)	chrétien 名 (クレティヤン)	Christian
切る (kiru)	couper (クペ)	cut
着る (kiru)	mettre (メトル)	put on
〔…を着ている〕	porter (ポルテ)	wear
布 (kire)	tissu 男 (ティスュ)	cloth
きれいな 〔美しい〕 (kireena)	beau (ボー)	beautiful
〔清潔〕	propre (プロプル)	clean
記録 〔スポーツの〕 (kiroku)	record 男 (ルコール)	record
キログラム (kiroguramu)	kilogramme 男 (キログラム)	kilogram
キロメーター (kiromeetaa)	kilomètre 男 (キロメートル)	kilometer
議論 (giron)	discussion 女 (ディスキュスィヨン)	discussion
議論する (gironsuru)	discuter (ディスキュテ)	discuss
気をつける (ki o tsukeru)	faire attention (フェール アタンスィヨン)	be careful
金 (kin)	or 男 (オール)	gold
銀 (gin)	argent 男 (アルジャン)	silver
金額 (kingaku)	somme 女 (ソム)	sum
緊急の (kinkyuuno)	urgent (ユルジャン)	urgent
金庫 (kinko)	coffre-fort 男 (コフルフォール)	safe

日	仏	英
ginkoo **銀行**	バーンク banque 女	bank
kinshi **禁止**	アンテルディクスィヨン interdiction 女	prohibition
kinshisuru **禁止する**	アンテルディール interdire	prohibit
kinjo **近所**	ヴォワズィナージュ voisinage 男	neighborhood
kinjonohito **近所の人**	ヴォワザン voisin 名	neighbor
kinzoku **金属**	メタル métal 男	metal
kindaitekina **近代的な**	モデルヌ moderne	modern
kinchoo **緊張**	タンスィヨン tension 女	tension
kinniku **筋肉**	ミュスクル muscle 男	muscle
kin'yoobi **金曜日**	ヴァンドルディ vendredi 男	Friday
kin'yoobini **金曜日に**	ヴァンドルディ vendredi	on Friday

く

ku **9**	ヌフ neuf	nine
ku **区**	アロンディスマン arrondissement 男	ward
guai ga ii〔体の〕 **具合がいい**	ス ポルテ ビヤン se porter bien	be well
guai ga warui〔体の〕 **具合が悪い**	ス ポルテ マル se porter mal	be unwell
kuukan **空間**	エスパス espace 男	space
kuuki **空気**	エール air 男	air

空港－口紅

日	仏	英
kuukoo 空港	アエロポール aéroport 男	airport
guuzen 偶然	アザール hasard 男	chance
guuzenni 偶然に	パル アザール par hasard	by chance
kuufuku 空腹	ファン faim 女	hunger
kuufukuda 空腹だ	アヴォワール ファン avoir faim	be hungry
kugatsu 9月	セプターンブル septembre 男	September
kugatsuni 9月に	アン セプターンブル en septembre	in September
kugi 釘	クルー clou 男	nail
kusa 草	エルブ herbe 女	grass
kusari 鎖	シェヌ chaîne 女	chain
kujira クジラ	バレヌ baleine 女	whale
kuzuire くず入れ	プベル poubelle 女	trash can
kusuri 薬	メディカマン médicament 男	medicine
kuse 癖	アビテュード habitude 女	habit
gutaitekina 具体的な	コンクレ concret	concrete
kudamono 果物	フリュイ fruit 男	fruit
kuchi 口	ブーシュ bouche 女	mouth
kuchibiru 唇	レーヴル lèvre 女	lip
kuchibeni 口紅	ルージュ ア レーヴル rouge à lèvres 男	lipstick

靴－クラシック音楽

日	仏	英
kutsu **靴**	ショスュール chaussure 囡	shoe
kutsushita **靴下**	ショセット chaussette 囡	sock
kusshon **クッション**	クサン coussin 男	cushion
kuni **国**	ペイ pays 男	country
kubaru **配る**	ディストリビュエ distribuer	distribute
kubi **首**	クー cou 男	neck
〔頭部〕	テット tête 囡	head
kubikazari **首飾り**	コリエ collier 男	necklace
kubetsu **区別**	ディスタンクスィヨン distinction 囡	distinction
kubetsusuru **区別する**	ディスタンゲ distinguer	distinguish
kuma **熊**	ウルス ours 男	bear
kumi **組**	グループ groupe 男	group
kumo **雲**	ニュアージュ nuage 男	cloud
kumo **クモ**	アレニェ araignée 囡	spider
kumori **曇り** 〔曇天〕	タン クヴェール temps couvert 男	cloudy weather
〔空が〕	ル タン エ クヴェール Le temps est couvert.	It's cloudy.
kurai **暗い**	ソーンブル sombre	dark
kurashi **暮らし**	ヴィ vie 囡	life
kurashikku ongaku **クラシック音楽**	ミュズィック クラスィック musique classique 囡	classical music

439

暮らす−苦しみ

日	仏	英
kurasu **暮らす**	ヴィーヴル vivre	live
kurasu **クラス**	クラース classe 女	class
gurasu **グラス**	ヴェール verre 男	glass
kuraberu **比べる**	コンパレ comparer	compare
guramu **グラム**	グラム gramme 男	gram
guranpuri **グランプリ**	グラン プリ grand prix 男	grand prix
kuri **栗** 〔食用〕	マロン marron 男	chestnut
kuriimu **クリーム**	クレーム crème 女	cream
kurikaeshi **繰り返し**	レペティスィヨン répétition 女	repetition
kurikaesu **繰り返す**	レペテ répéter	repeat
kurisumasu **クリスマス**	ノエル Noël 男	Christmas
kurisumasuibu **クリスマスイブ**	ラ ヴェイユ ドゥ ノエル la veille de Noël 女	Christmas Eve
kurisumasutsurii **クリスマスツリー**	アルブル ドゥ ノエル arbre de Noël 男	Christmas tree
kurikku **クリック**	クリック clic 男	click
kurikkusuru **クリックする**	クリケ cliquer	click
kuru **来る**	ヴニール venir	come
guruupu **グループ**	グループ groupe 男	group
guruupude **グループで**	アン グループ en groupe	in a group
kurushimi **苦しみ**	ドゥルール douleur 女	pain

苦しむ－計画

日	仏	英
kurushimu **苦しむ**	スフリール souffrir	suffer
kuruma **車** 〔自動車〕	ヴォワテュール voiture 女	car
kurumade **車で**	アン ヴォワテュール en voiture	by car
kureepu **クレープ**	クレープ crêpe 女	crepe
kurejitto kaado **クレジットカード**	カルト ドゥ クレディ carte de crédit 女	credit card
kureru **くれる** 〔与える〕	ドネ donner	give
kuro **黒**	ノワール noir 男	black
kuroi **黒い**	ノワール noir	black
kuwaeru **加える**	アジュテ ajouter	add
kuwashii **詳しい** 〔詳細な〕	デタイエ détaillé	detailed
kuwashiku **詳しく**	アン デタイユ en détail	in detail
gunshuu **群衆**	フール foule 女	crowd

け

ke **毛** 〔体毛〕	ポワル poil 男	hair
〔頭髪〕	シュヴー cheveu 男	hair
gee **芸**	アール art 男	art
kee'eesuru **経営する**〔店などを〕	トゥニール tenir	run
keekaku **計画**	プラン plan 男	plan

警官−ケース

日	仏	英
警官 keekan	policier 男 ポリスィエ	police officer
経験 keeken	expérience 女 エクスペリヤーンス	experience
傾向 keekoo	tendance 女 タンダーンス	tendency
経済 keezai	économie 女 エコノミ	economy
経済的な keezaitekina	économique エコノミック	economical
警察 keesatsu	police 女 ポリス	police
計算 keesan	calcul 男 カルキュル	calculation
計算する keesansuru	calculer カルキュレ	calculate
形式 keeshiki	forme 女 フォルム	form
芸術 geejutsu	art 男 アール	art
芸術家 geejutsuka	artiste 名 アルティスト	artist
芸術的な geejutsutekina	artistique アルティスティック	artistic
携帯電話 keetaidenwa	portable 男 ポルターブル	cellphone
軽蔑 keebetsu	mépris 男 メプリ	contempt
軽蔑する keebetsusuru	mépriser メプリゼ	despise
刑務所 keemusho	prison 女 プリゾン	prison
契約 keeyaku	contrat 男 コントラ	contract
ケーキ keeki	gâteau 男 ガトー	cake
ケース 〔容器〕 keesu	caisse 女 ケス	case

442

ゲーム－月刊の

日	仏	英
〔場合〕	cas 男 (カ)	case
ゲーム (geemu)	jeu 男 (ジュー)	game
けが (kega)	blessure 女 (ブレスュール)	injury
外科 (geka)	chirurgie 女 (シリュルジ)	surgery
外科医 (gekai)	chirurgien 男 (シリュルジヤン)	surgeon
けがする (kegasuru)	se blesser (ス ブレセ)	get injured
毛皮 (kegawa)	fourrure 女 (フリュール)	fur
劇 (geki)	théâtre 男 (テアートル)	play
劇場 (gekijoo)	théâtre 男 (テアートル)	theater
今朝 (kesa)	ce matin (ス マタン)	this morning
景色 (keshiki)	paysage 男 (ペイザージュ)	scenery
消しゴム (keshigomu)	gomme 女 (ゴム)	eraser
化粧 (keshoo)	maquillage 男 (マキャージュ)	makeup
化粧する (keshoosuru)	se maquiller (ス マキエ)	make up
化粧品 (keshoohin)	produit de beauté 男 (プロデュイ ドゥ ボテ)	cosmetics
消す 〔明かりを〕 (kesu)	éteindre (エターンドル)	put out
結果 (kekka)	résultat 男 (レズュルタ)	result
欠陥 (kekkan)	défaut 男 (デフォー)	defect
月刊の (gekkanno)	mensuel (マンスュエル)	monthly

443

月給 – 蹴る

日	仏	英
gekkyuu 月給	salaire mensuel 男	monthly salary
kekkyoku 結局	après tout	after all
kekkoodesu 結構です〔断り〕	Non, merci.	No, thank you.
kekkon 結婚	mariage 男	marriage
kekkonshiteiru 結婚している	être marié	be married
kekkonsuru 結婚する	se marier	get married
〔…と〕	se marier avec	marry
〔…と〕	épouser	marry
kessaku 傑作	chef-d'œuvre 男	masterpiece
kesshite 決して〔…ない〕	ne... jamais	never
kesshin 決心	décision 女	decision
kessekishiteiru 欠席している	être absent	be absent
kettee 決定	décision 女	decision
ketten 欠点	défaut 男	fault
getsuyoobi 月曜日	lundi 男	Monday
getsuyoobini 月曜日に	lundi	on Monday
ketsuron 結論	conclusion 女	conclusion
kemuri 煙	fumée 女	smoke
keru 蹴る	donner un coup de pied à	kick

日	仏	英
券 (ken)	billet 男 (ビエ)	ticket
	ticket 男 (ティケ)	ticket
原因 (gen'in)	cause 女 (コーズ)	cause
けんか (kenka) 〔口論〕	dispute 女 (ディスピュト)	fight
限界 (genkai)	limite 女 (リミット)	limit
見学 (kengaku)	visite 女 (ヴィジィト)	visit
見学する (kengakusuru)	visiter (ヴィジィテ)	visit
玄関 (genkan) 〔ドア〕	porte 女 (ポルト)	door
〔入り口〕	entrée 女 (アントレ)	entrance
元気である (genkidearu)	aller bien (アレ ビヤン)	be well
元気ですか (genkidesuka)	Comment allez-vous ? (コマン タレヴー)	How are you?
研究 (kenkyuu)	étude 女 (エテュード)	study
	recherche 女 (ルシェルシュ)	research
研究する (kenkyuusuru)	étudier (エテュディエ)	study
言語 (gengo)	langue 女 (ラーング)	language
健康 (kenkoo)	santé 女 (サンテ)	health
原稿 (genkoo)	manuscrit 男 (マニュスクリ)	manuscript
現在 (genzai)	présent 男 (プレザン)	present
原子 (genshi)	atome 男 (アトム)	atom

原子の−行為

日	仏	英
genshino **原子の**	アトミック atomique	atomic
genjitsu **現実**	レアリテ réalité 女	reality
genshoo **現象**	フェノメヌ phénomène 男	phenomenon
genshoo **減少**	ディミニュスィヨン diminution 女	decrease
genshoosuru **減少する**	ディミニュエ diminuer	decrease
kensetsu **建設**	コンストリュクスィヨン construction 女	construction
kensetsusuru **建設する**	コンストリュイール construire	build
gendaitekina **現代的な**	モデルヌ moderne	modern
kenchiku **建築**	アルシテクテュール architecture 女	architecture
kenpoo **憲法**	コンスティテュスィヨン constitution 女	constitution
kenri **権利**	ドロワ droit 男	right

こ

日	仏	英
ko **子**	アンファン enfant 名	child
go **5**	サーンク cinq 男	five
go **語**	モ mot 男	word
koi **恋**	アムール amour 男	love
goi **語彙**	ヴォキャビュレール vocabulaire 男	vocabulary
kooi **行為**	アクト acte 男	act, action

日	仏	英
kooun **幸運**	シャーンス chance 女	(good) luck
kooen **公園**	パルク parc 男	park
kooen **講演**	コンフェラーンス conférence 女	lecture
kooka **効果**	エフェ effet 男	effect
kooka **硬貨**	ピエス ドゥ モネ pièce de monnaie 女	coin
koogai **公害**	ポリュスィヨン pollution 女	pollution
koogai **郊外**	バンリュー banlieue 女	suburb
kookaisuru **後悔する**	ルグレテ regretter	regret
kookatekina **効果的な**	エフィカス efficace	effective
kookana **高価な**	シェール cher	expensive
kookan **交換**	エシャーンジュ échange 男	exchange
kookansuru **交換する**	エシャンジェ échanger	exchange
koogi **講義**	クール cours 男	lecture
koogi **抗議**	プロテスタスィヨン protestation 女	protest
koogisuru **抗議する**	プロテステ protester	protest
kookishin **好奇心**	キュリオズィテ curiosité 女	curiosity
kookishin no tsuyoi **好奇心の強い**	キュリユー curieux	curious
koogyoo **工業**	アンデュストリ industrie 女	industry
koogyoono **工業の**	アンデュストリエル industriel	industrial

合計 – 交通

日	仏	英
gookee 合計	トタル total 男	total
koogeki 攻撃	アタック attaque 女	attack
koogekisuru 攻撃する	アタケ attaquer	attack
kookoo 高校	リセ lycée 男	high school
kookoosee 高校生	リセアン lycéen 名	high school student
kookoku 広告	ピュブリスィテ publicité 女	advertisement
koosaten 交差点	カルフール carrefour 男	crossing
kooji 工事	トラヴォー travaux 男・複	construction (work)
kooshikino 公式の	オフィスィエル officiel	official
koojitsu 口実	プレテクスト prétexte 男	pretext, excuse
kooshoo 交渉	ネゴスィヤスィヨン négociation 女	negotiation
kooshoosuru 交渉する	ネゴスィエ négocier	negotiate
koojoo 工場	ユズィヌ usine 女	factory
kooshinryoo 香辛料	エピス épice 女	spice
koosui 香水	パルファン parfum 男	perfume
koozoo 構造	ストリュクテュール structure 女	structure
koosokudooro 高速道路	オトルト autoroute 女	freeway, highway
koocha 紅茶	テ thé 男	tea
kootsuu 交通	スィルキュラスィヨン circulation 女	traffic

448

交通事故−凍る

日	仏	英
kootsuujiko **交通事故**	アクスィダン ドゥ ラ ルト accident de la route 男	traffic accident
kootekina **公的な**	ピュブリック public	public
koodoo **行動**	アクスィヨン action 女	action
koodoosuru **行動する**	アジール agir	act
koodootekina **行動的な**	アクティフ actif	active
koofuku **幸福**	ボヌール bonheur 男	happiness
koofukuna **幸福な**	ウルー heureux	happy
koofun **興奮**	エクスィタスィヨン excitation 女	excitement
koofunsuru **興奮する**	セクスィテ s'exciter	get excited
kooron **口論**	ディスピュト dispute 女	argument
kooronsuru **口論する**	ス ディスピュテ se disputer	argue
koe **声**	ヴォワ voix 女	voice
koeru **越える** 〔境界を〕	フランシール franchir	cross
koosu **コース** 〔課程〕	クール cours 男	course
kooto **コート** 〔衣服〕	マントー manteau 男	coat
koohii **コーヒー**	カフェ café 男	coffee
koohii o ireru **コーヒーを入れる**	フェール デュ カフェ faire du café	make coffee
koori **氷**	グラス glace 女	ice
kooru **凍る**	ジュレ geler	freeze

449

誤解 – 午後は

日	仏	英
gokai 誤解	malentendu 男 (マランタンデュ)	misunderstanding
gogatsu 5月	mai 男 (メ)	May
gogatsuni 5月に	en mai (アン メ)	in May
kogitte 小切手	chèque 男 (シェック)	check
kokyuu 呼吸	respiration 女 (レスピラスィヨン)	breathing
kokyuusuru 呼吸する	respirer (レスピレ)	breathe
kokyoo 故郷	pays natal 男 (ペイ ナタル)	hometown
kokusaitekina 国際的な	international (アンテルナスィヨナル)	international
kokuseki 国籍	nationalité 女 (ナスィオナリテ)	nationality
kokunaino 国内の	intérieur (アンテリュール)	domestic
kokuban 黒板	tableau noir 男 (タブロー ノワール)	blackboard
kokumin 国民	peuple 男 (プープル)	people
kokuritsuno 国立の	national (ナスィオナル)	national
koko ここ	ici (イスィ)	here
gogo 午後	après-midi 男 (アプレミディ)	afternoon
kokoa ココア	chocolat chaud 男 (ショコラ ショー)	hot chocolate
kokokara ここから	d'ici (ディスィ)	from here
kokode ここで	ici (イスィ)	here
gogowa 午後は	l'après-midi (ラプレミディ)	in the afternoon

日	仏	英
^{kokoe}ここへ	^{イスィ}ici	here
^{kokoro}心	^{クール}cœur 男	heart
^{kokoromi}試み	^{エセ}essai 男	trial
^{kokoromiru}試みる	^{エセイエ}essayer	try
^{koshi}腰	^{ラン}reins 男・複	waist
^{gojuu}50	^{サンカーント}cinquante	fifty
^{koshoo}コショウ	^{ポワーヴル}poivre 男	pepper
^{koshoo}故障 〔機械の〕	^{パヌ}panne 女	breakdown
^{kojin}個人	^{アンディヴィデュ}individu 男	individual
^{kojinno}個人の	^{アンディヴィデュエル}individuel	individual
^{kosuru}こする	^{フロテ}frotter	rub
^{kosee}個性	^{ペルソナリテ}personnalité 女	personality
^{kozeni}小銭	^{モネ}monnaie 女	change
^{gozen}午前	^{マタン}matin 男	morning
^{gozenchuuni}午前中に	^{ダン ラ マティネ}dans la matinée	in the morning
^{kotae}答え	^{レポーンス}réponse 女	answer
^{kotaeru}答える	^{レポーンドル}répondre	answer
^{kochira}こちら 〔ここ〕	^{イスィ}ici	here
〔こっちに〕	^{パリスィ}par ici	this way

国家 - 粉

日	仏	英
kokka 国家	Etat 男 (エタ)	state
kokkyoo 国境	frontière 女 (フロンティエール)	border
kokku コック	cuisinier 名 (キュイズィニエ)	cook
kokkeena 滑稽な	drôle (ドロール)	funny
kozutsumi 小包	colis 男 (コリ)	package
koppu コップ	verre 男 (ヴェール)	cup
koten 古典	classique (クラスィック)	classic
koto 事	chose 女 (ショーズ)	thing
kotoshi 今年	cette année (セタネ)	this year
kotoshi no aki 今年の秋	cet automne (セトトヌ)	this fall
kotoshi no natsu 今年の夏	cet été (セテテ)	this summer
kotoshi no haru 今年の春	ce printemps (ス プランタン)	this spring
kotoshi no fuyu 今年の冬	cet hiver (セティヴェール)	this winter
kotonaru 異なる	différent (ディフェラン)	different
kotoba 言葉 〔言語〕	langue 女 (ラーング)	language
〔単語〕	mot 男 (モ)	word
kodomo 子供	enfant 名 (アンファン)	child
kotowaru 断る	refuser (ルフュゼ)	refuse
kona 粉	poudre 女 (プードル)	powder

日	仏	英
kono **この**	ス ce	this
konoaida **この間**	ロートル ジュール l'autre jour	the other day
konoatarini **このあたりに**	パリスィ par ici	around here
konogoro **この頃**	セ タンスィ ces temps-ci	these days
konochikakuni **この近くに**	プレ ディスィ près d'ici	near here
konomu **好む**	エメ aimer	like
gohan **ご飯**	リ riz 男	rice
kopii **コピー** 〔複製〕	コピ copie 女	copy
〔複写〕	フォトコピ photocopie 女	photocopy
kobushi **こぶし**	ポワン poing 男	fist
kobosu **こぼす**	レパーンドル répandre	spill
komaasharu **コマーシャル**	ピュブリスィテ publicité 女	commercial
komakai **細かい** 〔微細な〕	ファン fin	fine
komaru **困る**	アヴォワール アン プロブレム avoir un problème	have a problem
gomi **ごみ**	オルデュール ordures 女複	trash
komu **込む** 〔込んでいる〕	エートル ボンデ être bondé	be crowded
gomu **ゴム**	カウチュー caoutchouc 男	rubber
komugi **小麦**	ブレ blé 男	wheat
kome **米**	リ riz 男	rice

ごめんなさい－今度

日	仏	英
ごめんなさい (gomennasai)	Je suis désolé.	I'm sorry.
暦 (koyomi)	calendrier	calendar
これ (kore)	ça	this
頃 (goro) 〔…時頃〕	vers	about
転がる (korogaru)	rouler	roll
殺す (korosu)	tuer	kill
転ぶ (korobu)	tomber	fall down
壊す (kowasu)	casser	break
壊れる (kowareru)	se casser	break
根気 (konki)	patience 女	patience
コンクール (konkuuru)	concours 男	contest
今月 (kongetsu)	ce mois(-ci)	this month
コンサート (konsaato)	concert 男	concert
混雑する (konzatsusuru)	être encombré	be crowded
今週 (konshuu)	cette semaine	this week
コンセント (konsento)	prise 女	outlet
昆虫 (konchuu)	insecte 男	insect
今度 (kondo) 〔今回〕	cette fois	this time
〔次回〕	la prochaine fois	next time

454

日	仏	英
kondoo **混同**	コンフュズィヨン confusion 女	confusion
kondoosuru **混同する**	コンフォーンドル confondre	confuse
konnafuuni **こんなふうに**	コム サ comme ça	like this
konnan **困難**	ディフィキュルテ difficulté 女	difficulty
konnanna **困難な**	ディフィスィル difficile	difficult
konnichi **今日**	オジュルデュイ aujourd'hui	today
konnichiwa **こんにちは**	ボンジュール Bonjour !	Hello.
konban **今晩**	ス ソワール ce soir	tonight
konbanwa **こんばんは**	ボンソワール Bonsoir !	Good evening!
konpyuutaa **コンピューター**	オルディナトゥール ordinateur 男	computer
konma **コンマ**	ヴィルギュル virgule 女	comma
kon'ya **今夜**	セット ニュイ cette nuit	tonight
kon'yaku **婚約**	フィヤンサイユ fiançailles 女複	engagement
kon'yakusha **婚約者**	フィヤンセ fiancé 名	fiancé
konran **混乱**	コンフュズィヨン confusion 女	confusion

さ

| sa
差 | ディフェラーンス
différence 女 | difference |
| saakasu
サーカス | スィルク
cirque 男 | circus |

サービス-採用する

日	仏	英
saabisu **サービス**	service 男 (セルヴィス)	service
saikin **最近**	récemment (レサマン)	recently
saikinno **最近の**	récent (レサン)	recent
saigo **最後** 〔終わり〕	fin 女 (ファン)	end
saigono **最後の**	dernier (デルニエ)	last
	final (フィナル)	final
zaisan **財産**	fortune 女 (フォルテュヌ)	fortune
saishono **最初の**	premier (プルミエ)	first
saishowa **最初は**	au début (オ デビュ)	at first
saishinno **最新の**	dernier (デルニエ)	latest
saizu **サイズ** 〔服の〕	taille 女 (タイユ)	size
〔靴の〕	pointure 女 (ポワンテュール)	size
sainoo **才能**	talent 男 (タラン)	talent
saiban **裁判**	justice 女 (ジュスティス)	trial
saifu **財布** 〔札入れ〕	portefeuille 男 (ポルトフイユ)	wallet
〔硬貨入れ〕	porte-monnaie 男 (ポルトモネ)	purse
saibu **細部**	détail 男 (デタイユ)	detail
saihoo **裁縫**	couture 女 (クテュール)	sewing
saiyoosuru **採用する**	adopter (アドプテ)	adopt

材料－サクラ

日	仏	英
zairyoo **材料**	マテリオ matériaux 男複	material
〔料理の〕	アングレディヤン ingrédient 男	ingredient
sain **サイン** 〔署名〕	スィニャテュール signature 女	signature
〔有名人の〕	オトグラフ autographe 男	autograph
〔合図〕	スィーニュ signe 男	sign
sainsuru **サインする** 〔署名〕	スィニェ signer	sign
sae **さえ** 〔でさえ〕	メム même	even
saka **坂**	パーント pente 女	slope
sagasu **探す**	シュルシェ chercher	look for
sakana **魚**	ポワソン poisson 男	fish
sagaru **下がる** 〔低くなる〕	ベセ baisser	fall, drop
sakini **先に** 〔…より先に〕	アヴァン avant	before
saku **咲く**	フルリール fleurir	bloom
saku **裂く**	デシレ déchirer	tear
sakusha **作者**	オトゥール auteur 男	author
sakunen **昨年**	ラネ デルニエール l'année dernière	last year
sakuhin **作品**	ウーヴル œuvre 女	work
sakubun **作文**	コンポズィスィヨン composition 女	composition
sakura **サクラ** 〔木〕	スリズィエ cerisier 男	cherry tree

サクランボ-サッカー

日	仏	英
sakuranbo **サクランボ**	cerise 女 [スリーズ]	cherry
sake **鮭**	saumon 男 [ソモン]	salmon
sakebi **叫び**	cri 男 [クリ]	cry
sakebu **叫ぶ**	crier [クリエ]	cry
sakeru **避ける**	éviter [エヴィテ]	avoid
sageru **下げる**	baisser [ベセ]	lower
sasaeru **支える**	soutenir [ストゥニール]	support
saji **さじ**	cuillère 女 [キュイエール]	spoon
〔別綴り〕	cuiller 女 [キュイエール]	spoon
zaseki **座席**	place 女 [プラス]	seat
sasetsusuru **左折する**	tourner à gauche [トゥルネ ア ゴーシュ]	turn left
saseru **させる** 〔強制〕	faire [フェール]	make
〔放任〕	laisser [レセ]	let
sasou **誘う**	inviter [インヴィテ]	invite
satsu **札**	billet 男 [ビエ]	bill
zatsuon **雑音**	bruit 男 [ブリュイ]	noise
sakka **作家**	écrivain 男 [エクリヴァン]	writer
sakkaa **サッカー**	football 男 [フトボール]	soccer
〔会話で〕	foot 男 [フト]	soccer

458

サッカーをする－寒い

日	仏	英
サッカーをする sakka o suru	jouer au football (ジュエ オ フトボール)	play soccer
	faire du football (フェール デュ フトボール)	play soccer
作曲家 sakkyokuka	compositeur 男 (コンポズィトゥール)	composer
作曲する sakkyokusuru	composer (コンポゼ)	compose
雑誌 zasshi	revue 女 (ルヴュ)	magazine
	magazine 男 (マガズィヌ)	magazine
砂糖 satoo	sucre 男 (シュクル)	sugar
砂漠 sabaku	désert 男 (デゼール)	desert
寂しく思う sabishikuomou	se sentir seul (ス サンティール スル)	feel lonely
差別 sabetsu	discrimination 女 (ディスクリミナスィヨン)	discrimination
差別する sabetsusuru	discriminer (ディスクリミネ)	discriminate
冷ます samasu	refroidir (ルフロワディール)	cool
覚ます samasu 〔目を〕	se réveiller (ス レヴェイエ)	wake up
〔他人を〕	réveiller (レヴェイエ)	wake up
妨げる samatageru	empêcher (アンペシェ)	prevent
サミット samitto	sommet 男 (ソメ)	summit
寒い samui	froid (フロワ)	cold
〔気温が〕	Il fait froid. (イル フェ フロワ)	It's cold.
〔人が〕	avoir froid (アヴォワール フロワ)	be cold

さ

覚める－参加する

日	仏	英
sameru **覚める** 〔目が〕	ス レヴェイエ se réveiller	wake up
sameru **冷める**	ルフロワディール refroidir	get cold
sayoonara **さようなら**	オルヴォワール Au revoir !	Good-bye!
sara **皿** 〔大皿〕	プラ plat 男	plate
〔銘々皿〕	アスィエット assiette 女	dish
saraigetsu **再来月**	ダン ドゥー モワ dans deux mois	the month after next
saraishuu **再来週**	ダン ドゥー スメヌ dans deux semaines	the week after next
sarainen **再来年**	ダン ドゥー ザン dans deux ans	the year after next
sarada **サラダ**	サラド salade 女	salad
saru **猿**	サーンジュ singe 男	monkey
saru **去る**	キテ quitter	leave
sawagashii **騒がしい**	ブリュイヤン bruyant	noisy
sawagu **騒ぐ**	フェール デュ ブリュイ faire du bruit	make noise
sawayakana **さわやかな**	フレ frais	refreshing
sawaru **触る**	トゥシェ toucher	touch
san **3**	トロワ trois	three
sanka **参加**	パルティスィパスィヨン participation 女	participation
sankakukee **三角形**	トリアーングル triangle 男	triangle
sankasuru **参加する**	パルティスィペ ア participer à	take part in

日	仏	英
sangatsu **3月**	マルス mars 男	March
sangatsuni **3月に**	アン マルス en mars	in March
sangyoo **産業**	アンデュストリ industrie 女	industry
sangurasu **サングラス**	リュネット ドゥ ソレイユ lunettes de soleil 女複	sunglasses
zankokuna **残酷な**	クリュエル cruel	cruel
sanjuu **30**	トラーント trente	thirty
sanseesuru **賛成する** 〔同意〕	エートル ダコール être d'accord	agree
santakuroosu **サンタクロース**	ル ペール ノエル le Père Noël	Santa Claus
sandaru **サンダル**	サンダル sandales 女複	sandals
sando **3度**	トロワ フォワ trois fois	three times
zannenda **残念だ**	セ ドマージュ C'est dommage.	It's a pity.
sanpo **散歩**	プロムナド promenade 女	walk
sanposuru **散歩する**	ス プロムネ se promener	take a walk

し

日	仏	英
shi **4**	クアトル quatre	four
shi **市**	ヴィル ville 女	city
shi **死**	モール mort 女	death
shi **詩**	ポエム poème 男	poem

字 – 叱る

日	仏	英
ji 字　〔アルファベット〕	レトル lettre 女	letter
〔漢字〕	カラクテール caractère 男	character
shiai 試合	マッチ match 男	match
shiawase 幸せ	ボヌール bonheur 男	happiness
shiawasena 幸せな	ウルー heureux	happy
shiitsu シーツ	ドラ drap 男	sheet
shefu シェフ	シェフ chef 男	chef
shio 塩	セル sel 男	salt
shiokarai 塩辛い	サレ salé	salty
shika しか　〔だけ〕	スルマン seulement	only
shikaku 四角	カレ carré 男	square
shikakui 四角い	カレ carré	square
shikaku 資格	カリフィカスィヨン qualification 女	qualification
shikashi しかし	メ mais	but
shikata 仕方	ファソン façon 女	way
shigatsu 4月	アヴリル avril 男	April
shigatsuni 4月に	アン ナヴリル en avril	in April
shigatsubaka 4月ばか	ポワソン　ダヴリル poisson d'avril 男	April fool
shikaru 叱る	グロンデ gronder	scold

時間 – 試験を受ける

日	仏	英
jikan **時間**	temps 男	time
jikandooridearu **時間どおりである**	être à l'heure	be on time
jikanwari **時間割**	emploi du temps 男	schedule
jikan o tazuneru **時間を尋ねる**	demander l'heure	ask the time
shiki **式** 〔式典〕	cérémonie 女	ceremony
shiki **四季**	quatre saisons 女・複	four seasons
jiki **時期** 〔時〕	moment 男	time, period
shikyuu **至急**	tout de suite	right away
shiku **敷く** 〔広げる〕	étendre	spread
shigusa **しぐさ**	geste 男	gesture
shigeki **刺激**	stimulation 女	stimulus
shigekisuru **刺激する**	stimuler	stimulate
shiken **試験**	examen 男	examination
〔競争試験〕	concours 男	competitive examination
shigen **資源**	ressources 女・複	resources
jiken **事件**	affaire 女	case, affair
shiken ni ukaru **試験に受かる**	réussir à un examen	pass an exam
shiken ni ochiru **試験に落ちる**	rater un examen	fail an exam
shiken o ukeru **試験を受ける**	passer un examen	take an exam

事故-支出

日	仏	英
jiko **事故**	アクスィダン accident 男	accident
shikoo **思考**	パンセ pensée 女	thought
jikoku **時刻** 〔時間〕	ウール heure 女	time
jigoku **地獄**	アンフェール enfer 男	hell
jikokuhyoo **時刻表**	オレール horaire 男	schedule
shigoto **仕事**	トラヴァイユ travail 男	work
〔職〕	アンプロワ emploi 男	job
〔職業〕	プロフェスィヨン profession 女	occupation
shigotosuru **仕事する**	トラヴァイエ travailler	work
shigotode **仕事で**	プール アフェール pour affaires	on business
jiko ni au **事故に遭う**	アヴォワール アン ナクスィダン avoir un accident	have an accident
jisa **時差**	デカラージュ オレール décalage horaire 男	time difference
jisatsu **自殺**	スュイスィド suicide 男	suicide
jisatsusuru **自殺する**	ス スュイスィデ se suicider	commit suicide
shiji **支持**	スティヤン soutien 男	support
shijisuru **支持する**	ストゥニール soutenir	support
jijitsu **事実**	フェ fait 男	fact
jishaku **磁石**	エマン aimant 男	magnet
shishutsu **支出**	デパーンス dépense 女	expense, spending

日	仏	英
辞書 jisho	**dictionnaire** 男 ディクスィヨネール	dictionary
市場 shijoo	**marché** 男 マルシェ	market
詩人 shijin	**poète** 男 ポエト	poet
自信 jishin	**confiance** 女 コンフィヤーンス	confidence
地震 jishin	**tremblement de terre** 男 トランブルマン ドゥ テール	earthquake
静かな shizukana	**tranquille** トランキル	quiet
静かに shizukani	**tranquillement** トランキルマン	quietly
静かに! shizukani	**Silence !** スィラーンス	Silence!
しずく shizuku	**goutte** 女 グット	drop
システム shisutemu	**système** 男 スィステム	system
沈む 〔水中に〕 shizumu	**couler** クレ	sink
自然 shizen	**nature** 女 ナテュール	nature
自然に shizenni	**naturellement** ナテュレルマン	naturally
自然の shizenno	**naturel** ナテュレル	natural
思想 shisoo	**pensée** 女 パンセ	thought
下 〔…の下〕 shita	**sous** スー	under
舌 shita	**langue** 女 ラーング	tongue
したい 〔…したい〕 shitai	**vouloir** ヴロワール	want to do
	avoir envie de アヴォワール アンヴィ ドゥ	want to do

時代−湿度

日	仏	英
jidai **時代**	アージュ âge 男	age
shitagau **従う** 〔服従〕	オベイール ア obéir à	obey
shitagatte **従って**	ドンク donc	therefore
shitagi **下着**	スヴェトマン sous-vêtements 男・複	underwear
shitashii **親しい** 〔親密な〕	アンティム intime	close
shichi **7**	セット sept	seven
shichigatsu **7月**	ジュイエ juillet 男	July
shichigatsuni **7月に**	アン ジュイエ en juillet	in July
shichakusuru **試着する**	エセイエ essayer	try on
shitsu **質**	カリテ qualité 女	quality
shitsugyoo **失業**	ショマージュ chômage 男	unemployment
jitsugyooka **実業家** 〔男性〕	オム ダフェール homme d'affaires 男	businessman
〔女性〕	ファム ダフェール femme d'affaires 女	businesswoman
jikken **実験**	エクスペリヤーンス expérience 女	experiment
jitsugensuru **実現する**	レアリゼ réaliser	realize
jikkoosuru **実行する**	エグゼキュテ exécuter	carry out
shitto **嫉妬**	ジャルズィ jalousie 女	jealousy
shittosuru **嫉妬する**	エートル ジャルー être jaloux	be jealous
shitsudo **湿度**	ユミディテ humidité 女	humidity

実に－自動車

日	仏	英
jitsuni **実に**	ヴレマン vraiment	really
jitsuwa **実は**	アン フェット en fait	in fact
shippai **失敗**	エシェック échec 男	failure
shippaisuru **失敗する**	エシュエ échouer	fail
shippo **尻尾**	クー queue 女	tail
shitsuboo **失望**	デセプスィヨン déception 女	disappointment
shitsuboosuru **失望する**	エートル デスュ être déçu	be disappointed
shitsumon **質問**	ケスティヨン question 女	question
shitsumonsuru **質問する**	ポゼ ユヌ ケスティヨン poser une question	ask a question
	ケスティヨネ questionner	question
jitsuyootekina **実用的な**	プラティック pratique	practical
shitsuree **失礼** 〔謝罪・断り〕	エクスキュゼ モワ Excusez-moi.	Excuse me.
shitsureena **失礼な**	アンポリ impoli	impolite
shiteeseki **指定席**	プラス レゼルヴェ place réservée 女	reserved seat
shitekisuru **指摘する**	フェール ルマルケ faire remarquer	point out
jiten **事典**	アンスィクロペディ encyclopédie 女	encyclopedia
jitensha **自転車**	ビスィクレット bicyclette 女	bicycle
〔会話で〕	ヴェロ vélo 男	bicycle
jidoosha **自動車**	ヴォワテュール voiture 女	car

自動車で−事務所

日	仏	英
jidooshade **自動車で**	アン ヴォワテュール en voiture	by car
jidoono **自動の**	オトマティック automatique	automatic
jidootekini **自動的に**	オトマティクマン automatiquement	automatically
shinu **死ぬ**	ムリール mourir	die
shibai **芝居**	テアトル théâtre 男	play
shibashiba **しばしば**	スヴァン souvent	often
shibafu **芝生**	プルーズ pelouse 女	lawn
shiharai **支払い**	ペマン paiement 男	payment
shiharau **支払う**	ペイエ payer	pay
shibaru **縛る**	リエ lier	tie
shihee **紙幣**	ビエ billet 男	bill
shiboru **絞る**	プレセ presser	squeeze
shima **島**	イル île 女	island
shimai **姉妹**	スール sœur 女	sister
shimau **しまう**	ランジェ ranger	put away
shimaru **閉まる**	フェルメ fermer	close
jimansuru **自慢する**	エートル フィエール ドゥ être fier de	be proud of
shimin **市民**	スィトワイヤン citoyen 名	citizen
jimusho **事務所**	ビュロー bureau 男	office

日	仏	英
氏名 (shimee)	nom et prénom (ノン エ プレノン)	full name
じめじめした (jimejimeshita)	humide (ユミッド)	damp
示す 〔見せる〕 (shimesu)	montrer (モントレ)	show
閉める (shimeru)	fermer (フェルメ)	close
地面 (jimen)	sol 男 (ソル)	ground
霜 (shimo)	gelée 女 (ジュレ)	frost
シャーベット (shaabetto)	sorbet 男 (ソルベ)	sherbet
社会 (shakai)	société 女 (ソスィエテ)	society
社会の (shakaino)	social (ソスィヤル)	social
ジャガイモ (jagaimo)	pomme de terre 女 (ポム ドゥ テール)	potato
市役所 (shiyakusho)	mairie 女 (メリ)	city hall
〔庁舎〕	hôtel de ville 男 (オテル ドゥ ヴィル)	city hall
弱点 (jakuten)	point faible 男 (ポワン フェーブル)	weak point
ジャケット 〔上着〕 (jaketto)	veste 女 (ヴェスト)	jacket
車庫 (shako)	garage 男 (ガラージュ)	garage
謝罪 (shazai)	excuses 女複 (エクスキューズ)	apology
謝罪する (shazaisuru)	faire des excuses (フェール デ ゼクスキューズ)	apologize
写真 (shashin)	photo 女 (フォト)	picture
写真を撮る (shashin o toru)	prendre une photo (プランドル ユヌ フォト)	take a picture

社長－11月

日	仏	英
shachoo **社長**	ペデジェ PDG 男	president
shatsu **シャツ**	シュミーズ chemise 女	shirt
shakkin **借金**	デット dette 女	debt
shadoo **車道**	ショセ chaussée 女	roadway
shaberu **しゃべる**	パルレ parler	talk
jamu **ジャム**	コンフィチュール confiture 女	jam
sharin **車輪**	ルー roue 女	wheel
shawaa **シャワー**	ドゥーシュ douche 女	shower
janpaa **ジャンパー**	ブルゾン blouson 女	jacket
shanpan **シャンパン**	シャンパーニュ champagne 男	champagne
shanpuu **シャンプー**	シャンポワン shampoing 男	shampoo
shu **種**　〔生物の〕	エスペス espèce 女	species
shuu **週**	スメヌ semaine 女	week
juu **10**	ディス dix	ten
juu **銃**	フュズィ fusil 男	gun
jiyuu **自由**	リベルテ liberté 女	freedom
shuui **周囲**　〔…の周囲に〕	オトゥール ドゥ autour de	around
juuichi **11**	オーンズ onze	eleven
juuichigatsu **11月**	ノヴァーンヴル novembre 男	November

11月に－就職する

日	仏	英
juuichigatsuni **11月に**	アン ノヴァーンブル en novembre	in November
shuukai **集会**	レユニヨン réunion 女	meeting
shuukaku **収穫**	レコルト récolte 女	harvest
juugatsu **10月**	オクトーブル octobre 男	October
juugatsuni **10月に**	アン ノクトーブル en octobre	in October
shuukan **習慣**	アビテュード habitude 女	habit
shuukanno **週刊の**	エブドマデール hebdomadaire	weekly
shuukyoo **宗教**	ルリジヨン religion 女	religion
shuukyoono **宗教の**	ルリジュー religieux	religious
juuku **19**	ディズヌフ dix-neuf	nineteen
shuukuriimu **シュークリーム**	シュー ア ラ クレーム chou à la crème 男	cream puff
juugo **15**	カーンズ quinze	fifteen
juugofun **15分**	アン カル ドゥール un quart d'heure 男	a quarter of an hour
juusan **13**	トレーズ treize	thirteen
juushi **14**	カトルズ quatorze	fourteen
juuji **十字**	クロワ croix 女	cross
juushichi **17**	ディセット dix-sept	seventeen
juusho **住所**	アドレス adresse 女	address
shuushokusuru **就職する**	トルヴェ アン ナンプロワ trouver un emploi	get a job

囚人-住民

日	仏	英
shuujin **囚人**	プリゾニエ prisonnier 名	prisoner
juusu **ジュース**	ジュ jus 男	juice
juutai **渋滞**	アンブティヤージュ embouteillage 男	traffic jam
juutaku **住宅**	ロジュマン logement 男	house, housing
shuudan **集団**	グループ groupe 男	group
juutan **じゅうたん**	タピ tapis 男	carpet
shuuchuu **集中**	コンサントラスィヨン concentration 女	concentration
shuuchuusuru **集中する**	ス コンサントレ se concentrer	concentrate
juudoo **柔道**	ジュド judo 男	judo
jiyuuna **自由な**	リーブル libre	free
juuni **12**	ドゥーズ douze	twelve
jiyuuni **自由に**	リーブルマン librement	freely
juunigatsu **12月**	デサーンブル décembre 男	December
juunigatsuni **12月に**	アン デサーンブル en décembre	in December
shuunyuu **収入**	ルヴニュ revenu 男	income
juuhachi **18**	ディズユィット dix-huit	eighteen
juubunna **十分な**	スュフィザン suffisant	enough
shuumatsu **週末**	ウィクエンド week-end 男	weekend
juumin **住民**	アビタン habitant 名	inhabitant

日	仏	英
juuyoosee **重要性**	アンポルターンス importance 女	importance
juuyoona **重要な**	アンポルタン important	important
shuuri **修理**	レパラスィヨン réparation 女	repair
shuurisuru **修理する**	レパレ réparer	repair
juuryoo **重量**	ポワ poids 男	weight
juuroku **16**	セーズ seize	sixteen
shugi **主義**	プランスィプ principe 男	principle
jugyoo **授業**	クラース classe 女	class
jukushita **熟した**	ミュール mûr	ripe
shukujitsu **祝日**	ジュール フェリエ jour férié 男	holiday
shukushoo **縮小**	レデュクスィヨン réduction 女	reduction
shukushoosuru **縮小する**	レデュイール réduire	reduce
jukusu **熟す**	ミュリール mûrir	ripen
shukudai **宿題**	ドゥヴォワール devoir 男	homework
shugo **主語**	スュジェ sujet 男	subject
shujutsu **手術**	オペラスィヨン opération 女	operation
shujutsusuru **手術する**	オペレ opérer	operate
shushoo **首相**	プルミエ ミニストル Premier ministre 男	prime minister
shujin **主人**	メトル maître 男	master

主人公 – 順序

日	仏	英
主人公 shujinkoo 〔男性〕	héros 男 エロ	hero
〔女性〕	héroïne 女 エロイヌ	heroine
主題 shudai	sujet 男 スュジェ	subject
手段 shudan	moyen 男 モワイヤン	means
出席している shussekishiteiru	être présent エートル プレザン	be present
出発 shuppatsu	départ 男 デパール	departure
出発する shuppatsusuru	partir パルティール	leave
出版 shuppan	publication 女 ピュブリカスィヨン	publication
出版する shuppansuru	publier ピュブリエ	publish
首都 shuto	capitale 女 カピタル	capital
趣味 shumi	passe-temps 男 パスタン	hobby
〔好み〕	goût 男 グー	taste
需要 juyoo	demande 女 ドゥマーンド	demand
主要な shuyoona	principal プランスィパル	main
種類 shurui	sorte 女 ソルト	kind
順 jun 〔順序〕	ordre 男 オルドル	order
〔順番〕	tour 男 トゥール	turn
瞬間 shunkan	moment 男 モマン	moment
順序 junjo	ordre 男 オルドル	order

純粋な－乗客

日	仏	英
junsuina **純粋な**	ピュール pur	pure
junban **順番**	トゥール tour 男	turn
junbi **準備**	プレパラスィヨン préparation 女	preparation
junbisuru **準備する**	プレパレ préparer	prepare
shoo **賞**	プリ prix 男	prize
shoo **章**	シャピトル chapitre 男	chapter
shoo **省** 〔官庁〕	ミニステール ministère 男	ministry
shiyoo **使用**	アンプロワ emploi 男	use
joo **錠**	セリュール serrure 女	lock
shooka **消化**	ディジェスティヨン digestion 女	digestion
shookai **紹介**	プレザンタスィヨン présentation 女	introduction
shooka **消化する**	ディジェレ digérer	digest
shookaisuru **紹介する**	プレザンテ présenter	introduce
shoogakusee **小学生**	エコリエ écolier 名	schoolchild
shoogatsu **正月** 〔新年〕	ル ヌヴェラン le nouvel an 男	the New Year
shoogakkoo **小学校**	エコル プリメール école primaire 女	elementary school
jooki **蒸気**	ヴァプール vapeur 女	steam
jookyaku **乗客** 〔飛行機〕	パサジェ passager 名	passenger
〔列車など〕	ヴォワヤジュール voyageur 名	passenger

475

商業－状態

日	仏	英
shoogyoo 商業	コメルス commerce 男	commerce
jookyoo 状況	スィテュアスィヨン situation 女	situation
shookyokutekina 消極的な	パスィフ ネガティフ passif, négatif	passive, negative
shoogeki 衝撃	ショック choc 男	shock
jooken 条件	コンディスィヨン condition 女	condition
shoogo 正午	ミディ midi 男	noon
shoogoni 正午に	ア ミディ à midi	at noon
jooshi 上司	パトロン patron 男	boss
shoojikina 正直な	オネット honnête	honest
shoojo 少女	プティット フィーユ petite fille 女	little girl
jooshoosuru 上昇する	モンテ monter	rise
joozuna 上手な	ボン bon	good
joozuni 上手に	ビヤン bien	well
shiyoosuru 使用する	アンプロワイエ employer	use
shoosetsu 小説	ロマン roman 男	novel
shoozoo 肖像	ポルトレ portrait 男	portrait
shootai 招待	インヴィタスィヨン invitation 女	invitation
shootaisuru 招待する	アンヴィテ inviter	invite
jootai 状態	エタ état 男	state

上達する−条約

日	仏	英
jootatsusuru **上達する**	フェール デ プログレ faire des progrès	make progress
joodan **冗談**	プレザントリ plaisanterie 女	joke
joodan o iu **冗談をいう**	プレザンテ plaisanter	joke
shoochoo **象徴**	サンボル symbole 男	symbol
shooten **商店**	マガザン magasin 男	store
shoonin **商人**	コメルサン commerçant 名	merchant
shoonen **少年**	ガルソン garçon 男	boy
shoobai **商売** 〔事業〕	アフェール affaires 女複	business
shoohi **消費**	コンソマスィヨン consommation 女	consumption
shoohisha **消費者**	コンソマトゥール consommateur 名	consumer
shoohisuru **消費する**	コンソメ consommer	consume
joohoo **情報**	アンフォルマスィヨン information 女	information
	ランセニュマン renseignement 男	information
shoobooshi **消防士**	ポンピエ pompier 男	firefighter
shoomee **照明**	エクレラージュ éclairage 男	lighting
shoomeesuru **証明する**〔論理的に〕	デモントレ démontrer	demonstrate
〔証拠で〕	プルヴェ prouver	prove
shoomen **正面** 〔…の正面に〕	en face de	opposite, accross from
jooyaku **条約**	トレテ traité 男	treaty

し

醤油－植民地

日	仏	英
shooyu 醤油	ソス ドゥ ソジャ sauce de soja 女	soy sauce
shoorai 将来	アヴニール avenir 男	future
shoori 勝利	ヴィクトワール victoire 女	victory
shoorisha 勝利者	ガニャン gagnant 名	winner
shooryaku 省略	オミスィヨン omission 女	omission
shooryakusuru 省略する	オメトル omettre	omit
jo'oo 女王	レヌ reine 女	queen
shoku 職	アンプロワ emploi 男	job
shokugyoo 職業	プロフェスィヨン profession 女	occupation
shokuji 食事	ルパ repas 男	meal
shokuzenshu 食前酒	アペリティフ apéritif 男	aperitif
shokutaku 食卓	ターブル table 女	table
shokudoo 食堂 〔飲食店〕	レストラン restaurant 男	restaurant
〔家の〕	サラマンジェ salle à manger 女	dining room
shokudoosha 食堂車	ヴァゴンレストラン wagon-restaurant 男	dining car
shokunin 職人	アルティザン artisan 名	craftsman
shokuhin 食品	アリマン aliment 男	food
shokubutsu 植物	プラント plante 女	plant
shokuminchi 植民地	コロニ colonie 女	colony

食欲-書類

日	仏	英
食欲 shokuyoku	アペティ appétit 男	appetite
食糧 shokuryoo	ヴィーヴル vivres 男複	food
助言 jogen	コンセイユ conseil 男	advice
助言する jogensuru	コンセイエ conseiller	advise
助手 joshu	アシスタン assistant 名	assistant
初心者 shoshinsha	デビュタン débutant 名	beginner
女性 josee	ファム femme 女	woman
所帯 shotai	メナージュ ménage 男	household
食器 〔集合的〕 shokki	ヴェセル vaisselle 女	tableware, dishes
食器を洗う shokki o arau	フェール ラ ヴェセル faire la vaisselle	do the dishes
ショック shokku	ショック choc 男	shock
書店 shoten	リブレリ librairie 女	bookstore
所得 shotoku	ルヴニュ revenu 男	income
初歩的な shohotekina	エレマンテール élémentaire	elementary
署名 shomee	スィニャテュール signature 女	signature
署名する shomeesuru	スィニェ signer	sign
女優 joyuu	アクトリス actrice 女	actress
所有する shoyuusuru	ポセデ posséder	own
書類 shorui	パピエ papiers 男複	papers

知らせ−進化

日	仏	英
shirase 知らせ	ヌヴェル nouvelle 女	news
shiraseru 知らせる	フェール サヴォワール faire savoir	let ... know
shiraberu 調べる	ヴェリフィエ vérifier	check
shiri 尻	フェス fesses 女複	buttocks
shiriai 知り合い	コネサーンス connaissance 女	acquaintance
shiriizu シリーズ	セリ série 女	series
shiritsu 市立	ミュニスィパル municipal	municipal
shiritsu 私立	プリヴェ privé	private
shiru 知る	コネートル connaître	know
〔名詞節と〕	サヴォワール savoir	know
shiru 汁　〔果汁〕	ジュ jus 男	juice
〔スープ〕	スープ soupe 女	soup
shirushi 印	マルク marque 女	mark
shiro 城	シャトー château 男	castle
shiro 白	ブラン blanc 男	white
shiroi 白い	ブラン blanc	white
shirooto 素人	アマトゥール amateur 男	amateur
shirowain 白ワイン	ヴァン ブラン vin blanc 男	white wine
shinka 進化	エヴォリュスィヨン évolution 女	evolution

進化する−信じる

日	仏	英
shinkasuru **進化する**	エヴォリュエ évoluer	evolve
jinkaku **人格**	ペルソナリテ personnalité 女	personality
shinkee **神経**	ネール nerf 男	nerve
shinkeeshitsuna **神経質な**	ネルヴー nerveux	nervous
jinken **人権**	ドロワ ドゥ ロム droits de l'homme 男複	human rights
shinkenna **真剣な**	セリユー sérieux	serious
shinkenni **真剣に**	セリユズマン sérieusement	seriously
shinkoo **信仰**	フォワ foi 女	faith
jinkoo **人口**	ポピュラスィヨン population 女	population
shingoo **信号**	スィニャル signal 男	signal
jinkootekina **人工的な**	アルティフィスィエル artificiel	artificial
shinkoku **申告**	デクララスィヨン déclaration 女	declaration
shinkokusuru **申告する**	デクラレ déclarer	declare
shinkokuna **深刻な**	セリユー sérieux	serious
shinshitsu **寝室**	シャンブラ クシェ chambre à coucher 女	bedroom
shinjitsu **真実**	ヴェリテ vérité 女	truth
shinju **真珠**	ペルル perle 女	pearl
jinshu **人種**	ラス race 女	race
shinjiru **信じる**	クロワール croire	believe

人生 − 辛抱

日	仏	英
jinsee **人生**	ヴィ vie 女	life
shinseki **親戚**	パラン parent 名	relative
shinsetsuna **親切な**	ジャンティ gentil	kind
shinsenna **新鮮な**	フレ frais	fresh
shinzoo **心臓**	クール cœur 男	heart
jinzoo **腎臓**	ラン rein 男	kidney
shintai **身体**	コール corps 男	body
shindai **寝台**	リ lit 男	bed
shindaisha **寝台車**	ヴァゴンリ wagon-lit 男	sleeper car
shinchoo **身長**	タイユ taille 女	height
shinchoona **慎重な**	プリュダン prudent	careful
shinnen **新年** 〔年の初め〕	ル ヌヴェラン le nouvel an 男	the New Year
shinnen omedetoo **新年おめでとう**	ボナネ Bonne année !	Happy New Year!
shinpai **心配**	スシィ souci 男	worry
shinpaisuru **心配する**	サンキエテ s'inquiéter	worry
shinbun **新聞**	ジュルナル journal 男	newspaper
shinbunde **新聞で**	ダン ル ジュルナル dans le journal	in the newspaper
shinpo **進歩**	プログレ progrès 男	progress
shinboo **辛抱**	パスィヤーンス patience 女	patience

482

進歩する−スイス人

日	仏	英
shinposuru **進歩する**	フェール デ プログレ faire des progrès	make progress
shin'yuu **親友**	アミ アンティム ami intime 男	close friend
shin'yoo **信用**	コンフィヤーンス confiance 女	trust
shinrai **信頼**	コンフィヤーンス confiance 女	trust
shinri **真理**	ヴェリテ vérité 女	truth
shinrigaku **心理学**	プスィコロジ psychologie 女	psychology
shinrui **親類**	パラン parent 名	relative
jinrui **人類**	ユマニテ humanité 女	humanity

す

日	仏	英
su **巣**	ニ nid 男	nest
su **酢**	ヴィネーグル vinaigre 男	vinegar
zu **図** 〔図形〕	フィギュール figure 女	figure
suiee **水泳**	ナタスィヨン natation 女	swimming
suika **スイカ**	パステク pastèque 女	watermelon
suijun **水準**	ニヴォー niveau 男	level
suishoo **水晶**	クリスタル cristal 男	crystal
suisu **スイス**	スィス Suisse 女	Switzerland
suisujin **スイス人**	スィス Suisse 名	Swiss

スイスの－スカート

日	仏	英
suisuno **スイスの**	スィス suisse	Swiss
suisen **推薦**	ルコマンダスィヨン recommandation 女	recommendation
suisensuru **推薦する**	ルコマンデ recommander	recommend
suizokukan **水族館**	アクワリヨム aquarium 男	aquarium
suitchi **スイッチ**	アンテリュプトゥール interrupteur 男	switch
suiheesen **水平線**	オリゾン horizon 男	horizon
suiheeno **水平の**	オリゾンタル horizontal	horizontal
suimin **睡眠**	ソメイユ sommeil 男	sleep
suiyoobi **水曜日**	メルクルディ mercredi 男	Wednesday
suiyoobini **水曜日に**	メルクルディ mercredi	on Wednesday
suu **吸う** 〔液体を〕	スュセ sucer	suck
suugaku **数学**	マテマティック mathématiques 女複	mathematics
〔会話で〕	マト maths 女複	math
suuji **数字**	シフル chiffre 男	figure
suutsu **スーツ**	コステュム costume 男	suit
suutsukeesu **スーツケース**	ヴァリーズ valise 女	suitcase
suupaamaaketto **スーパーマーケット**	スュペルマルシェ supermarché 男	supermarket
suupu **スープ**	スープ soupe 女	soup
sukaato **スカート**	ジュップ jupe 女	skirt

484

日	仏	英
sukaafu スカーフ	フラール foulard 男	scarf
suki 好き	エメ aimer	like
sukii スキー 〔競技〕	スキー ski 男	skiing
sukii o suru スキーをする	フェール デュ スキー faire du ski	go skiing
sukina 好きな	プレフェレ préféré	favorite
sugiru 過ぎる 〔時が〕	パセ passer	pass
sugu 直ぐ	トゥ ドゥ スュイット tout de suite	at once
sukuu 救う 〔救助〕	ソヴェ sauver	save
sukunai 少ない 〔数〕	プー ドゥ peu (de)	few
sukunakutomo 少なくとも	オ モワン au moins	at least
sukuriin スクリーン	エクラン écran 男	screen
sugureta 優れた	エクセラン excellent	excellent
sukeeto スケート 〔競技〕	パティナージュ patinage 男	skating
sukeeto o suru スケートをする	フェール デュ パタン faire du patin	go skating
sugoi すごい〔素晴らしい〕	フォルミダーブル formidable	great
sukoshi 少し 〔程度〕	アン プー un peu	a little
sugosu 過ごす 〔時を〕	パセ passer	spend
suzu 鈴	ソネット sonnette 女	bell
suzushii 涼しい	フレ frais	cool

進む−ストッキング

日	仏	英
〔気温が〕	Il fait frais. (イル フェ フレ)	It's cool.
susumu **進む**	avancer (アヴァンセ)	advance
suzume **スズメ**	moineau 男 (モワノー)	sparrow
susumeru **進める** 〔前進〕	avancer (アヴァンセ)	advance
susumeru **勧める** 〔推奨〕	recommander (ルコマンデ)	recommend
sutaa **スター**	vedette 女 (ヴデット)	star
sutaato **スタート** 〔出発〕	départ 男 (デパール)	start
sutairu **スタイル** 〔様式〕	style 男 (スティル)	style
sutajiamu **スタジアム**	stade 男 (スタド)	stadium
zutsuu **頭痛**	mal de tête 男 (マル ドゥ テット)	headache
suppai **酸っぱい**	acide (アスィド)	sour
suteeki **ステーキ**	steak 男 (ステック)	steak
suteeji **ステージ**	scène 女 (セヌ)	stage
sudeni **既に**	déjà (デジャ)	already
suteru **捨てる**	jeter (ジュテ)	throw away
sutereo **ステレオ** 〔装置〕	chaîne stéréo 女 (シェヌ ステレオ)	stereo system
suto **スト**	grève 女 (グレーヴ)	strike
sutoobu **ストーブ**	poêle 男 (ポワル)	heater
sutokkingu **ストッキング**	bas 男 (バ)	stockings

日	仏	英
sutoroo **ストロー**	パイユ paille 女	straw
suna **砂**	サーブル sable 男	sand
zunoo **頭脳**	セルヴォー cerveau 男	brain
supai **スパイ**	エスピヨン espion 男	spy
subarashii **素晴らしい**	マニフィック magnifique	great
supiikaa **スピーカー**	オパルルール haut-parleur 男	speaker
supiichi **スピーチ**	ディスクール discours 男	speech
supiido **スピード**	ヴィテス vitesse 女	speed
supuun **スプーン**	キュイエール cuillère 女	spoon
〔別綴り〕	キュイエール cuiller 女	spoon
supein **スペイン**	スパーニュ Espagne 女	Spain
supeingo **スペイン語**	エスパニョル espagnol 男	Spanish
supeinjin **スペイン人**	エスパニョル Espagnol 名	Spanish
supeinde **スペインで**	アン ネスパーニュ en Espagne	in Spain
supeinno **スペインの**	エスパニョル espagnol	Spanish
supein'e **スペインへ**	アン ネスパーニュ en Espagne	to Spain
subete **全て**	トゥー tout	all
suberu **滑る**	グリセ glisser	slide
superu **スペル**	オルトグラフ orthographe 女	spelling

スポーツ−座る

日	仏	英
supootsu **スポーツ**	スポール sport 男	sport
supootsuosuru **スポーツをする**	フェール デュ スポール faire du sport	do sports
zubon **ズボン**	パンタロン pantalon 男	pants
suponji **スポンジ**	エポンジュ éponge 女	sponge
sumasu **済ます** 〔終える〕	フィニール finir	finish
sumi **隅**	コワン coin 男	corner
sumimasen **すみません**〔わびる〕	エクスキュゼ モワ Excusez-moi.	Excuse me.
	ジュ スュイ デゾレ Je suis désolé.	I'm sorry.
〔呼びかけ〕	エクスキュゼ モワ Excusez-moi.	Excuse me.
	パルドン Pardon.	Excuse me.
〔感謝〕	メルスィ Merci.	Thank you.
sumu **住む**	アビテ habiter	live
sumu **済む** 〔終わる〕	フィニール finir	finish
surippa **スリッパ**	パントゥーフル pantoufle 女	scuffs
suru **する** 〔行う〕	フェール faire	do
zurui **ずるい** 〔不正な〕	アンジュスト injuste	unfair
zurui **ずるい！**	ス ネ パ ジュスト Ce n'est pas juste !	It's not fair!
surudoi **鋭い** 〔尖った〕	エギュ aigu	sharp
suwaru **座る**	サソワール s'asseoir	sit down

せ

日	仏	英
背 se 〔背中〕	dos 男 (ド)	back
〔背丈〕	taille 女 (タイユ)	height
性 see	sexe 男 (セクス)	sex
姓 see	nom de famille 男 (ノン ドゥ ファミーユ)	family name
税 zee	impôt 男 (アンポ)	tax
〔消費税など〕	taxe 男 (タクス)	tax
性格 seekaku	caractère 男 (カラクテール)	character
正確な seekakuna	exact (エグザクト)	exact
	précis (プレスィ)	precise
正確に seekakuni	exactement (エグザクトマン)	exactly
生活 seekatsu	vie 女 (ヴィ)	life
生活する seekatsusuru	vivre (ヴィーヴル)	live
税関 zeekan	douane 女 (ドゥアヌ)	customs
世紀 seeki	siècle 男 (スィエクル)	century
正義 seegi	justice 女 (ジュスティス)	justice
正規の seekino	régulier (レギュリエ)	regular
請求書 seekyuusho	facture (ファクテュール)	bill

清潔な－精神

日	仏	英
seeketsuna **清潔な**	プロプル propre	clean
seegen **制限** 〔限度〕	リミット limite 女	limit
seegensuru **制限する**	リミテ limiter	limit
seekoo **成功**	スュクセ succès 男	success
seekoosuru **成功する**	レユスィール réussir	succeed
seesaku **政策**	ポリティック politique 女	policy
seesan **生産**	プロデュクスィヨン production 女	production
seesansuru **生産する**	プロデュイール produire	produce
seeji **政治**	ポリティック politique 女	politics
seejika **政治家** 〔男性〕	オム　ポリティック homme politique 男	politician
〔女性〕	ファム　ポリティック femme politique 女	politician
seejiteki **政治的**	ポリティック politique	political
seeshikina **正式な** 〔公式な〕	オフィスィエル officiel	official
seeshitsu **性質**	ナテュール nature 女	nature
seejitsuna **誠実な**	サンセール sincère	sincere
seeshun **青春**	ジュネス jeunesse 女	youth
seesho **聖書**	ラ　ビブル la Bible 女	the Bible
seejoona **正常な**	ノルマル normal	normal
seeshin **精神**	エスプリ esprit 男	spirit

成人－西洋

日	仏	英
seejin **成人**	アデュルト adulte 名	adult
seeseki **成績** 〔結果〕	レズュルタ résultats 男・複	results
〔評価〕	ノト note 女	grade
zeetaku **贅沢**	リュクス luxe 男	luxury
seechoo **成長**	クロワサーンス croissance 女	growth
seechoosuru **成長する**	グランディール grandir	grow
seeto **生徒**	エレーヴ élève 名	student
seedo **制度**	スィステム système 男	system
seetonsuru **整頓する**	ランジェ ranger	clear up
seenen **青年**	ジュヌ ジャン jeunes gens 男・複	young people
seenengappi **生年月日**	ダット ドゥ ネサーンス date de naissance 女	date of birth
seehin **製品**	プロデュイ produit 男	product
seefu **政府**	グヴェルヌマン gouvernement 男	government
seefuku **征服**	コンケット conquête 女	conquest
seefuku **制服**	ユニフォルム uniforme	uniform
seefukusuru **征服する**	コンケリール conquérir	conquer
seebutsugaku **生物学**	ビヨロジ biologie 女	biology
seemee **生命**	ヴィ vie 女	life
seeyoo **西洋**	ロクスィダン l'Occident 男	the West

せ

整理する−説明する

日	仏	英
seerisuru 整理する〔物を〕	メトル アン ノルドル mettre en ordre	put ... in order
seetaa セーター	ピュル pull 男	sweater
sekai 世界	モンド monde 男	world
sekaino 世界の	モンディヤル mondial	world
seki 席	プラス place 女	seat
sekitan 石炭	シャルボン charbon 男	coal
sekinin 責任	レスポンサビリテ responsabilité 女	responsibility
sekinin'aru 責任ある	レスポンサーブル responsable	responsible
sekiyu 石油	ペトロル pétrole 男	oil
seken 世間〔世の中〕	モンド monde 男	world
sedai 世代	ジェネラスィヨン génération 女	generation
sekken 石けん	サヴォン savon 男	soap
sesshoku 接触	コンタクト contact 男	contact
zettaina 絶対な	アブソリュ absolu	absolute
zettaini 絶対に	アブソリュマン absolument	absolutely
settokusuru 説得する	ペルスュアデ persuader	persuade
zetsuboo 絶望	デゼスポワール désespoir 男	despair
setsumee 説明	エクスプリカスィヨン explication 女	explanation
setsumeesuru 説明する	エクスプリケ expliquer	explain

節約する－前日

日	仏	英
setsuyakusuru 節約する	エコノミゼ économiser	save
senaka 背中	ド dos 男	back
sebiro 背広	コステュム costume 男	suit
semai 狭い 〔幅が〕	エトロワ étroit	narrow
〔面積が〕	プティ petit	small
semeru 攻める	アタケ attaquer	attack
semeru 責める	ルプロシェ reprocher	blame
semento セメント	スィマン ciment 男	cement
zerii ゼリー	ジュレ gelée 女	jello
zero ゼロ	ゼロ zéro 男	zero
sewa o suru 世話をする	ソキュペ ドゥ s'occuper de	take care of
sen 千	ミル mille	thousand
sen 線	リーニュ ligne 女	line
senkyo 選挙	エレクスィヨン élection 女	election
sengetsu 先月	ル モワ デルニエ le mois dernier	last month
zenkoku 全国	トゥ ル ペイ tout le pays	the whole country
senzai 洗剤	レスィーヴ lessive 女	detergent
senjitsu 先日	ロートル ジュール l'autre jour 男	the other day
zenjitsu 前日	ラ ヴェイユ la veille 女	the previous day

493

選手 − 宣伝

日	仏	英
senshu 選手　〔陸上〕	アトレト athlète 名	athlete
〔球技〕	ジュウール joueur 名	player
senshuu 先週	ラ スメヌ デルニエール la semaine dernière	last week
sensee 先生　〔教師〕	プロフェスール professeur 男	teacher
〔小学校教師〕	アンスティテュトゥール instituteur 名	primary school teacher
zensekai 全世界	ル モンド アンティエ le monde entier	the whole world
zenzen 全然　〔否定〕	パ デュ トゥ pas du tout	not at all
senzo 先祖	アンセートル ancêtre 男	ancestor
sensoo 戦争	ゲール guerre 女	war
sentaa センター	サントル centre 男	center
zentai 全体	トゥー tout 男	whole
sentaku 洗濯	レスィーヴ lessive 女	washing
sentaku 選択	ショワ choix 男	choice
sentakuki 洗濯機	マシナ ラヴェ machine à laver 女	washing machine
sentakusuru 洗濯する	フェール ラ レスィーヴ faire la lessive	do the washing
sentakusuru 選択する	ショワズィール choisir	choose
senchimeetaa センチメーター	サンティメートル centimètre 男	centimeter
senchoo 船長	カピテヌ capitaine 男	captain
senden 宣伝	ピュブリスィテ publicité 女	advertisement

日	仏	英
sentoo **戦闘**	コンバ combat 男	combat
zenbu **全部**	トゥー tout	all
senmon **専門**	スペスィヤリテ spécialité 女	specialty

そ

日	仏	英
zoo **象**	エレファン éléphant 男	elephant
zoo **像**	イマージュ image 女	image
soo'on **騒音**	ブリュイ bruit 男	noise
zooka **増加**	オグマンタスィヨン augmentation 女	increase
zookasuru **増加する**	オグマンテ augmenter	increase
soogono **相互の**	ミュテュエル mutuel	mutual
sooji **掃除**	メナージュ ménage 男	cleaning
	ネトワイヤージュ nettoyage 男	cleaning
soojiki **掃除機**	アスピラトゥール aspirateur 男	vacuum
soojisuru **掃除する**	フェール ル メナージュ faire le ménage	do the house cleaning
	ネトワイエ nettoyer	do the house cleaning
soosha **走者**	クルール coureur 名	runner
soozoo **想像**	イマジナスィヨン imagination 女	imagination
soozoo **創造**	クレアスィヨン création 女	creation

想像する – 祖先

日	仏	英
soozoosuru **想像する**	イマジネ imaginer	imagine
soozoosuru **創造する**	クレエ créer	create
soozooshii **騒々しい**	ブリュイヤン bruyant	noisy
soodan **相談**〔専門家との〕	コンスュルタスィヨン consultation 女	consultation
soodansuru **相談する**	コンスュルテ consulter	consult
soodesu **そうです**	セ サ C'est ça.	That's right.
soodesuka **そうですか**	ア ボン Ah bon ?	Is that so?
soosu **ソース**	ソース sauce 女	sauce
sooseeji **ソーセージ**	ソスィス saucisse 女	sausage
〔サラミなど〕	ソスィソン saucisson 男	sausage
sokudo **速度**	ヴィテス vitesse 女	speed
soko **そこ**	ラ là	there
soko **底**	フォン fond 男	bottom
sokokara **そこから**	ドゥ ラ de là	from there
sokomade **そこまで**	ジュスクラ jusque-là	up to there
soshiki **組織**	オルガニザスィヨン organisation 女	organization
soshite **そして**	エ et	and
〔次に〕	ピュイ puis	then
sosen **祖先**	アンセートル ancêtre 男	ancestor

日	仏	英
sosogu **注ぐ**	ヴェルセ verser	pour
sodatsu **育つ** 〔人が〕	グランディール grandir	grow up
sodateru **育てる** 〔子供を〕	エルヴェ élever	bring up
sotsugyoosuru **卒業する**	フィニール セゼテュード finir ses études	graduate
sokkusu **ソックス**	ショセット chaussettes 女複	socks
sotchokuna **率直な**	フラン franc	frank
sotchokuni **率直に**	フランシュマン franchement	frankly
sode **袖**	マーンシュ manche 女	sleeve
sotode **外で**	ドゥオール dehors	outside
sono **その**	ス ce	that
sono toori desu **そのとおりです**	セ サ C'est ça.	That's right.
	ヴザヴェ レゾン Vous avez raison.	You're right.
sonoue **その上**	アン プリュス en plus	besides
sonotoki **その時**	アロール alors	then
sono baaiwa **その場合は**	ダン ス カ ラ dans ce cas-là	in that case
soba **そば** 〔…のそばに〕	プレ ドゥ près de	near
sofu **祖父**	グランペール grand-père 男	grandfather
sofaa **ソファー**	カナペ ソファ canapé 男, sofa 男	sofa
sofutowea **ソフトウェア**	ロジスィエル logiciel 男	software

祖母 – 尊重する

日	仏	英
sobo **祖母**	グランメール grand-mère 女	grandmother
sobokuna **素朴な**	サーンプル simple	simple
somurie **ソムリエ**	ソムリエ sommelier 名	sommelier
sora **空**	スィエル ciel 男	sky
soru 〔剃る〕 **そる**	ラゼ raser	shave
sore **それ**	サ ça	that
sore ga dooshita **それがどうした**	エ アロール Et alors ?	So what?
sorezore **それぞれ**	シャカン chacun	each
soretomo **それとも**	ウ ou	or
son **損**	ペルト perte 女	loss
songai 〔破損〕 **損害**	ドマージュ dommage 男	damage
sonkee **尊敬**	レスペ respect 男	respect
sonkeesuru **尊敬する**	レスペクテ respecter	respect
sonzai **存在**	エグズィスターンス existence 女	existence
sonzaisuru **存在する**	エグズィステ exister	exist
sonshitsu **損失**	ペルト perte 女	loss
sonsuru **損する**	ペルドル perdre	lose
sonchoo **尊重**	レスペ respect 男	respect
sonchoosuru **尊重する**	レスペクテ respecter	respect

日	仏	英
そんな (sonna)	comme ça (コム サ)	like that
そんなふうに (sonnnafuuni)	comme ça (コム サ)	like that

た

日	仏	英
ダース (daasu)	douzaine 女 (ドゥゼヌ)	dozen
題 (dai)	titre 男 (ティトル)	title
台 (dai)	table 女 (ターブル)	stand
体育 (taiiku)	éducation physique 女 (エデュカスィヨン フィズィック)	physical education
体育館 (taiikukan)	gymnase 男 (ジムナーズ)	gym
第一に (daiichini)	premièrement (プルミエルマン)	firstly
第一の (daiichino)	premier (プルミエ)	first
体温 (taion)	température 女 (タンペラテュール)	temperature
大学 (daigaku)	université 女 (ユニヴェルスィテ)	university
大学生 (daigakusee)	étudiant 名 (エテュディヤン)	student
大気 (taiki)	atmosphère 女 (アトモスフェール)	atmosphere
代金 (daikin)	prix 男 (プリ)	price
大工 (daiku)	charpentier 男 (シャルパンティエ)	carpenter
退屈する (taikutsusuru)	s'ennuyer (サンニュイエ)	be bored
退屈な (taikutsuna)	ennuyeux (アンニュイユー)	boring

体験－たいてい

日	仏	英
taiken **体験**	エクスペリヤーンス expérience 女	experience
taiko **太鼓**	タンブール tambour 男	drum
taizai **滞在**	セジュール séjour 男	stay
taizaisuru **滞在する**	セジュルネ séjourner	stay
daisanno **第三の**	トロワズィエム troisième	third
taishi **大使**	アンバサドゥール ambassadeur 男	ambassador
taishikan **大使館**	アンバサド ambassade 女	embassy
daijina **大事な** 〔重要な〕	アンポルタン important	important
taijuu **体重**	ポワ poids 男	weight
taishoo **対象**	オブジェ objet 男	object
taishoo **対照**	コントラスト contraste 男	contrast
taishoku **退職**	ルトレト retraite 女	retirement
daijin **大臣**	ミニストル ministre 名	minister
taisetsusa **大切さ**	アンポルターンス importance 女	importance
taisetsuna **大切な**	アンポルタン important	important
taisoo **体操**	ジムナスティック gymnastique 女	gymnastics
daitai **だいたい** 〔およそ〕	アンヴィロン environ	about
daitanna **大胆な**	アルディ hardi	bold
taitee **たいてい** 〔通常〕	ダビテュード d'habitude	usually

態度-大陸の

日	仏	英
taido **態度**	アティテュド attitude 女	attitude
taitoona **対等な**	エガル égal	equal
daitooryoo **大統領**	プレズィダン président 名	president
daidokoro **台所**	キュイズィーヌ cuisine 女	kitchen
taitoru **タイトル**	ティトル titre 男	title
dainino **第二の**	スゴン second	second
	ドゥズィエム deuxième	second
daihyoosuru **代表する**	ルプレザンテ représenter	represent
taipu **タイプ** 〔型〕	ティップ type 男	type
taifuu **台風**	ティフォン typhon 男	typhoon
taihen **たいへん** 〔非常に〕	トレ très	very
taihosuru **逮捕する**	アレテ arrêter	arrest
daimee **題名**	ティトル titre 男	title
taiya **タイヤ**	プヌー pneu 男	tire
daiya **ダイヤ** 〔宝石〕	ディヤマン diamant 男	diamond
taiyoo **太陽**	ソレイユ soleil 男	sun
tairana **平らな**	プラ plat	flat
tairiku **大陸**	コンティナン continent 男	continent
tairikuno **大陸の**	コンティナンタル continental	continental

た

対立 – タクシーを呼ぶ

日	仏	英
tairitsu **対立**	オポズィスィヨン opposition 女	opposition
dairiten **代理店**	アジャーンス agence 女	agency
dairinin **代理人**	アジャン agent 男	agent
taiwa **対話**	ディヤログ dialogue 男	dialogue
taeru **耐える** 〔我慢〕	シュポルテ supporter	bear
taoru **タオル**	セルヴィエット serviette 女	towel
taoreru **倒れる**	トンベ tomber	fall
takai **高い** 〔高さ〕	オー haut	high
〔身長〕	グラン grand	tall
〔値段〕	シェール cher	expensive
takasa **高さ**	オトゥール hauteur 女	height
tagayasu **耕す**	キュルティヴェ cultiver	cultivate
takara **宝**	トレゾール trésor 男	treasure
dakara **だから** 〔故に〕	ドーンク donc	so
dakyoo **妥協**	コンプロミ compromis 男	compromise
takusanno **たくさんの**	ボクー ドゥ beaucoup de	a lot of
takushii **タクシー**	タクスィ taxi 男	taxi
takushii ni noru **タクシーに乗る**	プランドル アン タクスィ prendre un taxi	take a taxi
takushii o yobu **タクシーを呼ぶ**	アプレ アン タクスィ appeler un taxi	call a taxi

だけ－正しい

日	仏	英
dake だけ	スルマン seulement	only
tashikana 確かな 〔確実な〕	シュール sûr	sure
tashikani 確かに	シュルマン sûrement	surely
tashikameru 確かめる 〔確認〕	ヴェリフィエ vérifier	check
tasu 足す 〔加える〕	アジュテ ajouter	add
dasu 出す 〔取り出す〕	ソルティール sortir	take out
tasukaru 助かる	エートル ソヴェ être sauvé	be saved
tasuke 助け 〔助力〕	エド aide 女	help
tasukete 助けて！	オ スクール Au secours !	Help!
tasukeru 助ける 〔助力〕	エデ aider	help
〔救助〕	ソヴェ sauver	save
tazuneru 訪ねる 〔人を〕	ランドル ヴィズィット ア rendre visite à	visit
〔場所を〕	ヴィズィテ visiter	visit
tazuneru 尋ねる 〔質問〕	ドゥマンデ demander	ask
tada ただ 〔唯〕	スルマン seulement	only
〔無料〕	グラテュイ gratuit	free
tatakau 戦う	ス バトル se battre	fight
tataku 叩く	フラペ frapper	hit
tadashii 正しい	ジュスト juste	right

た

503

たたむ−例える

日	仏	英
	アヴォワール レゾン avoir raison	be right
tatamu **たたむ**	プリエ plier	fold
tachiagaru **立ち上がる**	ス ルヴェ se lever	stand up
tachisaru **立ち去る**	サンナレ s'en aller	leave
tachidomaru **立ち止まる**	サレテ s'arrêter	stop
tachiba **立場**	ポズィスィヨン position 女	position
tachiyoru **立ち寄る**	パセ passer	drop in
tatsu **立つ** 〔起立〕	ス ルヴェ se lever	stand up
tatsu **経つ** 〔時が〕	パセ passer	pass
tatsu **発つ** 〔出発〕	パルティール partir	leave
tassuru **達する**	アターンドル atteindre	reach
tasseesuru **達成する**	アコンプリール accomplir	achieve
tatta **たった**	スルマン seulement	only
datte **だって** 〔…でさえ〕	メム même	even
tatteiru **立っている**	エートル ドゥブー être debout	stand
tatemono **建物**	バティマン bâtiment 男	building
tateru **建てる**	コンストリュイール construire	build
tatoeba **例えば**	パレグザンプル par exemple	for example
tatoeru **例える**	コンパレ comparer	compare

日	仏	英
谷 tani	ヴァレ vallée 囡	valley
他人 tanin	レゾートル les autres	other people
種 tane	グレヌ graine 囡	seed
楽しい休暇を tanoshii kyuuka o	ボヌ ヴァカーンス Bonnes vacances !	Have a good vacation!
楽しみ tanoshimi	プレズィール plaisir 男	pleasure
楽しむ tanoshimu	ジュイール ドゥ jouir de	enjoy
頼む tanomu	ドゥマンデ demander	ask
旅 tabi	ヴォワヤージュ voyage 男	trip
旅する tabisuru	ヴォワヤジェ voyager	travel
たびたび tabitabi	スヴァン souvent	often
旅に出る tabi ni deru	パルティール アン ヴォワヤージュ partir en voyage	go on a trip
多分 tabun	プロバブルマン probablement	probably
食べ物 tabemono	ヌリテュール nourriture 囡	food
食べる taberu	マンジェ manger	eat
球 tama 〔ボール〕	バル balle 囡	ball
〔大型ボール〕	バロン ballon 男	ball
卵 tamago	ウフ œuf 男	egg
魂 tamashii	アーム âme 囡	soul
だます damasu	トロンペ tromper	deceive

たまたま−誰

日	仏	英
tamatama **たまたま**	パル アザール par hasard	by chance
tamani **たまに**	ドゥ タン ザン タン de temps en temps	occasionally
tamanegi **タマネギ**	オニョン oignon 女	onion
tamaranai **たまらない**〔耐え難い〕	アンスュポルターブル insupportable	unbearable
damaru **黙る**	ス テール se taire	become silent
tame **ため**〔…のために〕	プール pour	for
dame **だめ**〔無駄な〕	イニュティル inutile	useless
tameshi **試し**	エセ essai 男	trial
tamesu **試す**	エセイエ essayer	try
tamerau **ためらう**	エズィテ hésiter	hesitate
tameru **貯める**〔貯金〕	エコノミゼ économiser	save
tayori **便り**	ヌヴェル nouvelles 女複	news
tayoru **頼る**〔依存〕	コンテ スュール compter sur	depend on
tariru **足りる**	スュフィール suffire	be enough
dare **誰**	キ qui	who
〔誰が〕	キ qui	who
〔誰を〕	キ qui	who
〔誰に〕	ア キ à qui	to whom
〔誰と〕	アヴェック キ avec qui	with whom

506

日	仏	英
〔誰のため〕	pour qui (プルキ)	for whom
〔誰のことを〕	de qui (ドゥキ)	about whom
dareka 誰か	quelqu'un (ケルカン)	somebody
daredemo 誰でも 〔みんな〕	tout le monde (トゥ ル モーンド)	everybody
〔どんな人も〕	n'importe qui (ナンポルト キ)	anybody
daremo 誰も 〔誰も…ない〕	personne (ペルソヌ)	nobody
tawaa タワー	tour (トゥール) 女	tower
dan 段 〔階段の〕	marche (マルシュ) 女	step
tan'i 単位	unité (ユニテ) 女	unit
tango 単語	mot (モ) 男	word
dansaa ダンサー	danseur (ダンスール) 名	dancer
tanjunsa 単純さ	simplicité (サンプリスィテ) 女	simplicity
tanjunna 単純な	simple (サーンプル)	simple
tanjunni 単純に	simplement (サンプルマン)	simply
tanjoo 誕生	naissance (ネサーンス) 女	birth
tanjoobi 誕生日	anniversaire (アニヴェルセール) 男	birthday
tanjoobi omedetoo 誕生日おめでとう	Bon anniversaire ! (ボナニヴェルセール)	Happy birthday!
dansu ダンス	danse (ダーンス) 女	dance
dantai 団体	groupe (グループ) 男	group

だんだん−近づく

日	仏	英
dandan **だんだん**	ドゥ プリュ ザン プリュ de plus en plus	more and more
tanchoona **単調な**	モノトヌ monotone	monotonous
tanni **単に**	スルマン seulement	only
danboo **暖房**	ショファージュ chauffage 男	heating

ち

日	仏	英
chi **血**	サン sang 男	blood
chii **地位**	ポズィスィヨン position 女	position
chiiki **地域**	レジヨン région 女	region
chiisai **小さい**	プティ petit	small
chiizu **チーズ**	フロマージュ fromage 男	cheese
chiimu **チーム**	エキップ équipe 女	team
chikai **近い**	プロシュ proche	near
chigai **違い**	ディフェラーンス différence 女	difference
chikau **誓う**	ジュレ jurer	swear
chigau **違う**	エートル ディフェラン être différent	be different
chikaku　〔…の近くに〕 **近く**	プレ ドゥ près de	near
chikagoro **近頃**	セ ジュールスィ ces jours-ci	recently
chikazuku　〔時が〕 **近づく**	アプロシェ approcher	approach

地下鉄 - 地平線

日	仏	英
chikatetsu **地下鉄**	メトロ métro 男	subway
chikatetsu de iku **地下鉄で行く**	アレ アン メトロ aller en métro	go by subway
chikatetsu ni noru **地下鉄に乗る**	プランドル ル メトロ prendre le métro	take the subway
chikara **力**	フォルス force 女	power
chikyuu **地球**	テール terre 女	earth
chigiru **ちぎる**	デシレ déchirer	tear
chikin **チキン**	プレ poulet 男	chicken
chiketto **チケット**	ティケ ticket 男	ticket
chikokusuru **遅刻する**	エートル アン ルタール être en retard	be late
chishiki **知識**	コネサーンス connaissance 女	knowledge
chizu **地図**	カルト carte 女	map
〔街の〕	プラン plan 男	map
chitai **地帯**	ゾヌ zone 女	zone
chichi **父**	ペール père 男	father
chichi **乳**	レ lait 男	milk
chitsujo **秩序**	オルドル ordre 男	order
chippu **チップ** 〔心付け〕	プルボワール pourboire 男	tip
chinoo **知能**	アンテリジャーンス intelligence 女	intelligence
chiheesen **地平線**	オリゾン horizon 男	horizon

ち

地方 – 中学校

日	仏	英
chihoo **地方** 〔地域〕	レジヨン région 女	region
〔中央に対して〕	プロヴァーンス province 女	provinces
cha **茶**	テ thé 男	tea
chairo **茶色**	マロン marron 男	brown
chairono **茶色の**	マロン marron	brown
chakuriku **着陸**	アテリサージュ atterrissage 男	landing
chakurikusuru **着陸する**	アテリール atterrir	land
chawan **茶わん** 〔椀〕	ボル bol 男	bowl
〔ご飯〕	ボラリ bol à riz	rice bowl
〔湯飲み〕	ボラテ bol à thé	teacup
chansu **チャンス**	オカズィヨン occasion 女	chance
channeru **チャンネル**	シェヌ chaîne 女	channel
chanpion **チャンピオン**	シャンピヨン champion 名	champion
chuui **注意** 〔留意〕	アタンスィヨン attention 女	attention
chuuisuru **注意する**	フェール アタンスィヨン faire attention	pay attention
chuuoo **中央**	サーントル centre 男	center
chuuoono **中央の**	サントラル central	central
chuugakusee **中学生**	コレジヤン collégien 名	junior high school student
chuugakkoo **中学校**	コレージュ collège 男	junior high school

日	仏	英
中間 chuukan	milieu 男 ミリュー	middle
中古 chuuko 〔中古の〕	d'occasion ドカズィヨン	used
忠告 chuukoku	conseil 男 コンセイユ	advice
忠告する chuukokusuru	conseiller コンセイエ	advise
中国 chuugoku	Chine 女 シヌ	China
中国語 chuugokugo	chinois 男 シノワ	Chinese
中国人 chuugokujin	Chinois 名 シノワ	Chinese
中国で chuugokude	en Chine アン シヌ	in China
中国の chuugokuno	chinois シノワ	Chinese
中国へ chuugokue	en Chine アン シヌ	to China
中止する chuushisuru	arrêter アレテ	stop
注射 chuusha	piqûre 女 ピキュール	shot
駐車する chuushasuru	garer ガレ	park
抽象的な chuushootekina	abstrait アブストレ	abstract
昼食 chuushoku	déjeuner 男 デジュネ	lunch
昼食をとる chuushoku o toru	déjeuner デジュネ	have lunch
中心 chuushin	centre 男 サーントル	center
注目 chuumoku	attention 女 アタンスィヨン	attention
注文 chuumon	commande 女 コマーンド	order

注文する－チョコレート

日	仏	英
chuumonsuru **注文する**	コマンデ commander	order
choo **チョウ**	パピヨン papillon 男	butterfly
choo **腸**	アンテスタン intestin 男	bowels
chookoku **彫刻**	スキュルテュール sculpture 女	sculpture
chooshi **調子** 〔状態〕	コンディスィヨン condition 女	condition
chooshi ga ii **調子がいい**〔体の〕	エートル アン フォルム être en forme	be in good shape
chooshuu **聴衆**	オディトゥール auditeur 名	audience
choojoo **頂上**	ソメ sommet 男	summit
chooshoku **朝食**	プティデジュネ petit-déjeuner 男	breakfast
chooshoku o toru **朝食を取る**	プランドル ソン プティデジュネ prendre son petit-déjeuner	have lunch
choosen **挑戦**	デフィ défi 男	challenge
choodo **ちょうど**	ジュスト juste	just
choowa **調和**	アルモニ harmonie 女	harmony
chooku **チョーク**	クレ craie 女	chalk
chokinsuru **貯金する**	フェール デゼコノミ faire des économies	save money
chokusetsuni **直接に**	ディレクトマン directement	directly
chokusetsuno **直接の**	ディレクト direct	direct
chokusen **直線**	リーニュ ドロワット ligne droite 女	straight line
chokoreeto **チョコレート**	ショコラ chocolat 男	chocolate

著者－通勤する

日	仏	英
chosha **著者**	オトゥール auteur 男	author
chokki **チョッキ**	ジレ gilet 男	vest
chotto **ちょっと** 〔少し〕	アン ブー un peu	a little
chiri **地理**	ジェオグラフィ géographie 女	geography
chingin **賃金**	サレール salaire 男	wages
chinmoku **沈黙**	スィラーンス silence 男	silence
chinretsusuru **陳列する**	エクスポゼ exposer	display

つ

tsuikasuru **追加する**	アジュテ ajouter	add
tsuite **ついて** 〔…について〕	ドゥ de	about
	スュル sur	about
tsuini **ついに**	アンファン enfin	at last
	フィナルマン finalement	in the end
tsuitenai **ついてない**	パ ドゥ シャーンス Pas de chance !	Bad luck!
tsuiyasu **費やす** 〔金を〕	デパンセ dépenser	spend
tsuuka **通貨**	モネ monnaie 女	currency
tsuugakusuru **通学する**	アレ ア レコル aller à l'école	go to school
tsuukinsuru **通勤する**	アレ オ トラヴァイユ aller au travail	go to work

通行人－次々に

日	仏	英
tsuukoonin **通行人**	パサン passant 名	passerby
tsuushin **通信**	コミュニカスィヨン communication 女	communication
tsuuchisuru **通知する**	アンフォルメ informer	inform
tsuuyaku **通訳** 〔人〕	アンテルプレト interprète 名	interpreter
tsuuro **通路**	パサージュ passage 男	passage
tsue **杖**	バトン bâton 男	cane
tsukau **使う**	ス セルヴィール ドゥ se servir de	use
	アンプロワイエ employer	use
	ユティリゼ utiliser	use
tsukatte **使って**〔…を使って〕	アヴェック avec	with
tsukamaeru **捕まえる**	アトラペ attraper	catch
tsukamaru **捕まる**	エートル アトラペ être attrapé	be caught
tsukamu **つかむ**	セズィール saisir	catch
	プラーンドル prendre	take
tsukare **疲れ**	ファティグ fatigue 女	fatigue
tsukareteiru **疲れている**	エートル ファティゲ être fatigué	be tired
tsuki **月** 〔天体〕	リュヌ lune 女	moon
〔暦〕	モワ mois 男	month
tsugitsugini **次々に**	ラン アプレ ロートル l'un après l'autre	one after another

日	仏	英
tsugini 次に	ensuite (アンスュイット)	next
tsugino 次の〔基準は現在〕	prochain (プロシャン)	next
〔基準は現在以外〕	suivant (スュイヴァン)	following
tsuku 着く	arriver (アリヴェ)	arrive
tsuku つく〔付属する〕	avoir (アヴォワール)	have
tsukue 机	bureau (ビュロー) 男	desk
tsukuru 作る	faire (フェール)	make
tsukeru 点ける〔点灯〕	allumer (アリュメ)	turn on
tsukeru 着ける〔身に〕	mettre (メトル)	put on
tsuzuku 続く	continuer (コンティニュエ)	continue
tsuzukeru 続ける	continuer (コンティニュエ)	continue
tsutsumu 包む	envelopper (アンヴロペ)	wrap
tsuzuri 綴り	orthographe (オルトグラフ) 女	spelling
tsutome 勤め〔仕事〕	travail (トラヴァイユ) 男	work
tsutomeru 勤める	travailler (トラヴァイエ)	work
tsuna 綱	corde (コルド) 女	rope
tsuneni 常に	toujours (トゥジュール)	always
tsuneru つねる	pincer (パンセ)	pinch
tsuno 角	corne (コルヌ) 女	horn

つば−連れて来る

日	仏	英
tsuba **つば** 〔唾液〕	サリーヴ salive 女	saliva
tsubasa **翼**	エル aile 女	wing
tsubame **ツバメ**	イロンデル hirondelle 女	swallow
tsubu **粒**	グラン grain 男	grain
tsubusu **つぶす**	エクラゼ écraser	crush
tsuma **妻**	ファム femme 女	wife
tsumaranai **つまらない**〔面白くない〕	プー アンテレサン peu intéressant	uninteresting
tsumari **つまり** 〔即ち〕	セタディール c'est-à-dire	that is (to say)
tsumi **罪** 〔犯罪〕	クリム crime 男	crime
tsumu **摘む**	クイール cueillir	pick
tsume **爪**	オーングル ongle 男	nail
tsumetai **冷たい**	フレ frais	cool
	フロワ froid	cold
tsuyoi **強い**	フォール fort	strong
tsurai **辛い**	デュール dur	hard
tsuri **釣り**	ペシュ pêche 女	fishing
tsuru **釣る**	ペシェ pêcher	fish
tsureteiku **連れて行く**	アンムネ emmener	take
tsuretekuru **連れて来る**	アムネ amener	bring

日	仏	英

て

日	仏	英
te **手**	マン main 女	hand
deai **出会い**	ランコーントル rencontre 女	encounter, meeting
deau **出会う**	ランコントレ rencontrer	meet
teean **提案**	プロポズィスィヨン proposition 女	proposal
teeansuru **提案する**	プロポゼ proposer	propose
teekitokina **定期的な**	レギュリエ régulier	regular
teekitekini **定期的に**	レギュリエルマン régulièrement	regularly
teekyoo **提供**	オフル offre 女	offer
teekyoosuru **提供する**	オフリール offrir	offer
teeshisuru **停止する**	サレテ　アレテ s'arrêter, arrêter	stop
teesee **訂正**	コレクスィヨン correction 女	correction
teeseesuru **訂正する**	コリジェ corriger	correct
teedo **程度**	ドゥグレ degré 男	degree
dinaa **ディナー**	ディネ dîner 男	dinner
teeneena **ていねいな**〔礼儀正しい〕	ポリ poli	polite
deeta **データ**	ドネ donnée 女	data
deeto **デート**	ランデヴー rendez-vous 男	date

テープ－テスト

日	仏	英
teepu テープ	バンド bande 女	tape
	リュバン ruban 男	tape
teeburu テーブル	ターブル table 女	table
teeburukurosu テーブルクロス	ナップ nappe 女	tablecloth
teema テーマ	テーム thème 男	theme
dekakeru 〔出発する〕	パルティール partir	leave
〔外出する〕	ソルティール sortir	go out
tegami 手紙	レトル lettre 女	letter
teki 敵	エヌミ ennemi 名	enemy
dekigoto 〔重大な〕 出来事	エヴェヌマン événement 男	event
tekisuto 〔本文〕 テキスト	テクスト texte 男	text
tekitoona 〔適切な〕 適当な	コンヴナーブル convenable	suitable
dekiru 〔可能〕 できる	プヴォワール pouvoir	can
〔能力〕	サヴォワール savoir	know how to
deguchi 出口	ソルティ sortie 女	exit
tekubi 手首	ポワニェ poignet 男	wrist
dezaato デザート	デセール dessert 男	dessert
dejitaruno デジタルの	ニュメリック numérique	digital
tesuto 〔学力の〕 テスト	エグザマン examen 男	test

日	仏	英
〔性能の〕	essai 男	test
手帳 techoo 〔日付入り〕	agenda 男	notebook
〔日付なし〕	carnet 男	notebook
鉄 tetsu	fer 男	iron
哲学 tetsugaku	philosophie 女	philosophy
手伝う tetsudau	aider	help
鉄道 tetsudoo	chemin de fer 男	railway
テニス tenisu	tennis 男	tennis
テニスをする tenisu o suru	jouer au tennis	play tennis
	faire du tennis	play tennis
デパート depaato	grand magasin 男	department store
ではまた dewamata	A bientôt !	See you soon!
手袋 tebukuro	gant 男	glove
デモ demo 〔示威運動〕	manifestation 女	demonstration
でも demo 〔しかし〕	mais	but
〔…でさえ〕	même	even
照らす terasu	éclairer	light up
テラス terasu	terrasse 女	terrace
照る teru	briller	shine

出る－伝言を残す

日	仏	英
deru **出る** 〔外出〕	ソルティール sortir	go out
terebi **テレビ**	テレヴィズィヨン télévision 女	television
〔会話で〕	テレ télé 女	TV
terebide **テレビで**	ア ラ テレヴィズィヨン à la télévision	on television
〔会話で〕	ア ラ テレ à la télé	on TV
terebigeemu **テレビゲーム**	ジュー ヴィデオ jeu vidéo 男	video game
te o arau **手を洗う**	ス ラヴェ レ マン se laver les mains	wash one's hands
ten **天**	スィエル ciel 男	sky
ten **点** 〔小さい印〕	ポワン point 男	dot
〔試験の〕	ノト note 女	grade
tenki **天気**	タン temps 男	weather
denki **電気**	エレクトリスィテ électricité 女	electricity
tenki ga yoi **天気がよい**	イル フェ ボー Il fait beau.	The weather is fine.
tenki ga warui **天気が悪い**	イル フェ モヴェ Il fait mauvais.	The weather is bad.
denkyuu **電球**	アンプル ampoule 女	light bulb
tenkiyohoo **天気予報**	メテオ météo 女	weather forecast
tenkoo **天候**	タン temps 男	weather
dengon **伝言**	メサージュ message 男	message
dengon o nokosu **伝言を残す**	laisser un message	leave a message

日	仏	英
tensai **天才**	ジェニ génie 男	genius
tenshi **天使**	アージュ ange 男	angel
tenjisuru **展示する**	エクスポゼ exposer	exhibit
denshino **電子の**	エレクトロニック électronique	electronic
denshimeeru **電子メール**	イメル e-mail 男	e-mail
densha **電車**	トラン train 男	train
denshade **電車で**	アン トラン en train	by train
densha ni noru **電車に乗る**	プランドル ル トラン prendre le train	take the train
tenjoo **天井**	プラフォン plafond 男	ceiling
densetsu **伝説**	レジャーンド légende 女	legend
dentaku **電卓**	カルキュラトリス calculatrice 女	calculator
denchi **電池**	ピル pile 女	battery
tento **テント**	タント tente 女	tent
dentoo **伝統**	トラディスィヨン tradition 女	tradition
dentoo **電灯**	ラーンプ lampe 女	electric light
dentootekina **伝統的な**	トラディスィヨネル traditionnel	traditional
dentootekini **伝統的に**	トラディスィヨネルマン traditionnellement	traditionally
tennenno **天然の**	ナチュレル naturel	natural
tenrankai **展覧会**	エクスポズィスィヨン exposition 女	exhibition

電話 – 塔

日	仏	英
denwa **電話**	テレフォヌ téléphone 男	telephone
denwasuru **電話する**	テレフォネ ア téléphoner à	call
denwa bangoo **電話番号**	ニュメロ ドゥ テレフォヌ numéro de téléphone 男	telephone number

と

日	仏	英
to **と** 〔…と…〕	エ et	and
〔と一緒に〕	アヴェック avec	with
to **戸**	ポルト porte 女	door
do **度**	ドゥグレ degré 男	degree
doa **ドア**	ポルト porte 女	door
toi **問い**	ケスティヨン question 女	question
doitsu **ドイツ**	アルマーニュ Allemagne 女	Germany
doitsugo **ドイツ語**	アルマン allemand 男	German
doitsujin **ドイツ人**	アルマン Allemand 名	German
doitsude **ドイツで**	アン ナルマーニュ en Allemagne	in Germany
doitsuno **ドイツの**	アルマン allemand	German
doitsue **ドイツへ**	アン ナルマーニュ en Allemagne	to Germany
toire **トイレ**	トワレット toilettes 女複	bathroom
too **塔**	トゥール tour 女	tower

党-どうして

日	仏	英
too **党**	パルティ parti 男	party
tou **問う**	ドゥマンデ demander	ask
doo **どう** 〔方法〕	コマン comment	how
doo **胴** 〔胴体〕	トロン tronc 男	trunk
doo **銅**	キュイーヴル cuivre 男	copper
dooi **同意**	コンサントマン consentement 男	agreement
dooisuru **同意する**	コンサンティール ア consentir à	agree
dooitashimashite **どういたしまして**	ジュ ヴザン プリ Je vous en prie.	You're welcome.
	ドゥ リヤン De rien.	You're welcome.
	イルニヤ パ ドゥ コワ Il n'y a pas de quoi.	You're welcome.
dooki **動機**	モティフ motif 男	motive
dookyuusee **同級生**	カマラド ドゥ クラス camarade de classe 名	classmate
doogu **道具**	ウティ outil 男	tool
tookoosuru **登校する**	アレ ア レコル aller à l'école	go to school
doosa **動作**	ムヴマン mouvement 男	movement
dooshiyoo **どうしよう**	ク フェール Que faire ?	What should I do?
tooji **当時**	アロール alors	then
dooshi **動詞**	ヴェルブ verbe 男	verb
dooshite **どうして** 〔なぜ〕	プルコワ pourquoi	why

523

日	仏	英
doojini **同時に**	アン メム タン en même temps	at the same time
toojoosuru **登場する**〔現れる〕	アパレートル apparaître	appear
toozen **当然**〔もちろん〕	ナテュレルマン naturellement	of course
doozo **どうぞ**〔許可〕	ジュ ヴザン プリ Je vous en prie.	Please do.
	アレズィ Allez-y.	Go ahead.
〔はい, どうぞ〕	ヴォワラ Voilà.	Here you are.
toodai **灯台**	ファール phare 男	lighthouse
toochaku **到着**	アリヴェ arrivée 女	arrival
toochakusuru **到着する**	アリヴェ arriver	arrive
tootoo **とうとう**〔ついに〕	アンファン enfin	at last
dootoku **道徳**	モラル morale 女	morals
toonan **盗難**	ヴォル vol 男	theft
toohyoo **投票**	ヴォト vote 男	vote
toohyoosuru **投票する**	ヴォテ voter	vote
doobutsu **動物**	アニマル animal 男	animal
doobutsuen **動物園**	ゾオ zoo 男	zoo
toomeena **透明な**	トランスパラン transparent	transparent
doomo arigatoo **どうもありがとう**	メルスィ ボクー Merci beaucoup.	Thank you very much.
tooyoo **東洋**	ロリヤン l'Orient 男	the East

道路 - 読者

日	仏	英
道路 dooro	route 女 (ルート)	road
〔街路〕	rue 女 (リュ)	street
遠い tooi	loin (ロワン)	far
遠くの tookuno	lointain (ロワンタン)	distant
通す toosu 〔通らせる〕	laisser passer (レセ パセ)	let ... pass
通り toori	rue 女 (リュ)	street
通りで tooride	dans la rue (ダン ラ リュ)	on the street
通る tooru 〔通過〕	passer (パセ)	pass
都会 tokai	ville 女 (ヴィル)	city
溶かす tokasu	fondre (フォーンドル)	melt
時 toki	temps 男 (タン)	time
〔…する時〕	quand (カン)	when
時々 tokidoki	de temps en temps (ドゥ タン ザン タン)	sometimes
毒 doku	poison 男 (ポワゾン)	poison
得 toku 〔利益〕	profit 男 (プロフィ)	profit
解く toku 〔ほどく〕	dénouer (デヌエ)	undo
〔問題を〕	résoudre (レズードル)	solve
得意 tokui 〔…が得意〕	être fort en (エートル フォール アン)	be good at
読者 dokusha	lecteur 名 (レクトゥール)	reader

特殊な−どこでも

日	仏	英
tokushuna **特殊な**	スペシャル spécial	special
dokusho **読書**	レクテュール lecture 女	reading
dokushosuru **読書する**	リール lire	read
dokusoosee **独創性**	オリジナリテ originalité 女	originality
dokusootekina **独創的な**	オリジナル original	original
tokuchoo **特徴**	カラクテリスティック caractéristique 女	characteristic
tokuni **特に**	スュルトゥー surtout	especially
tokubetsuna **特別な**	スペシャル spécial	special
dokuritsu **独立**	アンデパンダーンス indépendance 女	independence
dokuritsushita **独立した**	アンデパンダン indépendant	independent
tokee **時計** 〔大時計〕	オルロージュ horloge 女	clock
〔腕時計〕	モーントル montre 女	watch
〔掛け時計・置き時計〕	パンデュル pendule 女	clock
tokeru **溶ける**	フォーンドル fondre	melt
doko **どこ**	ウ où	where
dokoka **どこか**	ケルクパール quelque part	somewhere
dokokara **どこから**	ドゥ d'où	where ... from
dokode **どこで**	ウ où	where
dokodemo **どこでも**	ナンポルトゥ n'importe où	anywhere

どこにも－ドット

日	仏	英
dokonimo **どこにも** 〔…ない〕	ニュルパール nulle part	nowhere
dokoe **どこへ**	ウ où	where
dokomade **どこまで**	ジュスク jusqu'où	how far
tokoro **ところ** 〔場所〕	アンドロワ endroit 男	place
toshi **年** 〔年齢〕	アージュ âge 男	age
〔暦の〕	アネ année 女	year
toshi **都市**	ヴィル ville 女	city
toshokan **図書館**	ビブリヨテック bibliothèque 女	library
tojiru **閉じる**	フェルメ fermer	close
tochi **土地** 〔地所〕	テラン terrain 男	land
tochuude **途中で** 〔道中で〕	アン シュマン en chemin	on the way
dochira **どちら** 〔どれ〕	ルケル lequel	which
〔どこ〕	ウ où	where
totsuzen **突然**	トゥタクー tout à coup	suddenly
	スダン soudain	suddenly
dotchi **どっち**	lequel	which
totte **とって** 〔…にとって〕	プル pour	to, for
totteoku **取っておく**	ガルデ garder	keep
dotto **ドット**	ポワン point 男	dot

届く-トラ

日	仏	英
届く〔着く〕 todoku / アリヴェ arriver	arrive
届ける〔配達〕 todokeru / リヴレ livrer	deliver
とどまる todomaru / レステ rester	stay
隣に〔…の隣に〕 tonarini / ア コテ ドゥ à côté de	next to
隣の tonarino / ヴォワザン voisin	next-door
どの dono / ケル quel	which, what
	ルケル lequel	which one
どのくらい〔どれだけの〕 donokurai / コンビヤン ドゥ combien de	how many
〔どれだけ〕 / コンビヤン combien	how much
飛ぶ〔空を〕 tobu / ヴォレ voler	fly
跳ぶ〔ジャンプ〕 tobu / ソテ sauter	jump
トマト tomato / トマト tomate 女	tomato
止まる tomaru / サレテ s'arrêter	stop
泊まる tomaru / ロジェ loger	stay
止める tomeru / アレテ arrêter	stop
友達 tomodachi / アミ ami 名	friend
土曜日 doyoobi / サムディ samedi 男	Saturday
土曜日に doyoobini / サムディ samedi	on Saturday
トラ tora / ティグル tigre 男	tiger

日	仏	英
トラック 〔自動車〕	camion 男	truck
トラブル	ennuis 男複	trouble
ドラム	tambour 男	drum
トランク 〔自動車の〕	coffre 男	trunk
トランプ	cartes à jouer 女複	cards
トランペット	trompette 女	trumpet
鳥	oiseau 男	bird
取り替える	changer	change
	remplacer	replace
取り囲む	entourer	surround
取り消す	annuler	cancel
鶏肉	poulet 男	chicken
努力	effort 男	effort
努力する	faire un effort	make an effort
取る	prendre	take
撮る 〔写真を〕	prendre	take
ドル	dollar 男	dollar
どれ 〔どちら〕	lequel	which one
	quel	which, what

ドレス－直す

日	仏	英
doresu ドレス	robe 女	dress
doro 泥	boue 女	mud
doroboo 泥棒	voleur 名	thief
dorobooda 泥棒だ！	Au voleur !	Stop thief!
donna どんな	quel	what
donnafuuni どんなふうに	comment	how
tonneru トンネル	tunnel 男	tunnel

な

日	仏	英
na 名	nom 男	name
nai ない 〔不在〕	Il n'y a pas	there is not
〔持ってない〕	ne pas avoir	not have
〔否定〕	ne... pas	not
naisho 内緒	secret 男	secret
naifu ナイフ	couteau 男	knife
naibu 内部	intérieur 男	inside
naiyoo 内容	contenu 男	content
naosu 治す 〔病気を〕	guérir	cure
naosu 直す 〔修理〕	réparer	repair

日	仏	英
naoru 治る 〔病人が〕	ゲリール guérir	get better
naka 中 〔…の中〕	ダン dans	in
nagai 長い	ロン long	long
nagaku 長く	ロンタン longtemps	for a long time
nagagutsu 長靴	ボット botte 女	boot
nagasa 長さ	ロングール longueur 女	length
nakama 仲間	カマラド camarade 名	friend
nakami 中身	コントゥニュ contenu 男	contents
nagame 眺め	ヴュ vue 女	view
nagameru 眺める	ルガルデ regarder	look at
nagareru 流れる 〔水・川〕	クレ couler	flow
naku 泣く	プルレ pleurer	cry
naku 鳴く 〔鳥が〕	シャンテ chanter	sing
nagusameru 慰める	コンソレ consoler	comfort
nakusu なくす	ペルドル perdre	lose
naguru 殴る	バトル battre	hit
nageru 投げる	ジュテ jeter	throw
nashi 梨	ポワール poire 女	pear
naze なぜ	プルコワ pourquoi	why

謎-名前

日	仏	英
nazo 謎 〔不可解〕	ミステール mystère 男	mystery
natsu 夏	エテ été 男	summer
natsuni 夏に	アン ネテ en été	in summer
nazukeru 名付ける	ノメ nommer	name
natsuyasumi 夏休み	ヴァカーンス デテ vacances d'été 女複	summer vacation
nana 7	セット sept	seven
nanajuu 70	ソワサントディス soixante-dix	seventy
nani 何	ケスク qu'est-ce que	what
	ケル quel	what
〔何を〕	ケスク qu'est-ce que	what
	ク que	what
	コワ quoi	what
〔何が〕	ケスキ qu'est-ce qui	what
nani 何!	コワ Quoi !	What!
nanika 何か	ケルク ショーズ quelque chose	something
nanimo 何も 〔…ない〕	ヌ リヤン ne... rien	nothing
	リヤン Rien.	Nothing.
napukin ナプキン	セルヴィエット serviette 女	napkin
namae 名前	ノン nom 男	name

日	仏	英
namano **生の**	クリュ cru	raw
nami **波**	ヴァーグ vague 女	wave
namida **涙**	ラルム larme 女	tear
nameru **なめる**	レシェ lécher	lick
nayami **悩み** 〔心配〕	スシ souci 男	worry
narau **習う**	アプラーンドル apprendre	learn
narasu **鳴らす** 〔ベルを〕	ソネ sonner	ring
naranai **ならない** 〔ねば…〕	ドゥヴォワール devoir	have to
〔しては…〕	ヌ パ ドゥヴォワール ne pas devoir	must not
narabu **並ぶ** 〔列を作る〕	フェール ラ クー faire la queue	stand in line
naru **なる** 〔…になる〕	ドゥヴニール devenir	become
naru **鳴る** 〔電話が〕	ソネ sonner	ring
nareru **慣れる**	サビテュエ ア s'habituer à	get used to
nawa **縄**	コルド corde 女	rope
nankai **何回**	コンビヤン ドゥ フォワ combien de fois	how many times
nanji **何時**	ケルール quelle heure	what time
nanjikan **何時間**	コンビヤン ドゥール combien d'heures	how many hours
nanjini **何時に**	ア ケルール à quelle heure	what time
nande **何で** 〔何を使って〕	アヴェッコワ avec quoi	with what

日	仏	英
〔なぜ〕	pourquoi	why
nandemo 何でも	n'importe quoi	anything
〔すべて〕	tout	all
nando 何度 〔回数〕	combien de fois	how many times
nannichi 何日 〔日数〕	combien de jours	how many days
nannin 何人 〔人数〕	combien de personnes	how many people
nannen 何年 〔年数〕	combien d'années	how many years
nannenni 何年に	en quelle année	what year

に

日	仏	英
ni 2	deux	two
ni に 〔…時に〕	à	at
〔…月に〕	en	in
〔…年に〕	en	in
nioi におい	odeur 女	smell
niou におう	sentir	smell
nikai 2回	deux fois	twice
nikai 2階	premier étage 男	second floor
nigai 苦い	amer	bitter

日	仏	英
nikaini **2階に**	オ プルミエ レタージュ au premier étage	on the second floor
nigatsu **2月**	フェヴリエ février 男	February
nigatsuni **2月に**	アン フェヴリエ en février	in February
nigiyakana **にぎやかな**〔活気〕	アニメ animé	busy
nigiru **握る**〔ハンドルを〕	プランドル prendre	take
niku **肉**〔食肉〕	ヴィヤーンド viande 女	meat
nikushimi **憎しみ**	エヌ haine 女	hatred
nikutai **肉体**	コール corps 男	body
nikumu **憎む**	アイール haïr	hate
nigeru **逃げる**	フュイール fuir	run away
nishi **西**	ウエスト ouest 男	west
niji **虹**	アルカンスィエル arc-en-ciel 男	rainbow
nijuu **20**	ヴァン vingt	twenty
nijuuno **二重の**	ドゥーブル double	double
niseno **偽の**	フォー faux	false
nichi **日**	ジュール jour 男	day
nichiyoobi **日曜日**	ディマーンシュ dimanche 男	Sunday
nichiyoobini **日曜日に**	ディマーンシュ dimanche	on Sunday
nikki **日記**	ジュルナル journal 男	diary

535

2倍 - 人気のある

日	仏	英
nibai **2倍**	ドゥーブル double 男	double
nihon **日本**	ジャポン Japon 男	Japan
nihongo **日本語**	ジャポネ japonais 男	Japanese
nihongode **日本語で**	アン ジャポネ en japonais	in Japanese
nihonjin **日本人**	ジャポネ Japonais 名	Japanese
nihonde **日本で**	オ ジャポン au Japon	in Japan
nihonno **日本の**	ジャポネ japonais	Japanese
nihon'e **日本へ**	オ ジャポン au Japon	to Japan
nimotsu **荷物**	バガージュ bagage 男	baggage
nyuugaku shiken **入学試験**	コンクール ダントレ concours d'entrée 男	entrance examination
nyuugakusuru **入学する**	アントレ ア entrer à	enter
nyuusu **ニュース**	ヌヴェル nouvelles 女複	news
niru **似る**	ルサンブレ ア ressembler à	be like
niwa **庭**	ジャルダン jardin 男	garden
niwatori **鶏** 〔雄〕	コック coq 男	cock
〔雌〕	プル poule 女	hen
〔若鶏〕	プレ poulet 男	chicken
ninki **人気**	ポピュラリテ popularité 女	popularity
ninkinoaru **人気のある**	ポピュレール populaire	popular

日	仏	英
ningyoo **人形**	プペ poupée 囡	doll
ningen **人間**	オム homme 男	man
	エートル ユマン être humain 男	human being
ninjin **ニンジン**	カロット carotte 囡	carrot
nintai **忍耐**	パスィヤーンス patience 囡	patience
ninniku **ニンニク**	アイユ ail 男	garlic

ぬ

日	仏	英
nuu **縫う**	クードル coudre	sew
nuku **抜く** 〔引き抜く〕	アラシェ arracher	pull out
nugu **脱ぐ** 〔服を〕	アンルヴェ enlever	take off
	ス デザビエ se déshabiller	undress
nuguu **ぬぐう**	エスュイエ essuyer	wipe
nusumu **盗む**	ヴォレ voler	steal
nurasu **濡らす**	ムイエ mouiller	wet
nuru **塗る** 〔色を〕	パーンドル peindre	paint
nurui **ぬるい**	ティエド tiède	lukewarm
nureta **濡れた**	ムイエ mouillé	wet
nureru **濡れる**	ス ムイエ se mouiller	get wet

ね

日	仏	英
ne 根	ラスィヌ racine 女	root
neuchi 値打ち	ヴァルール valeur 女	value
negau 願う	スエテ souhaiter	wish
nekutai ネクタイ	クラヴァト cravate 女	tie
neko 猫	シャ chat 男	cat
neji ねじ	ヴィス vis 男	screw
nezumi ネズミ 〔マウス〕	スリ souris 女	mouse
nedan 値段	プリ prix 男	price
netsu 熱 〔物理的熱〕	シャルール chaleur 女	heat
〔体温〕	タンペラテュール température 女	temperature
〔病気〕	フィエーヴル fièvre 女	fever, temperature
netsu ga aru 熱がある	アヴォワール ドゥ ラ フィエーヴル avoir de la fièvre	have a temperature
nekkuresu ネックレス	コリエ collier 男	necklace
nessuru 熱する	ショフェ chauffer	heat
nemui 眠い	アヴォワール ソメイユ avoir sommeil	be sleepy
nemuri 眠り	ソメイユ sommeil 男	sleep
nemuru 眠る	ドルミール dormir	sleep

日	仏	英
〔寝入る〕	s'endormir (サンドルミール)	fall asleep
neru 寝る 〔睡眠〕	dormir (ドルミール)	sleep
〔就寝〕	se coucher (ス クシェ)	go to bed
nen 年	an 男 (アン)	year
	année 女 (アネ)	year
nenree 年齢	âge 男 (アージュ)	age

の

日	仏	英
noo 脳	cerveau 男 (セルヴォー)	brain
noogyoo 農業	agriculture 女 (アグリキュルテュール)	agriculture
nooritsutekina 能率的な	efficace (エフィカス)	efficient
nooryoku 能力	capacité 女 (カパシテ)	ability
nooto ノート	cahier 男 (カイエ)	notebook
nokosu 残す 〔後に〕	laisser (レセ)	leave
nokori 残り	reste 男 (レスト)	rest
nokoru 残る	rester (レステ)	stay
nozoite 除いて	sauf (ソフ)	except
	excepté (エクセプテ)	except
nozoku 除く 〔除去〕	enlever (アンルヴェ)	remove

539

日	仏	英
nozomu **望む** 〔願う〕	スエテ souhaiter	wish
node **ので** 〔理由〕	パルスク parce que	because
nodo **のど**	ゴルジュ gorge 女	throat
nodo ga kawaku **のどが渇く**	アヴォワール ソワフ avoir soif	be thirsty
noboru **上る** 〔高所に〕	モンテ monter	go up
nomimono **飲み物**	ボワソン boisson 女	drink
nomu **飲む**	ボワール boire	drink
〔薬を〕	プラーンドル prendre	take
noru **乗る** 〔乗り物を利用〕	プラーンドル prendre	take

は

日	仏	英
ha **葉**	フイユ feuille 女	leaf
ha **歯**	ダン dent 女	tooth
baai **場合**	カ cas 男	case
baai ni yoru **場合による**	サ デパン Ça dépend.	That depends.
paasento **パーセント**	プルサン pour cent	percent
paati **パーティ**	フェット fête 女	party
hai **はい**	ウイ oui	yes
hai **灰**	サーンドル cendre 女	ash

肺-破壊する

日	仏	英
hai **肺**	プモン poumon 男	lung
bai **倍** 〔A×N〕	ドゥーブル double 男	double
haiiro **灰色**	グリ gris 男	gray
haiirono **灰色の**	グリ gris	gray
baiorin **バイオリン**	ヴィヨロン violon 男	violin
baiorin o hiku **バイオリンを弾く**	ジュエ デュ ヴィヨロン jouer du violon	play the violin
haisha **歯医者**	ダンティスト dentiste 名	dentist
haisha ni iku **歯医者に行く**	アレ シェ ル ダンティスト aller chez le dentiste	go to the dentist's
haitatsu **配達**	リヴレゾン livraison 女	delivery
haitatsusuru **配達する**	リブレ livrer	deliver
painappuru **パイナップル**	アナナ(ス) ananas 男	pineapple
haiyuu **俳優**	アクトゥール acteur 名	actor
hairu **入る** 〔中に〕	アントレ entrer	come in, go in
pairotto **パイロット**	ピロット pilote 男	pilot
hae **ハエ**	ムーシュ mouche 女	fly
haeru **生える** 〔生育〕	プセ pousser	grow
haka **墓**	トーンブ tombe 女	tomb
hakai **破壊**	デストリュクスィヨン destruction 女	destruction
hakaisuru **破壊する**	デトリュイール détruire	destroy

は

歯が痛い－励ます

日	仏	英
ha ga itai **歯が痛い**	アヴォワール マロ ダン avoir mal aux dents	have a toothache
hagaki **葉書**	カルト ポスタル carte postale 女	postcard
hakase **博士**	ドクトゥール docteur 男	doctor
bakana **ばかな**	ベット bête	foolish, stupid
hakaru **測る** 〔長さを〕	ムズュレ mesurer	measure
hakaru **量る** 〔重さを〕	プゼ peser	weigh
haku **履く** 〔靴を〕	メトル mettre	put on
〔ズボン等を〕	メトル mettre	put on
haku **掃く** 〔ほうきで〕	バレイエ balayer	sweep
hakushusuru **拍手する**	アプロディール applaudir	applaud
bakudan **爆弾**	ボーンブ bombe 女	bomb
hakuchoo **白鳥**	スィーニュ cygne 男	swan
bakuhatsu **爆発**	エクスプロズィヨン explosion 女	explosion
bakuhatsusuru **爆発する**	エクスプロゼ exploser	explode
hakubutsukan **博物館**	ミュゼ musée 男	museum
hakurankai **博覧会**	エクスポズィスィヨン exposition 女	exposition
hageshii **激しい**	ヴィヨラン violent	violent
baketsu **バケツ**	ソー seau 男	bucket
hagemasu **励ます**	アンクラジェ encourager	encourage

派遣する－初めまして

日	仏	英
hakensuru 派遣する	アンヴォワイエ envoyer	send
hako 箱	ボワット boîte 女	box
hakobu 運ぶ	ポルテ porter	carry
hasami はさみ	スィゾー ciseaux 男・複	scissors
hashi 橋	ポン pont 男	bridge
hashi 箸	バゲット baguettes 女複	chopsticks
hashi 端 〔末端〕	ブー bout 男	end
haji 恥	オーント honte 女	shame
hashigo はしご	エシェル échelle 女	ladder
hajimari 始まり	コマンスマン commencement 男	beginning
hajimaru 始まる	コマンセ commencer	begin
hajime 初め	コマンスマン commencement 男	beginning
	デビュ début 男	beginning
hajimete 初めて	プル ラ プルミエール フォワ pour la première fois	for the first time
hajimeni 初めに 〔最初に〕	ダボール d'abord	first
〔…の初めに〕	オ デビュ ドゥ au début de	at the beginning of
hajimeno 初めの	プルミエ premier	first
hajimeha 初めは	オ デビュ au début	at first
hajimemashite 初めまして	アンシャンテ Enchanté.	Pleased to meet you.

は

始める−肌

日	仏	英
hajimeru **始める**	コマンセ commencer	begin
pajama **パジャマ**	ピジャマ pyjama 男	pajamas
basho **場所**	アンドロワ endroit 男	place
hashira **柱**	ピリエ pilier 男	pillar
hashiru **走る**	クリール courir	run
hajiru **恥じる**	アヴォワール オーント avoir honte	be ashamed
basu **バス**	オトビュス autobus 男	bus
〔会話で〕	ビュス bus 男	bus
hazukashii **恥ずかしい**	アヴォワール オーント avoir honte	be ashamed
hazusu **外す**　〔取り外す〕	アンルヴェ enlever	take off
basude **バスで**	アン ノトビュス en autobus	by bus
basutee **バス停**	アレ ドトビュス arrêt d'autobus 男	bus stop
basu ni noru **バスに乗る**	プランドル ロトビュス prendre l'autobus	take the bus
pasupooto **パスポート**	パスポール passeport 男	passport
hazumu **弾む**　〔ボールが〕	ルボンディール rebondir	bounce
pasuwaado **パスワード**	モ ド パス mot de passe 男	password
pasokon **パソコン**	ペセ PC 男	PC
hata **旗**	ドラボー drapeau 男	flag
hada **肌**	ポー peau 女	skin

日	仏	英
bataa **バター**	ブール beurre 男	butter
hadakano **裸の**	ニュ nu	naked
hatake **畑**	シャン champ 男	field
hataraku **働く**	トラヴァイエ travailler	work
hachi **8**	ユイット huit	eight
hachi **ハチ** 〔ミツバチ〕	アベイユ abeille 女	bee
hachigatsu **8月**	ウ(ット) août 男	August
hachigatsuni **8月に**	アン ヌ(ット) en août	in August
hachijuu **80**	カトルヴァン quatre-vingts	eighty
hachimitsu **蜂蜜**	ミエル miel 男	honey
batsu **罰**	ピュニスィヨン punition 女	punishment
hatsuon **発音**	プロノンスィアスィヨン prononciation 女	pronunciation
hatsuonsuru **発音する**	プロノンセ prononcer	pronounce
hakkirito **はっきりと**	クレルマン clairement	clearly
baggu **バッグ**	サック sac 男	bag
hakken **発見**	デクヴェルト découverte 女	discovery
hakkensuru **発見する**	デクヴリール découvrir	discover
hasshasuru **発車する**	パルティール partir	leave
bassuru **罰する**	ピュニール punir	punish

発達 – バナナ

日	仏	英
hattatsu 発達	デヴロプマン développement 男	development
hattatsusuru 発達する	ス デヴロペ se développer	develop
hatten 発展	デヴロプマン développement 男	development
hattensuru 発展する	ス デヴロペ se développer	develop
happyoo 発表	アノーンス annonce 女	announcement
happyoosuru 発表する	アノンセ annoncer	announce
hatsumee 発明	アンヴァンスィヨン invention 女	invention
hatsumeesuru 発明する	アンヴァンテ inventer	invent
hana 花	フルール fleur 女	flower
hana 鼻	ネ nez 男	nose
hanashi 話 〔会話〕	コンヴェルサスィヨン conversation 女	talk
〔物語〕	イストワール histoire 女	story
hanashiau 話し合う 〔…と〕	パルレ アヴェック parler avec	talk with
hanashichuu 話し中 〔電話が〕	オキュペ occupé	busy
hanasu 話す	パルレ parler	speak, talk
hanasu 放す 〔逃がす〕	ラシェ lâcher	let ... go
hanasu 離す 〔分離〕	セパレ séparer	separate
hanataba 花束	ブケ bouquet 男	bouquet
banana バナナ	バナヌ banane 女	banana

は

日	仏	英
hanabi **花火**	フー ダルティフィス feu d'artifice 男	fireworks
hanareru **離れる**	キテ quitter	leave
panikku **パニック**	パニック panique 女	panic
hane **羽** 〔羽毛〕	プリュム plume 女	feather
〔翼〕	エル aile 女	wing
haneru **跳ねる**	ソテ sauter	jump
haha **母**	メール mère 女	mother
haba **幅**	ラルジュール largeur 女	width
habuku **省く** 〔省略〕	オメトル omettre	omit
haburashi **歯ブラシ**	ブロサ ダン brosse à dents 女	toothbrush
hamabe **浜辺**	プラージュ plage 女	beach
hamigaki **歯磨き** 〔練り製の〕	ダンティフリス dentifrice 男	toothpaste
hamu **ハム**	ジャンボン jambon 男	ham
bamen **場面**	セヌ scène 女	scene
hayai **早い**	ト tôt	early
hayai **速い**	ラピド rapide	fast
hayaku **早く**	ト tôt	early
hayaku **速く**	ヴィット vite	fast
hayasa **速さ**	ヴィテス vitesse 女	speed

547

日	仏	英
hayashi **林**	ボワ bois 男	wood(s)
hayaru　〔流行〕 **はやる**	エートル ア ラ モード être à la mode	be in fashion
hara **腹**	ヴァーントル ventre 男	stomach
bara **バラ**	ローズ rose 女	rose
harau **払う**	ペイエ payer	pay
hara ga itai **腹が痛い**	アヴォワール マロ ヴァーントル avoir mal au ventre	have a stomachache
baransu **バランス**	エキリーブル équilibre 男	balance
hari **針**	エギュイーユ aiguille 女	needle
pari **パリ**	パリ Paris	Paris
paride **パリで**	ア パリ à Paris	in Paris
parino **パリの**	パリズィヤン parisien	Parisian
parie **パリへ**	ア パリ à Paris	to Paris
haru **春**	プランタン printemps 男	spring
haruni **春に**	オ プランタン au printemps	in spring
hare　〔晴天〕 **晴れ**	ボー タン beau temps 男	fair weather
baree **バレエ**	バレ ballet 男	ballet
ha o migaku **歯を磨く**	ス ブロセ レ ダン se brosser les dents	brush one's teeth
han **班**	グループ groupe 男	group
ban **晩**	ソワール soir 男	evening

番-半分

日	仏	英
〔夜〕	nuit 女 ニュイ	night
ban **番** 〔順番〕	tour 男 トゥール	turn
banni **晩に**	le soir ル ソワール	in the evening
pan **パン**	pain 男 パン	bread
pan'ya **パン屋** 〔店〕	boulangerie 女 ブランジュリ	bakery
〔人〕	boulanger 名 ブランジェ	baker
hankachi **ハンカチ**	mouchoir 男 ムショワール	handkerchief
bangumi **番組** 〔テレビの〕	émission 女 エミスィヨン	program
bangoo **番号**	numéro 男 ニュメロ	number
hanzai **犯罪**	crime 男 クリム	crime
hantai **反対** 〔逆〕	contraire 男 コントレール	opposite
〔異議〕	opposition 女 オポズィスィヨン	opposition
hantaidearu **反対である** 〔主語は人〕	être contre エートル コントル	be against
hantaini **反対に** 〔それとは…〕	au contraire オ コントレール	on the contrary
handan **判断**	jugement 男 ジュジュマン	judgment
handansuru **判断する**	juger ジュジェ	judge
handobaggu **ハンドバッグ**	sac à main 男 サカ マン	handbag
handoru **ハンドル** 〔自動車の〕	volant 男 ヴォラン	steering wheel
hanbun **半分**	moitié 女 モワティエ	half

549

ひ

日	仏	英
_{hi} **火**	_{フー} feu 男	fire
_{hi} **日** 〔太陽〕	_{ソレイユ} soleil 男	sun
〔1日〕	_{ジュール} jour 男	day
_{bi} **美**	_{ボテ} beauté 女	beauty
_{piano} **ピアノ**	_{ピアノ} piano 男	piano
_{piano o hiku} **ピアノを弾く**	_{ジュエ デュ ピアノ} jouer du piano	play the piano
_{biiru} **ビール**	_{ビエール} bière 女	beer
_{hiiroo} **ヒーロー**	_{エロ} héros 男	hero
_{higaisha} **被害者**	_{ヴィクティム} victime 女	victim
_{hikaku} **比較**	_{コンパレゾン} comparaison 女	comparison
_{hikakusuru} **比較する**	_{コンパレ} comparer	compare
_{higashi} **東**	_{エスト} est 男	east
_{hikari} **光**	_{リュミエール} lumière 女	light
_{hikaru} **光る**	_{ブリエ} briller	shine
_{hikantekina} **悲観的な**	_{ペスィミスト} pessimiste	pessimistic
_{hikidashi} **引き出し** 〔家具〕	_{ティロワール} tiroir 男	drawer
_{hiku} **引く** 〔引っ張る〕	_{ティレ} tirer	pull

日	仏	英
弾く 〔楽器を〕	jouer de	play
低い 〔高さが〕	bas	low
〔背が〕	petit	short
〔音が〕	bas	low
ひげ 〔あごの〕	barbe 女	beard
〔口ひげ〕	moustache 女	mustache
悲劇	tragédie 女	tragedy
悲劇的な	tragique	tragic
ひげそり	rasoir 男	razor
ひげをそる	se raser	shave
飛行	vol 男	flight
飛行機	avion 男	plane
飛行機で	en avion	by plane
ひざ	genou 男	knee
ビザ	visa 男	visa
ひじ	coude 男	elbow
美術	art 男	art
美術館	musée 男	museum
秘書	secrétaire 名	secretary

非常に−否定

日	仏	英
hijooni **非常に**	トレ très	very
hitai **額**	フロン front 男	forehead
hidari **左**	ゴーシュ gauche 男	left
hidarini **左に** 〔左方向に〕	ア ゴーシュ à gauche	to the left
〔左側に〕	ア ゴーシュ à gauche	on the left
hidarino **左の**	ゴーシュ gauche	left
bikkurisaseru **びっくりさせる**	エトネ étonner	surprise
bikkurisuru **びっくりする**	エートル エトネ être étonné	be surprised
hizuke **日付**	ダット date 女	date
hikkoshi **引っ越し** 〔転出〕	デメナジュマン déménagement 男	move
hikkosu **引っ越す** 〔転出〕	デメナジェ déménager	move
hitsuji **羊**	ムトン mouton 男	sheep
hitsuji no niku **羊の肉**	ムトン mouton 男	mutton
hipparu **引っ張る**	ティレ tirer	pull
hitsuyoo **必要**	ブゾワン besoin 男	need
hitsuyootosuru **必要とする**	アヴォワール ブゾワン ドゥ avoir besoin de	need
hitsuyoona **必要な**	ネセセール nécessaire	necessary
hitsuyoonara **必要なら**	スィ ネセセール si nécessaire	if necessary
hitee **否定**	ネガスィヨン négation 男	negation

ひ

否定する－批評

日	仏	英
hiteesuru **否定する**	ニエ nier	deny
hiteetekina **否定的な**	ネガティフ négatif	negative
bideo **ビデオ**	ヴィデオ vidéo 女	video
hito **人**	ペルソヌ personne 女	person
〔人類〕	オム homme 男	man, mankind
〔誰か〕	ケルカン quelqu'un	somebody
〔人一般〕	オン on	you, we
hitokuchi **一口**	ブシェ bouchée 女	mouthful
hitoshii **等しい**	エガル égal	equal
hitotsu **1つ**	アン un	one
hitobito **人々**	ジャン gens 男・複	people
hitoride **ひとりで** 〔単独で〕	トゥ スル tout seul	alone
hinan **非難**	ルプロシュ reproche 男	criticism
hinansuru **非難する**	ルプロシェ reprocher	criticize
biniiru bukuro **ビニール袋**	サッカン プラスティク sac en plastique 男	plastic bag
hiniku **皮肉**	イロニ ironie 女	irony
hihan **批判**	クリティック critique 女	criticism
hihansuru **批判する**	クリティケ critiquer	criticize
hihyoo **批評**	クリティック critique 女	criticism

批評する − 病気になる

日	仏	英
hihyoosuru 批評する	クリティケ critiquer	criticize
hifu 皮膚	ポー peau 女	skin
hima 暇 〔時間〕	タン temps 男	time
〔自由時間〕	タン リーブル temps libre 男	free time
himana 暇な	リーブル libre	free
himitsu 秘密	スクレ secret 男	secret
himitsuno 秘密の	スクレ secret	secret
himee 悲鳴	クリ cri 男	scream
himo ひも	フィセル ficelle 女	string
hyaku 百	サン cent	a hundred
hyakuman 百万	ミリヨン million 男	million
hiyasu 冷やす	ラフレシール rafraîchir	cool
hyakkajiten 百科事典	アンスィクロペディ encyclopédie 女	encyclopedia
byoo 秒	スゴーンド seconde 女	second
byooin 病院	オピタル hôpital 男	hospital
biyooin 美容院	サロン ドゥ ボテ salon de beauté 男	beauty salon
byooin ni iku 病院に行く	アレ ア ロピタル aller à l'hopital	go to the hospital
byooki 病気	マラディ maladie 女	illness
byooki ni naru 病気になる	トンベ マラド tomber malade	get sick

病気の－拾う

日	仏	英
byookino **病気の**	マラド malade	sick
hyoogen **表現**	エクスプレシヨン expression 女	expression
hyoogensuru **表現する**	エクスプリメ exprimer	express
hyooshi **表紙** 〔本の〕	クヴェルテュール couverture 女	cover
byoosha **描写**	デスクリプスィヨン description 女	description
byooshasuru **描写する**	デクリール décrire	describe
hyoojoo **表情**	エクスプレスィヨン expression 女	expression
byoodoo **平等**	エガリテ égalité 女	equality
byoodoona **平等な**	エガル égal	equal
hyooban **評判**	レピュタスィヨン réputation 女	reputation
hyoomen **表面**	スュルファス surface 女	surface
hiraku **開く**	ウヴリール ouvrir	open
hiratai **平たい**	プラ plat	flat
hiru **昼** 〔正午〕	ミディ midi 男	noon
biru **ビル**	イムーブル immeuble 男	building
hiroi **広い** 〔大きい〕	グラン grand	large
〔幅〕	ラルジュ large	wide
hiroin **ヒロイン**	エロイヌ héroïne 女	heroin
hirou **拾う**	ラマセ ramasser	pick up

ひ

日	仏	英
hiroo **疲労**	ファティグ fatigue 女	fatigue
hiroba **広場**	プラス place 女	square
bin **便** 〔飛行機の〕	ヴォル vol 男	flight
bin **瓶**	ブテイユ bouteille 女	bottle
pin **ピン**	エパーングル épingle 女	pin
pinku **ピンク**	ローズ rose 男	pink
hinkon **貧困**	ポウルテ pauvreté 女	poverty
hinshitsu **品質**	カリテ qualité 女	quality
binboona **貧乏な**	ポーヴル pauvre	poor

ふ

日	仏	英
bu **部** 〔部数〕	エグザンプレール exemplaire 男	copy
fasshon **ファッション**	モード mode 女	fashion
fuan **不安**	アンキエチュド inquiétude 女	anxiety
fuanna **不安な**	アンキエ inquiet	anxious
fuukee **風景**	ペイザージュ paysage 男	scenery
buutsu **ブーツ**	ボット botte 女	boot
fuutoo **封筒**	アンヴロプ enveloppe 女	envelope
fuufu **夫婦**	クープル couple 男	couple

プール－含む

日	仏	英
puuru **プール**	ピスィヌ piscine 女	pool
fueru **増える**	オグマンテ augmenter	increase
fooku **フォーク**	フルシェット fourchette 女	fork
fukai **深い**	プロフォン profond	deep
fukasa **深さ**	プロフォンドゥール profondeur 女	depth
fukaku **深く**	プロフォンデマン profondément	deeply
fukanoona **不可能な**	アンポスィブル impossible	impossible
fukanzenna **不完全な**〔欠点のある〕	アンパルフェ imparfait	imperfect
〔不備な〕	アンコンプレ incomplet	incomplete
buki **武器**	アルム arme 女	weapon
fukigenna **不機嫌な**	ドゥ モヴェ ズュムール de mauvaise humeur	bad-tempered
fukisokuna **不規則な**	イレギュリエ irrégulier	irregular
bukiyoona **不器用な**	マラドロワ maladroit	clumsy
fuku **服**	ヴェトマン vêtements 男・複	clothes
fuku **吹く**	スフレ souffler	blow
fuku **拭く**	エスュイエ essuyer	wipe
fukuzatsuna **複雑な**	コンプリケ compliqué	complicated
fukusoo **服装**	トゥニュ tenue 女	dress
fukumu **含む**〔成分を〕	コントゥニール contenir	contain

ふ

557

袋 – 普段どおり

日	仏	英
〔要素を〕	コンプラーンドル comprendre	include
fukuro **袋**	サック sac 男	bag
fuketsuna **不潔な**	サル sale	dirty
fukoo **不幸**	マルール malheur 男	misfortune
fukoona **不幸な**	マルルー malheureux	unhappy
fuzai **不在**	アブサーンス absence 女	absence
fushigina **不思議な** 〔奇妙な〕	エトラーンジュ étrange	strange
fujuubunna **不十分な**	アンスュフィザン insuffisant	insufficient
fushoo **負傷**	ブレスュール blessure 女	injury
fushoosuru **負傷する**	ス ブレセ se blesser	be injured
fujin **夫人** 〔妻〕	エプーズ épouse 女	wife
〔…夫人〕	マダム Madame	Mrs.
fusoku **不足**	マーンク manque 男	shortage
buta **豚**	ポール porc 男	pig
butai **舞台**	セヌ scène 女	stage
futatabi **再び**	ドゥ ヌヴォ de nouveau	again
futatsu **２つ**	ドゥー deux	two
butaniku **豚肉**	ポール porc 男	pork
fudandoori **普段どおり**	コム ダビテュード comme d'habitude	as usual

日	仏	英
fudanha **普段は**	ダビテュード d'habitude	usually
futsuuno **普通の** 〔〜ル〕	オルディネール ordinaire	ordinary
futsuuha **普通は** 〔通例〕	ダビテュード d'habitude	usually
bukka **物価**	プリ prix 男・複	prices
busshitsu **物質**	マティエール matière 女	matter
futtoosuru **沸騰する**	ブイール bouillir	boil
butsuri **物理**	フィズィック physique 女	physics
fude **筆**	パンソー pinceau 男	brush
futoi **太い**	グロ gros	thick
budoo **ブドウ** 〔果実〕	レザン raisin 男	grape
futoru **太る**	グロスィール grossir	get fat
fune **船**	バトー bateau 男	ship, boat
bubun **部分**	パルティ partie 女	part
fuhee **不平**	プラーント plainte 女	complaint
fuhee o iu **不平を言う**	ス プラーンドル se plaindre	complain
fubenna **不便な**	アンコモド incommode	inconvenient
fubo **父母**	パラン parents 男・複	parents
fumanna **不満な**	メコンタン mécontent	dissatisfied
fumu **踏む** 〔上を歩く〕	マルシェ スュル marcher sur	step on

増やす−振る

日	仏	英
増やす fuyasu	augmenter (オグマンテ)	increase
冬 fuyu	hiver 男 (イヴェール)	winter
冬に fuyuni	en hiver (アン ニヴェール)	in winter
不要な fuyoona	inutile (イニュティル)	unnecessary
フライパン furaipan	poêle 女 (ポワル)	frying pan
ブラシ burashi	brosse 女 (ブロス)	brush
プラス purasu	plus (プリュス)	plus
プラスチック purasuchikku	plastique 男 (プラスティク)	plastic
フランス furansu	France 女 (フラーンス)	France
フランス語 furansugo	français 男 (フランセ)	French
フランス語で furansugode	en français (アン フランセ)	in French
フランス人 furansujin	Français 名 (フランセ)	Frenchman
フランスで furansude	en France (アン フラーンス)	in France
フランスの furansuno	français (フランセ)	French
フランスへ furansue	en France (アン フラーンス)	to France
フランス料理 furansuryoori	cuisine française 女 (キュイズィヌ フランセーズ)	French food
不利 furi	désavantage 男 (デザヴァンタージュ)	disadvantage
振り返る furikaeru	se retourner (ス ルトゥルネ)	look back
振る furu	agiter (アジテ)	shake

降る－雰囲気

日	仏	英
〔首を〕	スクエ secouer	shake
furu **降る** 〔雨が〕	プルヴォワール pleuvoir	rain
〔雪が〕	ネジェ neiger	snow
furui **古い**	ヴィユー vieux	old
furuuto **フルート**	フリュト flûte 女	flute
furueru **震える**	トランブレ trembler	shake
furumau **振る舞う**	アジール agir	act
	ス コンデュール se conduire	behave
	ス コンポルテ se comporter	behave
bureeki **ブレーキ**	フラン frein 男	brake
purezento **プレゼント**	カドー cadeau 男	present
fureru **触れる**	トゥシェ toucher	touch
furo **風呂**	バン bain 男	bath
furo ni hairu **風呂に入る**	プランドル アン バン prendre un bain	take a bath
buroochi **ブローチ**	ブロシュ broche 女	brooch
puroguramu **プログラム**	プログラム programme 男	program
fun **分**	ミニュト minute 女	minute
bun **文**	フラーズ phrase 女	sentence
fun'iki **雰囲気**	アトモスフェール atmosphère 女	atmosphere

ふ

561

文化 - 塀

日	仏	英
bunka **文化**	キュルテュール culture 女	culture
bungaku **文学**	リテラテュール littérature 女	literature
bunshoo **文章**	フラーズ phrase 女	sentence
funsui **噴水**	フォンテヌ fontaine 女	fountain
bunseki **分析**	アナリーズ analyse 女	analysis
bunsekisuru **分析する**	アナリゼ analyser	analyze
buntansuru **分担する**	パルタジェ partager	share
bunpoo **文法**	グラメール grammaire 女	grammar
bunmyaku **文脈**	コンテクスト contexte 男	context
bunmee **文明**	スィヴィリザスィヨン civilisation 女	civilization
bun'ya **分野**	ドメヌ domaine 男	field
bunri **分離**	セパラスィヨン séparation 女	separation
bunrisuru **分離する**	セパレ séparer	separate
bunrui **分類**	クラスィフィカスィヨン classification 女	classification
bunruisuru **分類する**	クラセ classer	classify

へ

日	仏	英
pea **ペア**	ペール paire 女	pair
hee **塀**	ミュール mur 男	wall

日	仏	英
heekin **平均**	モワイエヌ moyenne 女	average
heekinshite **平均して**	アン モワイエヌ en moyenne	on average
heeshi **兵士**	ソルダ soldat 男	soldier
heebonna **平凡な**	バナル banal	ordinary
heewa **平和**	ペ paix 女	peace
peeji **ページ**	パージュ page 女	page
heso **へそ**	ノンブリル nombril 男	navel
bessoo **別荘**	ヴィラ villa 女	villa
beddo **ベッド**	リ lit 男	bed
beddo ni hairu **ベッドに入る**	アレ オ リ aller au lit	go to bed
heddohon **ヘッドホン**	カスク casque 男	headphones
heddoraito **ヘッドライト**	ファール phare 男	headlight
betsuno **別の**	オートル autre	another, other
〔異なった〕	ディフェラン différent	different
hebi **ヘビ**	セルパン serpent 男	snake
heya **部屋**　〔寝室〕	シャーンブル chambre 女	room
herasu **減らす**	ディミニュエ diminuer	reduce
heru **減る**	ディミニュエ diminuer	decrease
beru **ベル**	ソネット sonnette 女	bell

ベルギー －便所

日	仏	英
berugii **ベルギー**	ベルジック Belgique 女	Belgium
berugiijin **ベルギー人**	ベルジュ Belge	Belgian
berugiino **ベルギーの**	ベルジュ belge	Belgian
beruto **ベルト**	サンテュール ceinture 女	belt
herumetto **ヘルメット**	カスク casque 男	helmet
pen **ペン**	スティロ stylo 男	pen
henka **変化**	シャンジュマン changement 男	change
henkasuru **変化する**	シャンジェ changer	change
benkyoo **勉強**	トラヴァイユ travail 男	work
	エテュード étude 女	study
benkyoosuru **勉強する**	トラヴァイエ travailler	work
	エテュディエ étudier	study
henken **偏見**	プレジュジェ préjugé 男	prejudice
henkoo **変更**	シャンジュマン changement 男	change
henkoosuru **変更する**	シャンジェ changer	change
bengoshi **弁護士**	アヴォカ avocat 男	lawyer
henji **返事**	レポーンス réponse 女	answer
henjisuru **返事する**	レポンドル répondre	answer
benjo **便所**	トワレット toilettes 女複	bathroom

日	仏	英
benchi **ベンチ**	バン banc 男	bench
henna **変な**	エトランジュ étrange	strange
benrina **便利な**	コモド commode	convenient
	プラティック pratique	handy

ほ

日	仏	英
ho **帆**	ヴォワル voile 女	sail
ho **歩**	パ pas 男	step
hoo **法**	ロワ loi 女	law
hoo **方** 〔…の方〕	ヴェール vers	toward
boo **棒**	バトン bâton 男	stick
hoogaku **方角**	デクレクスィヨン direction 女	direction
hookago **放課後**	アプレ ラ クラス après la classe	after school
hooki **ほうき**	バレ balai 男	broom
booken **冒険**	アヴァンテュール aventure 女	adventure
hookoo **方向**	ディレクスィヨン direction 女	direction
hookoku **報告**	ラポール rapport 男	report
booshi **帽子**	シャポー chapeau 男	hat
hooseki **宝石**	ビジュー bijou 男	jewel

565

日	仏	英
hoosoo **放送**	エミスィヨン émission 女	broadcasting
hoosoo **包装**	アンバラージュ emballage 男	wrapping
hoosoosuru **放送する**	エメトル émettre	broadcast
hoosoosuru **包装する**	アンバレ emballer	wrap
hoosoku **法則**	ロワ loi 女	law
hootai **包帯**	パンスマン pansement 男	bandage
hoohoo **方法**	モワイヤン moyen 男	way
hoomon **訪問**	ヴィズィト visite 女	visit
hoomonsuru **訪問する**〔人を〕	ランドル ヴィズィト ア rendre visite à	visit
〔場所を〕	ヴィズィテ visiter	visit
hooritsu **法律**	ロワ loi 女	law
booryoku **暴力**	ヴィヨラーンス violence 女	violence
hoo **ほお**	ジュー joue 女	cheek
booifurendo **ボーイフレンド**	プティタミ petit ami 男	boyfriend
hoosu **ホース**	テュイヨー tuyau 男	hose
poozu **ポーズ**〔姿勢〕	ポーズ pose 女	pose
booto **ボート**	カノ canot 男	boat
hoomupeeji **ホームページ**	パージュ ダクイユ page d'accueil 女	homepage
booru **ボール**〔小型〕	バル balle 女	ball

ボールペン – 保存する

日	仏	英
〔大型〕	バロン ballon 男	ball
boorupen ボールペン	スティロ ア ビユ stylo à bille 男	ballpoint pen
poketto ポケット	ポシュ poche 女	pocket
hoken 保険	アスューランス assurance 女	insurance
hogo 保護	プロテクスィヨン protection 女	protection
hogosuru 保護する	プロテジェ protéger	protect
hokoosha 歩行者	ピエトン piéton 名	pedestrian
hokori ほこり	プスィエール poussière 女	dust
hokori 誇り	フィエルテ fierté 女	pride
hokoru 誇る	エートル フィエール ドゥ être fier de	be proud of
hoshi 星	エトワル étoile 女	star
hoshii 欲しい	ヴロワール vouloir	want
hosu 干す	セシェ sécher	dry
posutaa ポスター	アフィシュ affiche 女	poster
posuto ポスト 〔郵便〕	ボワト レトル boîte aux lettres 女	mailbox
〔地位〕	ポスト poste 男	post
hosoi 細い	ファン fin	thin
hozonsuru 保存する	コンセルヴェ conserver	preserve
〔データを〕	ソヴガルデ sauvegarder	save

ほ

ボタン−本能

日	仏	英
ボタン (botan)	bouton 男 (ブトン)	button
ホテル (hoteru)	hôtel 男 (オテル)	hotel
歩道 (hodoo)	trottoir 男 (トロトワール)	sidewalk
ほとんど (hotondo)	presque (プレスク)	almost
骨 (hone)	os 男 (オス)	bone
炎 (honoo)	flamme 女 (フラム)	flame
ほほえみ (hohoemi)	sourire 男 (スリール)	smile
ほほえむ (hohoemu)	sourire (スリール)	smile
掘る (horu)	creuser (クルゼ)	dig
本 (hon)	livre 男 (リーヴル)	book
盆 (bon)	plateau 男 (プラトー)	tray
本日 (honjitsu)	aujourd'hui (オジュルドュイ)	today
本当? (hontoo)	Vraiment ? (ヴレマン)	Really?
本当に (hontooni)	vraiment (ヴレマン)	really
本当の (hontoono)	vrai (ヴレ)	true
本当のこと (hontoonokoto)	vérité 女 (ヴェリテ)	truth
本当は (hontoowa)	en fait (アン フェット)	in fact
本当を言うと (hontoo o iuto)	à vrai dire (ア ヴレ ディール)	to tell the truth
本能 (honnoo)	instinct 男 (アンスタン)	instinct

日	仏	英
ponpu **ポンプ**	ポンプ pompe 女	pump
hon'yaku **翻訳**	トラデュクシィヨン traduction 女	translation
hon'yakusha **翻訳者**	トラデュクトゥール traducteur 名	translator
hon'yakusuru **翻訳する**	トラデュイール traduire	translate

ま

ma **間** 〔部屋数〕	ピエス pièce 女	room
〔場所〕	エスパス espace 男	space
maaketto **マーケット**	マルシェ marché 男	market
maamaa **まあまあ**	コム スィ コム サ comme ci comme ça	so-so
maamareedo **マーマレード**	マルムラド marmelade 女	marmalade
mai **枚** 〔紙の〕	ユヌ フイユ ドゥ une feuille de	a sheet of
maiasa **毎朝**	シャク マタン chaque matin	every morning
	トゥ レ マタン tous les matins	every morning
maiku **マイク**	ミクロ micro 男	microphone
maigo ni naru **迷子になる**	ス ペルドル se perdre	get lost
maishuu **毎週**	シャク スメヌ chaque semaine	every week
	トゥト レ スメヌ toutes les semaines	every week
maishuu getsuyoobi **毎週月曜日**	ル ランディ le lundi	on Mondays

毎月 − 孫

日	仏	英
	tous les lundis (トゥ レ ランディ)	every Monday
maitsuki **毎月**	chaque mois (シャク モワ)	every month
	tous les mois (トゥ レ モワ)	every month
mainasu **マイナス**	moins (モワン)	minus
mainichi **毎日**	chaque jour (シャク ジュール)	every day
	tous les jours (トゥ レ ジュール)	every day
mainen **毎年**	chaque année (シャカネ)	every year
	tous les ans (トゥ レ ザン)	every year
maiban **毎晩**	chaque soir (シャク ソワール)	every evening
	tous les soirs (トゥ レ ソワール)	every evening
mausu **マウス**〔パソコンの〕	souris 女 (スリ)	mouse
mae **前**〔時間的前〕	avant (アヴァン)	before
〔今から…前〕	il y a (イリヤ)	ago
〔空間的前〕	devant (ドゥヴァン)	in front of
magaru **曲がる**〔方向を変える〕	tourner (トゥルネ)	turn
maku **幕**	rideau 男 (リドー)	curtain
makura **枕**	oreiller 男 (オレイエ)	pillow
makeru **負ける**	perdre (ペルドル)	lose
mago **孫**〔男〕	petit-fils 男 (プティフィス)	grandson

570

まじめな−また来週

日	仏	英
〔女〕	petite-fille 女	granddaughter
〔複数〕	petits-enfants 男複	grandchildren
majimena **まじめな**	sérieux	serious
masu **増す**	augmenter	increase
mazu **まず** 〔最初に〕	d'abord	first
〔手始めに〕	pour commencer	to begin with
mazui **まずい** 〔味が〕	mauvais	bad
mazushii **貧しい**	pauvre	poor
masutaado **マスタード**	moutarde 女	mustard
mazeru **混ぜる**	mélanger	mix
mata **また** 〔再び〕	encore	again
mada **まだ** 〔今なお〕	encore	still
	toujours	still
〔まだ…ない〕	ne... pas encore	not yet
mata ashita **また明日**	A demain !	See you tomorrow!
mata atode **また後で**	A tout à l'heure !	See you later!
mata getsuyoobini **また月曜日に**	A lundi !	See you on Monday!
matawa **または**	ou	or
mata raishuu **また来週**	A la semaine prochaine !	See you next week!

571

街－まで

日	仏	英
machi **街** 〔街・町〕	ville 女	city, town
machiaishitsu **待合室**	salle d'attente 女	waiting room
machigai **間違い**	faute 女	mistake
	erreur 女	mistake
machigau **間違う**	se tromper	make a mistake
machigaeru **間違える**	se tromper	make a mistake
machigatteiru〔主語は人〕 **間違っている**	avoir tort	be wrong
matsu **待つ**	attendre	wait
matsu **松**	pin 男	pine
matsuge **まつげ**	cil 男	eyelash
massaaji **マッサージ**	massage 男	massage
massuguna **まっすぐな**	droit	straight
massuguni **まっすぐに**	droit	straight
mattaku **全く** 〔完全に〕	tout à fait	quite
〔全く…ない〕	ne... pas du tout	not at all
matchi **マッチ**	allumette 女	match
mattoresu **マットレス**	matelas 男	mattress
matsuri **祭り**	fête 女	festival
made **まで** 〔時間〕	jusqu'à	until

的-マヨネーズ

日	仏	英
〔場所〕	ジュスカ jusqu'à	to, as far as
mato 的	スィーブル cible 女	target
mado 窓	フネートル fenêtre 女	window
madoguchi 窓口	ギシェ guichet 男	counter
manabu 学ぶ	アプラーンドル apprendre	learn
	エテュディエ étudier	study
maneku 招く	アンヴィテ inviter	invite
maneru まねる	イミテ imiter	imitate
mabuta まぶた	ポピエール paupière 女	eyelid
mahoono 魔法の	マジック magique	magic
mama ママ	ママン maman 女	mom
mamonaku まもなく	ビヤント bientôt	soon
mamoru 守る 〔防衛〕	デファンドル défendre	defend
〔保護〕	プロテジェ protéger	protect
〔約束を〕	トゥニール tenir	keep
mayu 眉	スルスィ sourcil 男	eyebrow
mayou 迷う 〔道に〕	ス ペルドル se perdre	get lost
〔ためらう〕	エズィテ hésiter	hesitate
mayoneezu マヨネーズ	マヨネーズ mayonnaise 女	mayonnaise

マラソン－磨く

日	仏	英
marason マラソン	marathon 男	marathon
maru 丸	cercle 男	circle
marui 丸い	rond	round
marena 稀な	rare	rare
mareni 稀に	rarement	rarely
mawasu 回す　〔回転〕	tourner	turn
mawaru 回る　〔回転〕	tourner	turn around
man 万　〔1万〕	dix mille	ten thousand
man'inno 満員の	complet	full
manzoku 満足	satisfaction	satisfaction
manzokusuru 満足する	être content	be satisfied
mannaka 真ん中	milieu 男	middle
〔…の真ん中で〕	au milieu de	in the middle of

み

mi 身	corps 男	body
mi 実	fruit 男	fruit
mieru 見える　〔人が主語〕	voir	see
migaku 磨く	polir	polish

574

見かけ－南

日	仏	英
mikake **見かけ**	アパランス apparence 女	appearance
migi **右**	ドロワット droite 女	right
migini **右に**〔右方向に〕	ア ドロワット à droite	to the right
〔右側に〕	ア ドロワット à droite	on the right
migino **右の**	ドロワ droit	right
mijikai **短い**	クール court	short
mishin **ミシン**	マシナ クードル machine à coudre 女	sewing machine
mizu **水**	オ eau 女	water
mizuumi **湖**	ラック lac 男	lake
mizugi **水着**	マイヨ ドゥ バン maillot de bain 男	swimsuit
mise **店**	マガザン magasin 男	store
miseru **見せる**	モントレ montrer	show
mitasu **満たす**	ランプリール remplir	fill
michi **道**	シュマン chemin 男	road
mitsukeru **見つける**	トルヴェ trouver	find
midori **緑**	ヴェール vert 男	green
midorino **緑の**	ヴェール vert	green
minato **港**	ポール port 男	harbor
minami **南**	スュッド sud 男	south

み

源－みんな

日	仏	英
minamoto 源	ソルス source 囡	source
minikui 醜い	レ laid	ugly
mineraruwootaa ミネラルウォーター	オ ミネラル eau minérale 囡	mineral water
miburi 身振り	ジェスト geste 男	gesture
mibun shoomeesho 身分証明書	カルト ディダンティテ carte d'identité 囡	ID card
mihon 見本	エシャンティヨン échantillon 男	sample
mimi 耳	オレイユ oreille 囡	ear
miyage 土産	スヴニール souvenir 男	souvenir
myooji 名字	ノン ドゥ ファミーユ nom de famille 男	family name
mirai 未来	アヴニール avenir 男	future
mirimeetoru ミリメートル	ミリメートル millimètre 男	millimeter
miryoku 魅力	シャルム charme 男	charm
miru 〔意識して〕 見る	ルガルデ regarder	look at
〔意識せずに〕	ヴォワール voir	see
miruku ミルク	レ lait 男	milk
mirukutii ミルクティー	テ オ レ thé au lait 男	tea with milk
minshushugi 民主主義	デモクラスィ démocratie 囡	democracy
minshutekina 民主的な	デモクラティック démocratique	democratic
minna 〔すべての人〕 みんな	トゥ ル モーンド tout le monde	everybody

迎える－無駄な

日	仏	英
	トゥース tous	all
〔すべての物〕	トゥー tout	everything, all

む

mukaeru **迎える** 〔人を〕	ルスヴォワール recevoir	receive
mukashiwa **昔は** 〔かつては〕	オトルフォワ autrefois	long ago
muki **向き** 〔方向〕	ディレクスィヨン direction 女	direction
muku **向く** 〔体を向ける〕	ス トゥルネ se tourner	turn
mukeru **向ける**	トゥルネ tourner	turn
mukoo **向こう** 〔あそこ〕	ラ バ là-bas	over there
mushi **虫**	アンセクト insecte 男	insect
mujun **矛盾**	コントラディクスィヨン contradiction 女	contradiction
muzukashii **難しい**	ディフィスィル difficile	difficult
muzukashisa **難しさ**	ディフィキュルテ difficulté 女	difficulty
musuko **息子**	フィス fils 男	son
musubu **結ぶ**	ヌエ nouer	tie
musume **娘**	フィーユ fille 女	daughter
musekininna **無責任な**	イレスポンサーブル irresponsable	irresponsible
mudana **無駄な** 〔無益な〕	イニュティル inutile	useless

日	仏	英
mune 胸	ポワトリヌ poitrine 女	chest
mura 村	ヴィラージュ village 男	village
murasaki 紫	ヴィヨレ violet 男	purple, violet
murina 無理な〔不可能な〕	アンポスィーブル impossible	impossible
muryoono 無料の	グラテュイ gratuit	free
muryoode 無料で	グラテュイトマン gratuitement	free (of charge)

め

日	仏	英
me 目	ウィユ œil 男	eye
mee 姪	ニエス nièce 女	niece
meesaku 名作	シェドゥーヴル chef-d'œuvre 男	masterpiece
meebo 名簿	リスト liste 女	list
meeyo 名誉	オヌール honneur 男	honor
meeree 命令	オルドル ordre 男	order
meereesuru 命令する	オルドネ ordonner	order
meetoru メートル	メートル mètre 男	meter
megane 眼鏡	リュネット lunettes 女複	glasses
megane o kaketeiru 眼鏡を掛けている	ポルテ デ リュネット porter des lunettes	wear glasses
megami 女神	デエス déesse 女	goddess

目覚まし時計－もう一度

日	仏	英
mezamashidokee **目覚まし時計**	レヴェイユ réveil 男	alarm clock
meshiagare **召し上がれ**	ボナペティ Bon appétit !	Enjoy your meal!
mezurashii **珍しい** 〔稀な〕	ラール rare	rare
medaru **メダル**	メダイユ médaille 女	medal
messeeji **メッセージ**	メサージュ message 男	message
mettani **めったに**	ラルマン rarement	rarely
menyuu **メニュー**	カルト carte 女	menu
merodii **メロディー**	メロディ mélodie 女	melody
meron **メロン**	ムロン melon 男	melon
meriikurisumasu **メリークリスマス**	ジョワイユー ノエル Joyeux Noël !	Merry Christmas!
men **綿**	コトン coton 男	cotton
men **麺**	ヌイユ nouilles 女複	noodles
menbaa **メンバー**	マーンブル membre 男	member

も

mo **も** 〔もまた〕	オスィ aussi	too, also
moo **もう** 〔すでに〕	デジャ déjà	already
〔もう…ない〕	ヌ プリュ ne... plus	not any longer
mooichido **もう一度**	アンコール ユヌ フォワ encore une fois	one more time

579

もうすぐ−持って来る

日	仏	英
もうすぐ (moosugu)	bientôt (ビヤント)	soon
毛布 (moofu)	couverture 女 (クヴェルテュール)	blanket
燃える (moeru)	brûler (ブリュレ)	burn
目的 (mokuteki)	but 男 (ビュット)	purpose
目的地 (mokutekichi)	destination 女 (デスティナスィヨン)	destination
目標 (mokuhyoo)	but 男 (ビュット)	aim, goal
木曜日 (mokuyoobi)	jeudi 男 (ジュディ)	Thursday
木曜日に (mokuyoobini)	jeudi (ジュディ)	on Thursday
潜る〔水中に〕(moguru)	plonger (プロンジェ)	dive
もし (moshi)	si (スィ)	if
文字〔アルファベット〕(moji)	lettre 女 (レトル)	letter
〔漢字〕	caractère 男 (カラクテール)	character
もしもし〔電話で〕(moshimoshi)	allô (アロ)	hello
用いる (mochiiru)	employer (アンプロワイエ)	use
持ち帰りの (mochikaerino)	à emporter (ア アンポルテ)	to go
もちろん (mochiron)	bien sûr (ビヤン スュール)	of course
持つ (motsu)	avoir (アヴォワール)	have
持って行く (motteiku)	emporter (アンポルテ)	take
持って来る (mottekuru)	apporter (アポルテ)	bring

日	仏	英
modoru 戻る	ルヴニール revenir	return
mono 物	ショーズ chose 女	thing
monogatari 物語	イストワール histoire 女	story
momo 桃　〔果実〕	ペシュ pêche 女	peach
momo 腿	キュイス cuisse 女	thigh
moyasu 燃やす	ブリュレ brûler	burn
moyoosu 催す　〔会を〕	オルガニゼ organiser	give
morau もらう　〔得る〕	ルスヴォワール recevoir	get
mori 森	ボワ bois 男	wood
	フォレ forêt 女	forest
mon 門	ポルト porte 女	gate
mondai 問題	ケスティヨン question 女	question
	プロブレム problème 男	problem
mondaigaida 問題外だ	パ　ケスティヨン Pas question !	No way!
mondainai 問題ない	パ　ドゥ プロブレム Pas de problème.	No problem.

や

| ya
矢 | フレシュ
flèche 女 | arrow |
| yagi
ヤギ | シェーヴル
chèvre 女 | goat |

約 – 野心的な

日	仏	英
yaku **約**	アンヴィロン environ	about
yaku **役** 〔芝居の〕	ロール rôle 男	role
yaku **訳** 〔翻訳〕	トラデュクスィヨン traduction 女	translation
yaku **焼く** 〔燃やす〕	ブリュレ brûler	burn
yakusha **役者**	アクトゥール acteur 名	actor
yakusu **訳す**	トラデュイール traduire	translate
yakusoku **約束**	プロメス promesse 女	promise
〔会う約束〕	ランデヴ rendez-vous 男	appointment
yakusokusuru **約束する**	プロメトル promettre	promise
	フェール ユヌ プロメス faire une promesse	make a promise
yakuwari **役割**	ロール rôle 男	role
yakedo **やけど**	ブリュリュール brûlure 女	burn
yakedosuru **やけどする**	ス ブリュレ se brûler	get burned
yasai **野菜**	レギュム légumes 男・複	vegetables
yasashii **易しい**	ファスィル facile	easy
yasashii **優しい** 〔親切〕	ジャンティ gentil	kind
yashinau **養う** 〔扶養〕	ヌリール nourrir	support
yashin **野心**	アンビスィヨン ambition 女	ambition
yashintekina **野心的な**	アンビスィユー ambitieux	ambitious

582

安い−止める

日	仏	英
yasui 安い	bon marché (ボン マルシェ) pas cher (パ シェール)	cheap cheap, inexpensive
yasumi 休み 〔休息〕	repos 男 (ルポ)	rest
〔休憩〕	pause 女 (ポーズ)	break
〔休日〕	congé 男 (コンジェ)	holiday
yasumu 休む 〔休息する〕	se reposer (ス ルポゼ)	rest
〔欠席する〕	être absent (エートル アプサン)	be absent
yaseeno 野生の	sauvage (ソヴァージュ)	wild
yaseta やせた	maigre (メーグル)	thin
yaseru やせる	maigrir (メグリール)	lose weight
yachin 家賃	loyer 男 (ロワイエ)	rent
yakkyoku 薬局	pharmacie 女 (ファルマスィ)	drugstore
yatto やっと	enfin (アンファン)	at last
yatou 雇う	employer (アンプロワイエ)	employ
yane 屋根	toit 男 (トワ)	roof
yaburu 破る 〔裂く〕	déchirer (デシレ)	tear
yama 山	montagne 女 (モンターニュ)	mountain
yamu 止む	cesser (セセ)	stop
yameru 止める 〔中止〕	arrêter (アレテ)	stop

や

辞める－郵便配達員

日	仏	英
yameru **辞める** 〔去る〕	キテ quitter	leave
yaru **やる** 〔与える〕	ドネ donner	give
yawarakai **柔らかい**	ムー mou	soft

ゆ

日	仏	英
yu **湯**	オ ショード eau chaude 女	hot water
yuiitsuno **唯一の**	スル seul	only
	ユニク unique	only
yuugata **夕方**	ソワール soir 男	evening
yuuki **勇気**	クラージュ courage 男	courage
yuuzaino **有罪の**	クパーブル coupable	guilty
yuushuuna **優秀な**	エクセラン excellent	excellent
yuujoo **友情**	アミティエ amitié 女	friendship
yuushoku **夕食**	ディネ dîner 男	dinner
yuujin **友人**	アミ ami 名	friend
yuusen **優先**	プリオリテ priorité 女	priority
yuubin **郵便**	ポスト poste 女	mail
yuubinkyoku **郵便局**	ビュロー ドゥ ポスト bureau de poste 男	post office
yuubin haitatsuin **郵便配達員**	ファクトゥール facteur 男	mail carrier

郵便番号-指輪

日	仏	英
yuubin bangoo **郵便番号**	コード ポスタル code postal 男	zip code
yuumeena **有名な**	セレーブル célèbre	famous
yuumoa **ユーモア**	ユムール humour 男	humor
yuuro **ユーロ**	ウロ euro 男	euro
yuurode **ユーロで**	アン ヌロ en euros	in euros
yuka **床**	プランシェ plancher 男	floor
yuki **雪**	ネージュ neige 女	snow
yuki ga furu **雪が降る**	ネジェ neiger	snow
yuge **湯気**	ヴァプール vapeur 女	steam
yushutsu **輸出**	エクスポルタスィヨン exportation 女	export
yushutsusuru **輸出する**	エクスポルテ exporter	export
yusoo **輸送**	トランスポール transport 男	transportation
yusoosuru **輸送する**	トランスポルテ transporter	transport
yutakana **豊かな**	リシュ riche	rich
yukkuri **ゆっくり**	ラントマン lentement	slowly
yunyuu **輸入**	アンポルタスィヨン importation 女	import
yunyuusuru **輸入する**	アンポルテ importer	import
yubi **指**	ドワ doigt 男	finger
yubiwa **指輪**	バグ bague 女	ring

ゆ

弓 – 用意する

日	仏	英
yumi 弓	アルク arc 男	bow
yume 夢	レーヴ rêve 男	dream
yume o miru 夢を見る	レヴェ rêver フェール アン レーヴ faire un rêve	dream have a dream
yuri ユリ	リス lis 男	lily
yurusu 許す 〔許可〕	ペルメトル permettre	permit
〔容赦〕	パルドネ pardonner	forgive
yureru 揺れる	トランブレ trembler	shake

よ

yo 世 〔世界〕	モーンド monde 男	world
yo 夜	ニュイ nuit 女	night
yoi 良い	ボン bon	good
yoi ichinichi o よい一日を	ボヌ ジュルネ Bonne journée !	Have a nice day!
yoi goryokoo o よいご旅行を	ボン ヴォワヤージュ Bon voyage !	Have a nice trip!
you 酔う	サンニヴレ s'enivrer	get drunk
yooi 用意	プレパラスィヨン préparation 女	preparation
yooi ga dekita 用意ができた	エートル プレ être prêt	be ready
yooisuru 用意する	プレパレ préparer	prepare

よ

586

日	仏	英
yooina **容易な**	ファスィル facile	easy
yooini **容易に**	ファスィルマン facilement	easily
yookina **陽気な** 〔人が〕	ゲ gai	cheerful
yookyuusuru **要求する**	ドゥマンデ demander	demand
yookoso **ようこそ**	ビヤンヴニュ Bienvenue !	Welcome!
yooso **要素**	エレマン élément 男	element
yoochien **幼稚園**	エコル マテルネル école maternelle 女	kindergarten
yoofuku **洋服**	ヴェトマン vêtements 男・複	clothes
yoomoo **羊毛**	レヌ laine 女	wool
yooyaku **要約**	レズュメ résumé 男	summary
yooyaku **ようやく** 〔やっと〕	アンファン enfin	at last
yooguruto **ヨーグルト**	ヤウルト yaourt 男	yogurt
yooroppa **ヨーロッパ**	ウロップ Europe 女	Europe
yooroppade **ヨーロッパで**	アン ヌロップ en Europe	in Europe
yooroppano **ヨーロッパの**	ウロペアン européen	European
yoka **余暇**	ロワズィール loisirs 男・複	leisure
yoku **よく** 〔上手に〕	ビヤン bien	well
〔十分に〕	ビヤン bien	well
〔しばしば〕	スヴァン souvent	often

翌朝 – 酔った

日	仏	英
翌朝 yokuasa	le lendemain matin	the next morning
翌月 yokugetsu	le mois suivant	the next month
浴室 yokushitsu	salle de bain(s) 女	bathroom
翌日 yokujitsu	le lendemain	the next day
翌週 yokushuu	la semaine suivante	the next week
浴槽 yokusoo	baignoire 女	bathtub
翌年 yokunen	l'année suivante	the next year
翌晩 yokuban	le lendemain soir	the next evening
欲望 yokuboo	désir 男	desire
横切る yokogiru	traverser	cross
汚す yogosu	salir	dirty
横に yokoni 〔…の隣に〕	à côté de	next to
横になる yoko ni naru	se coucher	lie down
汚れた yogoreta	sale	dirty
汚れる yogoreru	se salir	get dirty
予算 yosan	budget 男	budget
よそ yoso 〔他の場所〕	ailleurs	elsewhere
欲求 yokkyuu	désir 男	desire
酔った yotta	ivre	drunk

日	仏	英
ヨット yotto	yacht 男	yacht
予定 yotee	projet 男	plan, schedule
呼ぶ yobu	appeler	call
読む yomu	lire	read
予約 yoyaku	réservation 女	reservation
予約する yoyakusuru	réserver	reserve
夜 yoru	soir 男	evening
	nuit 女	night
夜になる yoru ni naru	Il fait nuit.	It's dark.
よれば〔…によれば〕 yoreba	selon	according to
	d'après	according to
喜び yorokobi	joie 女	joy
喜ぶ yorokobu	être content	be glad
喜んで yorokonde	avec plaisir	with pleasure
弱い yowai	faible	weak
弱さ yowasa	faiblesse 女	weakness
弱る yowaru	s'affaiblir	get weak
4 yon	quatre	four
40 yonjuu	quarante	forty

日	仏	英

ら

raion **ライオン**	lion 男	lion
raigetsu **来月**	le mois prochain	next month
raishuu **来週**	la semaine prochaine	next week
rainen **来年**	l'année prochaine	next year
rakuna **楽な** 〔簡単な〕	facile	easy
raketto **ラケット**	raquette 女	racket
rajio **ラジオ**	radio 女	radio
rajiode **ラジオで**	à la radio	on the radio
raberu **ラベル**	étiquette 女	label
ranpu **ランプ**	lampe 女	lamp

り

riigu **リーグ**	ligue 女	league
rieki **利益**	profit 男	profit
rikai **理解**	compréhension 女	understanding
rikai **理解する**	comprendre	understand
riku **陸**	terre 女	land

利口な－流行遅れの

日	仏	英
rikoona **利口な**	アンテリジャン intelligent	smart
rikotekina **利己的な**	エゴイスト égoïste	selfish
rikon **離婚**	ディヴォルス divorce 男	divorce
rikonsuru **離婚する**	ディヴォルセ divorcer	divorce
risaikuru **リサイクル**	ルスィクラージュ recyclage 男	recycling
rishi **利子**	アンテレ intérêt 男	interest
risuto **リスト**	リスト liste 女	list
rizumu **リズム**	リトゥム rythme 男	rhythm
risee **理性**	レゾン raison 女	reason
risoo **理想**	イデアル idéal 男	ideal
risootekina **理想的な**	イデアル idéal	ideal
ritsu **率**	トー taux 男	rate
rittoru **リットル**	リトル litre 男	liter
ribingu **リビング**	サル ドゥ セジュール salle de séjour 女	living room
ribon **リボン**	リュバン ruban 男	ribbon
rimokon **リモコン**	テレコマーンド télécommande 女	remote control
riyuu **理由**	レゾン raison 女	reason
ryuukoo **流行**	モード mode 女	fashion
ryuukoo'okureno **流行遅れの**	デモデ démodé	old-fashioned

り

流行する−理論

日	仏	英
流行する (ryuukoosuru)	être à la mode (エートル ア ラ モード)	be in fashion
量 (ryoo)	quantité 女 (カンティテ)	quantity
利用 (riyoo)	usage 男 (ユザージュ)	use
利用する (riyoosuru)	utiliser (ユティリゼ)	use
両替 (ryoogae)	change 男 (シャーンジュ)	exchange
両替する (ryoogaesuru)	changer (シャンジェ)	change, exchange
両親 (ryooshin)	parents 男複 (パラン)	parents
良心 (ryooshin)	conscience 女 (コンスィヤーンス)	conscience
両方 (ryoohoo) 〔人〕	tous les deux (トゥ レ ドゥー)	both
〔物〕	les deux (レ ドゥー)	both
料理 (ryoori)	cuisine 女 (キュイズィヌ)	cooking
料理する (ryoorisuru)	faire la cuisine (フェール ラ キュイズィヌ)	cook
緑茶 (ryokucha)	thé vert 男 (テ ヴェール)	green tea
旅行 (ryokoo)	voyage 男 (ヴォワヤージュ)	trip
旅行者 (ryokoosha)	touriste 名 (トゥリスト)	tourist
旅行する (ryokoosuru)	voyager (ヴォワヤジェ)	travel
離陸 (ririku)	décollage 男 (デコラージュ)	takeoff
離陸する (ririkusuru)	décoller (デコレ)	take off
理論 (riron)	théorie 女 (テオリ)	theory

り

日	仏	英
_{ringo} **リンゴ**	_{ポム} pomme 女	apple
_{rinjin} **隣人**	_{ヴォワザン} voisin 名	neighbor

る

日	仏	英
_{rusu ni suru} **留守にする**	_{エートル アプサン} être absent	be away

れ

日	仏	英
_{ree} **例**	_{エグザーンプル} exemple 男	example
_{reegai} **例外**	_{エクセプスィヨン} exception 女	exception
_{reegaiteki} **例外的**	_{エクセプスイネル} exceptionnel	exceptional
_{reeseena} **冷静な**	_{カルム} calme	calm
_{reezooko} **冷蔵庫**	_{フリゴ} frigo 男	refrigerator
_{reeboo} **冷房**	_{クリマティザスィヨン} climatisation 女	air conditioning
_{reinkooto} **レインコート**	_{アンペルメアーブル} imperméable 男	raincoat
_{reesu} **レース** 〔飾り〕	_{ダンテル} dentelle 女	lace
_{reesu} **レース** 〔競走〕	_{クルス} course 女	race
_{reeru} **レール**	_{ライユ} rail 男	rail
_{rekishi} **歴史**	_{イストワール} histoire 女	history
_{reji} **レジ**	_{ケス} caisse 女	cash register, checkout

レシート－廊下

日	仏	英
reshiito **レシート**	reçu 男 (ルスュ)	receipt
reshipi **レシピ**	recette 女 (ルセット)	recipe
resutoran **レストラン**	restaurant 男 (レストラン)	restaurant
retsu **列**	ligne 女 (リーニュ)	line
〔順番待ちの〕	file d'attente 女 (フィル ダタント)	line
ressha **列車**	train 男 (トラン)	train
ressun **レッスン**	leçon 女 (ルソン)	lesson
reberu **レベル**	niveau 男 (ニヴォー)	level
repooto **レポート**	rapport 男 (ラポール)	report
remon **レモン**	citron 男 (スィトロン)	lemon
remontii **レモンティー**	thé au citron 男 (テ オ スィトロン)	lemon tea
ren'ai **恋愛**	amour 男 (アムール)	love
renga **煉瓦**	brique 女 (ブリック)	brick
renshuu **練習**	exercice 男 (エグゼルスィス)	practice
renshuusuru **練習する**	s'exercer (セグゼルセ)	practice
renzu **レンズ**	lentille 女 (ランティユ)	lens

ろ

rooka **廊下**	couloir 男 (クロワール)	corridor

老人 – 論理的な

日	仏	英
roojin **老人** 〔男性〕	ヴィエイヨム vieil homme 男	old man
〔女性〕	ヴィエイユ ファム vieille femme 女	old woman
〔総称〕	レ ペルソヌザジェ les personnes âgées 女複	the elderly
roosoku **ロウソク**	ブジ bougie 女	candle
roodoo **労働**	トラヴァイユ travail 男	work
roopu **ロープ**	コルド corde 女	rope
roku **6**	スィス six	six
rokugatsu **6月**	ジュアン juin 男	June
rokugatsuni **6月に**	アン ジュアン en juin	in June
rokujuu **60**	ソワサーント soixante	sixty
roketto **ロケット**	フュゼ fusée 女	rocket
roshia **ロシア**	リュスィ Russie 女	Russia
roshiago **ロシア語**	リュス russe 男	Russian
roshiajin **ロシア人**	リュス Russe 名	Russian
roshiano **ロシアの**	リュス russe	Russian
robotto **ロボット**	ロボ robot 男	robot
rondon **ロンドン**	ローンドル Londres	London
ronri **論理**	ロジック logique 女	logic
ronritekina **論理的な**	ロジック logique	logical

ろ

595

ワイシャツ〜私

日	仏	英
わ		
ワイシャツ (waishatsu)	chemise 女 (シュミーズ)	shirt
ワイン (wain)	vin 男 (ヴァン)	wine
若い (wakai)	jeune (ジュヌ)	young
若さ (wakasa)	jeunesse 女 (ジュネス)	youth
沸かす (wakasu)	faire bouillir (フェール ブイール)	boil
若者 (wakamono) 〔総称〕	les jeunes 男複 (レ ジュヌ)	young people
わかりません (wakarimasen) 〔知らない〕	Je ne sais pas. (ジュ ヌ セ パ)	I don't know.
わかる (wakaru)	comprendre (コンプラーンドル)	understand
別れる (wakareru) 〔離別〕	quitter (キテ)	leave
枠 (waku)	cadre 男 (カードル)	frame
沸く (waku)	bouillir (ブイール)	boil
訳 (wake) 〔理由〕	raison 女 (レゾン)	reason
分ける (wakeru) 〔分割〕	diviser (ディヴィゼ)	divide
わざと (wazato)	exprès (エクスプレ)	on purpose
忘れる (wasureru)	oublier (ウブリエ)	forget
綿 (wata)	coton 男 (コトン)	cotton
私 (watashi)	moi (モワ)	me

私自身 – 割れる

日	仏	英
〔…は〕	ジュ je	I
〔…を〕	ム me	me
〔…に〕	ム me	me
〔…の〕	モン mon	my
私自身 (watashijishin)	モワメム moi-même	myself
私たち (watashitachi)	ヌー nous	us
〔…は〕	ヌー nous	we
〔…を〕	ヌー nous	us
〔…に〕	ヌー nous	us
〔…の〕	ノトル notre	our
私たち自身 (watashitachijishin)	ヌメム nous-mêmes	ourselves
私も (watashimo) 〔肯定で〕	モワ オスィ Moi aussi.	Me too.
〔否定で〕	モワ ノン プリュ Moi non plus.	Me neither.
渡る (wataru) 〔横断〕	トラヴェルセ traverser	cross
笑い (warai)	リール rire 男	laughter
笑う (warau)	リール rire	laugh
割る (waru) 〔壊す〕	カセ casser	break
悪い (warui)	モヴェ mauvais	bad
割れる (wareru)	ス カセ se casser	break

大賀正喜（おおが　まさよし）
外務省研修所フランス語講師。『プログレッシブ仏和辞典』（小学館）編集委員。
主な著書に『フランス語名詞化辞典』（大修館書店）など。

プログレッシブ トライリンガル
仏日英・日仏英辞典

2010年3月1日　初版第1刷発行
2023年10月23日　第2刷発行

監　修　大賀正喜
編　集　小学館外国語辞典編集部
発行者　吉田兼一
発行所　株式会社　小学館
　　　　〒101-8001 東京都千代田区一ツ橋2-3-1
　　　　電話　編集03-3230-5170
　　　　　　　販売03-5281-3555
印刷所　共同印刷株式会社
製本所　株式会社　若林製本工場

協　力／佐久間晃裕　滝田梨羅　Marc Carpentier
装丁・レイアウト／堀渕伸治◎tee graphics

造本には十分注意しておりますが、
印刷、製本など製造上の不備がございましたら
「制作局コールセンター」（フリーダイヤル0120-336-340）にご連絡ください。
（電話受付は、土・日・祝日を除く9:30～17:30）
®〈日本複写権センター委託出版物〉
本書を無断で複写（コピー）することは、
著作権法上の例外を除き、禁じられています。
本書をコピーされる場合は、事前に日本複写権センター（JRRC）の許諾を受けてください。
JRRC〈http://www.jrrc.or.jp　e-mail:info@jrrc.or.jp　電話03-3401-2382〉

★ 小学館の辞書公式ウェブサイト「ことばのまど」
https://kotobanomado.jp/
© Shogakukan 2010
Printed in Japan　ISBN978-4-09-506611-0